你用纯真告诉我什么是爱，你用爱滋养我真正的成长，你用成长带领我慢慢体悟人生，谨以此书献给我的儿子悠悠！并献给所有的孩子们！

——贾俊

序

　　这是一本关于母亲与孩子的对话，母亲与自己内心世界的对话的书，这也是一本记录一个生命与另一个生命深深的共情、理解与尊重的书。

　　书中一百一十多篇文章，记录了一个八岁的小男孩"悠悠"与母亲的日常生活琐事，有风趣的对话，真实的对峙，温情的瞬间，悲伤的眼泪，哭笑不得的场景，还有孩子对生活独特的理解，更多的是一位母亲对自我、对教育、对生命的深刻思考。

　　作者既是名警察，又是位心理咨询师，还是个妈妈，她的专业知识和素养，不只体现在职业的角色中，还渗透在日常的一言一行里。面对"赢在起跑线上"的育儿焦虑大潮，她保持内心的淡定，在生活中寻找无条件接纳的真实状态，用欣赏的目光看待孩子，用深深的理解支持和鼓励孩子，用学习的态度从孩子身上得到启示，感受孩子的纯真和善良。

　　悠悠小朋友由于严重过敏没有上过幼儿园，入学后学习遇到很大的困难，成绩也处在落后的状态，可是他内心丰富、细腻，心里装着满满的爱，爱父母、爱老师，他希望能给妈妈买各种礼物，弥补妈妈小时候玩具少的遗憾，他希望能有来生，让妈妈做他的小孩儿，可以好好爱妈妈，他希望自己能成为一名大学教授，这样上课时可以带着年老的妈妈，对妈妈时时照顾，他还爱老师、爱集体、爱生命，想要好好地生活。

　　在陪伴孩子成长的过程中，作者理性地思考了亲子关系，家庭成员对教育不同的认知，自己与父母的关系，自己与身边人的关系，以及从多角度和多角色重新思考对孩子及自我的定位，并且抛开传统思维，对在常人眼里可能是很糟糕的生活，进行了不一样的解读。

通过思考，作者发现，父母的成长是养育孩子过程中重要的环节，孩子是父母成长中的一面镜子，这面镜子不但照出父母此时的言行，还折射出父母童年时期成长中的缺憾。都说母爱是伟大的，作者却发现孩子对父母的爱才是无条件的，孩子对父母有宽容的胸怀，有无限的包容，孩子的成长是一个非常了不起的过程。

从体验中，作者觉察到，陪伴孩子的过程不是你站在他身旁，指导他，教训他，而是你和他一起站在泥沼里，与他一起面对生活中的挫折，一起成长。

尤为可贵的是，作为母亲能和孩子坦诚地谈论死亡，思考生命的过程，直面死亡焦虑，把人生这个终极话题，在孩子幼年时期用合适的方式去讨论引导。

在做母亲的过程中，她体会到孩子渐行渐远，母子一场不只是母子一场那么简单，就像本书最后一篇文章《随缘起落 亲疏自然》里写的一样，我们一生都在为人生的最后别离做准备，所以不必为孩子长大了、飞走了而伤心，体验母子一场的美好过程就是意义。

在生活中找到心理咨询师应有的态度，发现不一样的生活，觉察更多的体验，从共情来访者到共情自己的孩子，从理解接纳来访者到真正地去接纳小孩，从焦虑的浪潮里找到生活不焦虑的真谛，把生活当成一个心理咨询师和一个母亲的修炼场。这是作者贾俊既是一位优秀的咨询师，又是一位称职母亲的成功秘诀。

该书文笔细腻，语言平实质朴、流畅自然，没有华丽的辞藻，没有词语的堆砌，只有真实的记录，字里行间透出真情实感，不矫情，不掩饰，直面现实，视角独到，有故事的叙述，有理性的思考，有不俗的解读，还有心理学在生活中的灵活运用，各篇文章的标题也别有意味，每读一篇都令人有超出预期的感受。

这是一本难得的好书，我愿将其推荐给广大教育工作者，特别是望子成龙心切、担心孩子输在起跑线上的家长参考，相信会对各位有所启迪。

北京师范大学心理学院教授　郑日昌

2019年3月23日

目 录

第二辑

多点"本能"，让爱轻松

第五辑

一样的生活，不同的质感

❤ 爱不需要理由 ❤

爱不需要理由

只需深深的理解

是我需要你懂我时

你懂我的需要

1

我不比赛

悠悠在五岁多时上了半年学前班，学前班开设了艺术课，他一直想要上拉丁舞课，我没把他的想法当回事，不予理睬，没想到他自己直接找老师约了拉丁舞课的试学，试跳一次后，老师问他愿不愿意继续学习拉丁舞，悠悠一改平日遇事征求我意见的习惯，直接答复老师：他要学。于是，舞蹈老师做我的思想工作说："现在家长都逼着孩子学，你还不愿意，真是反过来了！"

无奈，我抱着哄哄他的心态给他交了几次课的培训费，以为上完这几节课，学前班结束了，新鲜劲儿也过了，关于拉丁舞的话题也会随之遗忘。

学前班结束了，拉丁舞课也结束了，教悠悠的刘老师也调去一个非常远的校区，悠悠还一直和刘老师联系，念念不忘，多次表达想跟着刘老师继续学拉丁舞的意愿，可是距离太远根本就没可能性，于是只好让他试上了另一个女老师的拉丁课，他不愿意跟着女老师学，关于学拉丁舞的话题便只是时而提起，却一直没有结束。

一年级暑假到来之前，学拉丁舞再次被提上议事日程，悠悠想在暑假找个男老师学拉丁舞，看他很是执着，让悠爸找找，如果找到男老师便学，找不到也没办法。悠悠总是好运，我们真的在一个舞蹈学校，找到了一个男老师，并且正开办一个新生班，招收零基础的孩子，悠悠作为这个班上唯一一个男生，加入了拉丁舞的学习大军。每天几个教室同时开课，小女生满眼都是。男生却寥寥无几，有的班上一个男生也没有，只有街舞的课堂都是男生，悠悠算是比较独特的，有的男生是家长让学的，悠悠是自己要学的，他说他很爱拉丁舞，除了爱妈妈就是爱拉丁舞了，真希望这句话是他在学舞蹈的过程中受过各种磨炼后说的。

悠悠在学前班初学拉丁舞时，曾有女生嘲笑他穿高跟鞋像女生，他说："我才不管男生还是女生，要求穿就穿！"颇有点走自己的路让人家去说的感觉，我从心底为他这种劲儿叫好！

这次悠悠遇上了一个严格认真的男老师——K老师，一次下课后悠悠听K老师和另一个班上的学生说九月参加比赛的事情，悠悠对我说："妈妈我不参加比赛，我不上台，我只学习拉丁舞。"我当时有些惊讶，为什么不参加比赛？这么美的舞蹈为什么不愿意上台展示给大家看呢？难道平时大方的悠悠也变得胆小起来？我没有向他提出这些问题，只是问其想法，悠悠说："我要多用几年时间好好学，学得非常好以后再参加比赛，现在不比赛！"原来是这样，他希望打好基础，而不是在初学时就向往穿着华丽的服装走向舞台，他知道只有艰苦地训练，打牢基础，有一天才能自信地展示自己。

说实话我有些惭愧，当悠悠说不比赛时，我首先想到的居然是他变腼腆了，没想到仅七岁多的他用如此冷静的眼光看待比赛，不急于求成，想专心练好基本功。顿时心底涌上一种敬佩之情，别说我七岁时，就是现在我也没有他这样的冷静，心里也打着小算盘，特别希望他早些跳出一支成品舞，让我看到他随着音乐起舞的样子。

在成人的思维里，培养孩子的一个艺术爱好不仅仅是因为孩子的兴趣，更因为是一种技能、一条出路，是提高竞争力的途径，是赢在起跑线的筹码，充满了功利色彩；但在孩子眼里没有这些，他们没想过出路，没想过要和谁比拼，没想过要如何增加自己身上的光环，只是因为喜欢，只是因为他觉得爱，单纯地爱，所以他愿意去学，尽心地学。

悠悠又给我上了一课。

2

因为他是爸爸

我亲爱的悠悠，学习迷迷糊糊，可说话总能让我感动。

六天的旅行，去了银川、呼和浩特和鄂尔多斯，返程飞回武汉时，飞机晚点，晚上十二点了还迟迟没有登机。悠爸早早去登机口排队了，我还在旁边的座位上打瞌睡，悠悠则利用这点空闲津津有味地看手机上的动画片，悠爸催他多次，他都没去排队，直到广播开始通知大家登机，悠悠才关掉手机去上厕所，我也一同奔去，因为太慌张，出了厕所悠悠就摔了一大跤，痛得站不起来，可是时间紧急，排队的人已开始缓缓向前移动，悠悠还是忍痛爬起来跑去找爸爸，因为悠悠来得太晚，悠爸非常愤怒，爸爸又急又气，打了他一耳光，悠悠恐惧极了，大哭起来，不敢跟悠爸一同登机，我陪悠悠留了下来，安慰他，准备晚几分钟再登机，悠悠说耳朵和脸都很疼，嘴巴半边也是痛的，他不敢上飞机，怕爸爸再打他。

人都上得差不多了，我和悠悠才上飞机，一登机我就问服务员要了冰块给悠悠冰敷，因为当时悠悠的脸已肿起来了，落座，悠爸又来一波训斥，还说悠悠是"废物"，悠悠哭着睡着了，睡前一直担心，怕睡着了爸爸又会冲过来打他，尽管爸爸坐在另一排座位上。

回到家里时已是凌晨四点了，睡一觉起来我和悠悠去外婆家，悠爸因为昨晚洗衣服，睡得晚还没起床。路上，我和悠悠说："爸爸昨天对你动手那么重，我不想要他了。"

"还是要着吧！"

"为什么？你不生他的气？"

"生他的气，只想要他改正，以后不打我了，我不希望你们离婚。"

我很意外悠悠此时的反应，因为以前发生这样的情况时，他有时会说："不要这个爸爸算了！"

"你是怎么想的？"

"没怎么想，因为他是我的爸爸，没有他就没有我，他是我的爸爸，所以得要他。"

"他是爸爸这点很重要吗？"

"当然重要，如果没有他就没有我，我就不是我，这个世界上就没有我了，你和另外的人生的孩子就会是另一个人了。"

"其实我很生他的气，可是过一会儿就不气了，你看他平时还给你洗衣服，我们都这么懒，把家里搞得很乱，都是爸爸在做家务，你还是把他要着算了。"悠悠开始有些帮爸爸说话的意思。

"你原谅他了？"

"当然了，我早就原谅了。"

悠悠真是个宽容的孩子，爸爸的行为让他害怕恐惧，他却用最简单的理由让自己平复下来。

"因为他是爸爸""因为没有他就没有我"，这两句看似平淡的话让我看到什么是血缘关系。孩子在心里把他们来自哪里看得很重要，很神圣，他们觉得自己经由另一个人来到这个世界是很奇妙的事情，他们感激上天的这种设计，就像他时常拍着我的肚子说"我以前就住在这里"一样，对于他们来说没有什么是比这种感受更神秘的了。

"因为他是爸爸"，所以自己的身体带着他的基因，"因为他是爸爸"，所以才有这样的一个"我"，这种因果关系很简单、很直接，可我们时常忘记了它的存在。

因为我们长大了，因为我们是成年人了，我们懂了很多事理，面对什么事都就事论事，什么都要讲个是非对错，什么都要有个科学方法和依据。于是我在很长的时间里挑剔自己的爸爸诸多的不好，他有很多毛病，他有很多的不可理喻，他有很多的怒气冲天，他有很多的冷漠和疏忽，他有很多不对的育儿理念，甚至儿时的我无数次地想不要他，希望他24小时不要在家里，希望离他远点，更远点。

在我和父亲的这段父女关系里，也留下过一些美好的回忆，可是那些美好回忆的比重太小太小，我从来没像悠悠这样想过：他是我的爸爸，我因他而来，我因他的基因、他的养育构成了独一无二的我。

我从没有想过这个过程有多神圣，只想过为什么别人家的爸爸那么温和，而我却没有一个可以让我撒娇的爸爸。

我的呼吸、我的表情、我的动作、我的长相、我的身型，每个细节都有爸爸的信息，不管他的错与对，不管他是严厉还是宠爱，我一步步长成如今的自己，因为他不算完美的陪伴，我成为此时此刻的自己。

其实有很多"喜欢"我忘了。

我和他一样有特别的姓氏，我很喜欢。

我和他一样很有个性，我很喜欢。

我和他一样眼睛很小、眼窝很深，我很喜欢。

我和他一样很会记路，我很喜欢。

我和他一样做饭有潜力，我很喜欢。

我和他一样有密密的头发，我很喜欢。

我和他一样年轻时很瘦，我很喜欢。

我和他一样……我很喜欢。

因为他是爸爸。

3

用你的小手抚慰儿时的我

"5·20"是星期天，终于可以带着悠悠出去逛逛了，悠悠一进商场便为自己挑选了礼物，爸爸说他真会照顾自己，在一家毛绒玩具店，我被一只小熊吸引，停下脚步抱起小熊，悠悠要爸爸给我买下，我没有要。

在回程的车上我问悠悠，为什么要给妈妈买小熊，悠悠说："妈妈小时候没有玩具，我想给妈妈弥补童年的遗憾，我对妈妈很温柔，因为外公对妈妈很粗暴。"

我问他为何能如此地体会到别人的心意？

悠悠说："我的心是一千颗心组成的。所以很多人的心里的想法我都能体会到，你看那个墙上的石狮子，我知道它心里很快乐，因为他能每天看见天安门。"他指着车窗外一个墙上的宣传画说道，原来他能试着去想象、去体验不同人的心理，或者不同物品的心中的想法。

在"5·20"这个恋人间表达爱意的特别日子里，我清晰地感受到来自悠悠的爱。

他不是爱妈妈对他的好，也不是因爱妈妈就许诺将来的回报，而是感受到妈妈童年时的缺失和遗憾，感受到妈妈童年没有洋娃娃的失落，感受到儿时的妈妈没有被温柔对待的孤单，所以他要来弥补那个还是小孩的妈妈，温和地对待她，不对她发脾气，总是要抱抱，还想要买小熊送给她。如此的共情能力是我这个心理咨询师都不及的，内心要多柔软才能够这么同理一个人的内心？胸膛要多么宽容才能去抱一个对他发脾气还打过他的妈妈？

前两天在他的语文作业中有这样一道题：说说你有没有这些情绪"高兴""害怕""难过"。悠悠说他唯独没有过"难过"，我很惊讶地问："至少妈妈打你的时候你会难过吧？"

悠悠说："虽然我会流泪，但是我的内心没有哭泣，虽然妈妈在打我，但我感受得到你很爱我。"

我太意外了，没想到一个7岁的小男生会如此解读"流泪"和"哭泣"，把自己的内在的感受和外在的表现分开来看，还可以把妈妈不好的教育方法排除在外，去感受妈妈的爱。

当我一遍遍回味这句话时，我看到悠悠内心巨大的能量，还有对我无条件地接纳和爱，我一直想要对他无条件地接纳和爱，可有时难以控制自己的情绪，觉得不来点严肃的，他不知道事情的严重性，而我的孩子一边挨妈妈的打，一边还坚信妈妈是爱他的，想想有时打他，他很害怕，要来抱我，我都狠心地不准他靠近，生怕这么一抱就前功尽弃了，生怕这一抱，他又忘了为什么挨打，忘记要改掉不好的习惯了，可这是无条件的爱，还是无条件地让他服从于我？

我很惭愧。

惭愧自己学了心理学，也看了不少书，却不如一个小朋友能够共情。

惭愧自己能够以平等的心态看待罪犯和吸毒者，却没有足够的耐心对待一个还在成长过程中，对世界还处在探索过程中的小朋友。

惭愧自己总以为父母在对小孩无私地付出，却没看出来孩子用他小小的内心包容着我，滋养着我，抚慰着我。

夜深了，悠悠已经睡着了，真想告诉他："谢谢你如此地爱我，谢谢你让此时的我和儿时的我都得到了你的爱。"

4

我的生命在绽放

天下着雨，和悠悠撑伞走在去学拉丁舞的路上，我突然很好奇为什么悠悠特别想要学拉丁舞，整个高温的暑假他坚持每天去，而且从学前班开始，一直都特别执着地要学。

悠悠说："妈妈，你知道吗？每到音乐响起，我觉得生命都绽放了！"

"生命都绽放了"这样的语言在我的生活里很少听到，也许有些文章里会有，也许有些演讲中会有，可我的心里似乎没有了，一个七岁的小朋友都能体会到音乐响起的那一刻，自己的生命在绽放，我一个四十多岁的人，却忘记了生命本可以拿来绽放，而不是仅仅拿来慢慢度过。

我们每天忙碌，美其名曰为了更好地生活，却在这过程中让生命失去了丰富的色彩，以致没有哪一刻感觉自己生命是绽放的。

音乐响起，就可以让一个孩子感受到生命如此的让人心醉，就可以让他一直想要去学拉丁舞，不像父母们给孩子培养一个特长，是为了给孩子提高竞争力，只是出于理性地考量。可是如果孩子不会因为音乐而快乐，不会因为音乐而陶醉，不会因为音乐而享受生活，那一双双重复跳跃在黑白键上的小手，那一个个在把杆上忍痛变得软软的身体，又会获得怎样的体验？

舞蹈和音乐虽然是技能，也有技巧，但技能和技巧只是表达的手段，享受身心融入音乐的状态才是我们最应持有的态度！

5

扯那么多干吗？

　　明天就要开学了，老师在微信群里发布要完成的暑期作业清单，悠悠的作业完成了大部分，还有英语、语文、数学小报，还有《上下五千年》读后感，还有体育、音乐，等等一系列我认为完全没必要的作业没做，可是为了能够顺利报名，我打算让悠悠把《上下五千年》的读后感写了，写作辅导任务交给悠爸，其他作业我们直接来"编"制完成算了。

　　悠爸开始辅导前，我叮嘱：为了节省时间只读《上下五千年》的其中一篇，然后就这一篇写点感想，不用要求太高，三言两语或者是几行都可，主要表示这项作业我们做了就行。

　　悠爸太过认真，不但细致"陪读"，还认真指导悠悠写每句话，读后感一页纸写了一半，悠悠有些不耐烦，不断地说："可以了，这么长可以了！"爸爸很是认真，仍然执着地说不够长，反复要求多写点儿，并且强调最后的落脚点很重要，要加上一句"所以我们一定要好好学习"作为结束语，悠悠受不了了，大叫起来："爸爸，你扯这么多干吗！"

　　这句话，可谓是一语点醒梦中人呀！小学一年级，字不识几个，动不动要写读后感，阅读本是快乐的，本可以只是享受读书的过程，非要读完写个读后感，春游也要写游后感，观影也要写观后感，做什么事都想着要写篇感想，才对得起做了这件事似的，做什么事的意义变成了不在于这件事的本身，而在于有个理由可以写篇作文。

如此培养写作，最终的结果就是这孩子从小就讨厌了写作，从小就觉得写作是个负担，这样的写作有啥意义？若是我们每做一件事情都要求写个"感"，那我什么都不做，只想睡觉了。

我们成年人上了那么多年学，写过无数的作文，可是能在日常中动笔写作，偶尔愿意写点小感想的也是少数人。

一个小学一年级的孩子能把《上下五千年》的内容大致读懂已是不容易了，还要写读后感，让孩子们觉得读书是个负担，我也是无奈，又难以在老师面前对抗——就是不写，只有不做高的要求。

写个读后感也罢，有几句就写几句，有话多说，无话少说，说真感受就是，可是悠爸不但要写多，还要写出意义，还一定要在最后落脚到"好好学习"这个"实际行动"上来。我突然想起我们小时候都是这样的，模板式的作文最后一定是要为国家做贡献，一定是要好好学习成为"四有"新人的，所以这个套路深深地刻在了心里，等到这些孩子长大了成为父母，又把这类话强硬加到下一代的作文里，似乎没这类话作为结束语，这篇作文便失去了意义和价值。

悠悠的这句"扯这么多干吗"让我反思，是呀！不就是写自己的感受吗？扯这么多干吗！

作文完全可以单纯些，写作完全应该纯粹些！

6

你有很多缺点，你知道吗？

我自己都不相信，我居然因为悠悠说的话掉眼泪了，不是感动，而是伤心落泪。

昨晚，悠悠做作业，不想多写多记生字，只想让我给他报听写，一遍过关，我让他每个生字先写两遍记好后再报听写，他不听，还是执意直接让我报听写，我生气了，大吼他学习不踏实，他哭了，爸爸听见我们在房间里的动静也来了，得知是这种情况又把他数落了一顿。

爸爸出去后，悠悠说："妈妈你知道吗？你其实有很多缺点。"

我当时一愣，心想：这说他学习的事儿，怎么话锋一转，说到我有很多缺点上来了呢？

"我有什么缺点？"自信满满的我心想：看看你能提出什么缺点来。

"你的第一个缺点是：总以为自己是对的，非要别人听你的。"

"还有呢？"

"你的第二个缺点是：你说几遍别人不听，你就会发火，不能继续好好说。"

"那我说了很多遍，你就是不听，我心情肯定会受影响。"

"你的第三个缺点是：对爸爸不够忍让，不包容，爸爸有时候不对，你就不要和他对着来，让矛盾升级。"

"我已经很包容、忍让了，他有时犯错误我都没对他发过火！"

　　"其实爸爸有时说的是对的，比如旅行时他想早点去机场，我和他的意见一样，但是怕你伤心就没有说我也想去机场，都是为你着想。"

　　被悠悠这一下说了几个缺点，而且最后一个缺点是我一直自认为做得很好，至少比一般女生好的，而在孩子的眼里却是一个能张口就来的缺点，并且可以随时直接找出"证据"，还说一直没有说出来是因为怕伤害我，我的眼泪带着委屈、失落和不服气瞬间就掉下来了。

　　我一直觉得自己很努力地做妈妈，加上平时悠悠对我也是赞美有加，时不时都会用动作和语言表达对我的喜爱和信任，在这种氛围里浸泡的妈妈已忘记自己是个普通人，以为自己在孩子心里完美得独一无二。

　　当听他说我有很多缺点，特别是最后一个缺点脱口而出时，被人误解、自己的努力被漠视的强烈委屈情绪出来了，我带着一点愤怒和反击毫不留情地说："每个人都有缺点，你也有很多缺点！"

　　"那你说我的缺点是什么？"

　　"学习不踏实，太贪玩，有些过敏不能吃的东西你总是想吃，不控制自己！"

　　"还有呢？"悠悠继续追问。

　　我停下来了，其实我还可以说很多条出来，因为平时说得太多，这会儿不用过脑袋都可以说一大堆，而此刻，我突然不想再说下去了，因为，他说了我三条缺点我都觉得受不了了，都觉得整个人被否定了，都觉得自己的努力白费了，成年人都不能平静地接受和面对的事情，孩子不更是如此？

　　我们做父母的总希望孩子们去高兴地接受，虚心地改正，真的，这些要求相当过分。

　　尽管我停下对他缺点的罗列，也没有停止对受到"冤枉"的委屈心情的表达，上演了妈妈历经千辛万苦，全力付出，孩子却不领情不认可的戏码，尽管不是一把鼻涕一把眼泪地述说，只是淡淡地说："既然妈妈这样不好，爸爸负责你的学习，以后你的学习我不辅导了，我自己去玩。"

悠悠说："你这个人就是这样，说你缺点是希望你改正，不是不让你辅导我学习了。"

"我不是上天派来求你学习的，我就是不管了，我就是要自己玩！"

其实我一边说一边觉得自己做得不对，这句话传达的信息是：你指出我缺点就是否定我整个人，你说我不好，我就不跟你玩了，就和你没感情了，看起来没吼没叫，但绝对是货真价实的冷暴力，要挟和惩罚的意味十足。尽管知道这是个坏方法，我还是一边省察一边使用，现在想起来我也真够坏的，另一方面也可以看出我当时也真是伤心了。

我的几番伤心述说，爸爸的几轮"狂轰滥炸"，悠悠的几度哽咽之后，这场风波终于平静下来。

悠悠回到写字桌前准备写作业了，他回过头对我说："妈妈请你原谅我。"

我抱了抱他："人都会有缺点，我们都努力改正好吗？"我亲了一下他的小脸。

说实话，就算在这一刻，我都没有真正地觉得自己有他说的那几个缺点的，只是说了一句看似有道理的话，其实并没有走心。

内心的不舒服一整晚都在发酵，早上醒来，躺在床上，我在思考：我为什么伤心，我的内心那一刻在想什么？

我不能接受孩子来指出我的缺点，甚至隐藏着不想让他认为我是个有缺点的妈妈的想法，尽管我懂"人无完人"的道理，却希望他视我为完美无瑕。当他有缺点时，我希望我一提出，他就能马上从思想上认识到，从心理上全部愉快接受，从行动上迅速地改正，最好一次性改掉不再重犯，而我自己的一个缺点或者我的一个习惯要改掉，说实话光是"接受"这个环节就是一个大难题，还要立马改掉，简直没有可能性。

　　我不能接受一下被提出三个缺点，我觉得太多了，三个缺点具有否定我整个人的功能。而我们做家长的数落起孩子的诸多不是时，那是搜索各种类别、各种时段、各种大大小小的信息，从不嫌多，更不怕小朋友受不了，唯恐漏掉哪一点儿，生怕不指出来将来后悔莫及，相信自己所说的都是"为了孩子好"，而当孩子为了我们好时，我们就不接受了，我们觉得委屈、冤枉、不被认可。

　　我们不能接受的行为，几乎天天施加给孩子，以"正义"和"爱"的名义，严酷而无情，刻薄又暴力，父母有时真的很可怕，整日拿"完人"标准要求孩子，我总在说只要进步、只要努力就好，可是常常忽视他的点滴进步，总觉得离标准还很遥远，和别人差距还很大，眼睛就死盯他没做好的地方，自己却游离于"真理"之外。好在昨晚说他缺点时我"口下留情"，因为我体会到三个缺点太多时，直接想到他也是如此心情，当我觉得自己的努力被忽视时，也就想到他有多少次的努力和进步被我们无视，心中累积了多少被误解和忽视的伤。

　　这场风波，让我清醒了许多，自认为可以放手让孩子多些成长的自由，其实只是假象：希望给他民主的环境，可是自己都接受不了民主；希望他遇事讲道理，讲起道理来我自己也哑口无言时，更多的是想用父母的强权和掌握的家庭资源来制约他，让他服从。

　　好在我的悠悠大胆地说出了他的想法，说出了妈妈的缺点，谢谢他的勇气，谢谢他说"请你原谅我"，用自己的退让给妈妈台阶下，让我得以安慰，谢谢他的宽容，宽容我这个有些自以为是的妈妈。

　　最后要给悠悠道歉，昨天班主任老师打来电话，表扬悠悠开学这两天表现很好，所有老师都很吃惊，让我们在家好好鼓励一下，为他加油，没想到最后变成这样一场"大战"。真希望大度的悠悠今天可以不受影响，继续加油！

7

站着说话不腰疼

早上起来，脖子疼、腰疼、胳膊疼，腿疼，昨晚的拉丁舞课上，老师不断地要求尾椎部分向上收紧，手臂要抬高，身体要夹紧。全身各部分折腾幅度太大以至于睡了一夜都未能恢复。

手抬高，腿夹紧，腰收好，悠悠跳拉丁舞时我时常会提醒他，他的手抬得总是不到位，我觉得这么简单的动作总是做不好，就是不认真，把手抬高有多大难度呢？轮到自己跳的时候才知道，这么简单的动作在自己身上也会做不好，我真的很认真，也还是顾了这头顾不了那头。

早上起来我请教悠悠身体如何夹紧。我说："我很用力了，可是老师还说没夹紧，要怎么做？"才起床的悠悠迷迷糊糊地说："我一做动作就是紧的，不需要怎么特意地做，我也讲不出来。"我很羡慕，他一做就夹紧了，当妈的却是使出浑身力气还是夹不紧，最终把自己折腾得全身疼痛，可"夹紧"这两个字我硬是没给拿下，更别谈什么"重心下移""胯部动作"，那皆是摆在我面前的几座大山，这些似乎在悠悠身上都不是问题，我却如临大敌。想想以前的我，认为多么简单的事孩子却做不好，真是站着说话不腰疼，看起来容易做起来难真是深深地体会了一把。

当初，悠悠学拉丁舞，我随后也报了成人班，除了我个人对舞蹈有兴趣外，主要是想体会一下孩子在学习舞蹈的过程中遇到的困难。

报名时悠悠说让我争做成人班的第一，尽管我报名时，别人都学了几个月，我也信心十足，可是现在越跳越觉得难了，信心一步步被蚕食，隐隐生出些许退意。现在面临是否续费坚持跳下去的选择，一是学习中的困难不知道自己能否克服，二是每周两次的上课时间正是需要辅导悠悠学习的时间，要继续跳就只能辅导一半时就要出发去上课。听悠爸说，昨天我走后悠悠说很后悔让我去跳舞，因为他感觉妈妈爱舞蹈比爱他要多一点儿，也不管他作业了，殊不知我这当妈的也面临学习上的困难了，也正需要支持。

也许有一天，悠悠对学拉丁舞失去了兴趣，那时我真不知道怎么做，但我知道不能怎么说，一定不要说"认真就可以跳好"，也不要说"坚持有什么难的"，更不要说"很简单，你夹紧就行了"，因为人知道要做什么，但有时候不知道怎么才能做到，就像现在的我不知道怎么才能夹紧一样，笨得真够可以的。

曾经站着说话不腰疼，如今自己做起来腰真疼。

虽然困难在慢慢推倒我的信心，可是人是有防御机制的，昨天课间休息时听老师说"十一"在荆门有拉丁舞比赛，问大家有没有兴趣试试，大家没有反应，我却感兴趣了，我问老师像我这样连基本动作都没做好的人能参加吗？老师说可以，因为成人组都是业余选手，水平都不高。老师这么一说，我居然想去试试，想让悠悠陪同当观众，看妈妈出丑，让他看到我跳得不好就上场，比赛中与其他人差距太大很出丑，所以平时一定要打好基础，也让他看妈妈的勇敢，虽然自己有不足，但是也不怕站出来和别人比比，败了没关系，回去好好跳，下次再来再比。

这个想法有些大胆，有些让我自己吃惊，但是也要谢谢老师的那句话"可以参加"，生活中很多事情还没开始就知道没有成功的可能，但是也不要因此就停下前行的脚步，因为在这个过程中我们身体的每个细胞都在充盈着欢乐的斗志！

腰很疼，舞继续！

8

爸爸是不是嫌弃我

晚上做完作业，悠悠辅导我跳拉丁舞，他示范一次，带着我跳一次，然后让我单独跳一次，这种教学方法挺好，悠悠教得也认真，正当我们教学进行得很顺利时，悠爸从外面回来，问作业是否做完，悠悠说做完了。一会儿悠爸从书包里找出一张语文试卷："这有张语文试卷看了没？"我一愣，还真没看，只看到作业本上布置的作业，写完了便没去翻他的书包，试卷只有12分，悠爸很生气，很生气，这是一张开学测试卷，悠悠说他们班是考得最差的。"你都倒数第一了，还管别人差不差！"悠爸愤怒极了，开始用数落质问的方式来给悠悠讲试卷上的错题，我本是要出去走路锻炼的，悠悠恳求我留在家里，他怕爸爸打他。每一道题悠爸不是讲如何正确作答，而是都反问为什么要这样写，为什么要写成这样。我真有点看不下去了，悠悠在这样的反问中没有多掌握任何一点知识，这样的辅导又有什么意义呢？我说："悠爸，你给悠悠讲这样的题遇上了该怎么做，下次他就可能做正确了。"

悠爸一边讲题一边愤怒，悠悠的瞌睡也来了，整个过程除了宣泄了情绪没有任何收获，我说："今天先到这儿吧，明天要上学，洗了先睡，周五下午放学我们再来细细地讲。"辅导才算到此结束，但数落继续，开学这几天悠悠在学校表现很好，班主任和语文老师都打电话告诉我们希望多鼓励悠悠让他加油，我本来很担心新来的语文老师因为他的成绩而对他另眼相看，但看到老师对他的点滴进步都看在眼里，还主动和家长联系，说明老师并没有用分数衡量学生，我也就放心了。可是在家里"倒数第一""有什么用""什么也不会"的词语一句句地从悠爸的嘴里奔向孩子，我阻拦悠爸不要再这样说了，给悠悠一个进步的时间，导致怒火转向我："你是教授？你什么都正确！你行怎么教不好儿子，你要是行你就自己教，我不管了！"

我说："暑假你在家时间多，每天你在辅导，效果也并不好，这样发火没有任何意义。"

"行，你的儿子你管我不管了！"听到悠爸这样说我不想再接话了，再说下去怒火会更旺，话会更难听。悠悠洗澡后在床上等我，我走去房间。

"妈妈，爸爸是不是嫌弃我？"

"爸爸没有嫌弃你，他只是为你的成绩着急，而且你这么可爱没什么方面让人嫌弃。"

"我的分数这么低，他一定嫌弃我。"

"分数低没关系，我们只要一直努力前进总会走到终点的，就像有一百级台阶，大家走到第十级了，你才走到第二级，如果你一直走总会把一百级走完。你的很多扣分原因是认识的字太少，我们平时多认点儿，中国字就那么多，总有一天会认完的。"

"你们怎么办？会离婚吗？"

"如果离婚，你会难过吗？会觉得对你有影响吗？"

"不会，我希望和你在一起。"

"但我知道你更希望和爸爸妈妈在一起。"

"是的，你一会儿不要和他吵了，让着他点，他发火也是因为有点不想让你出去学习。"

"好的，我不会和他吵的，晚安，宝贝！"

孩子在家庭里很可怜，父母爱的时候当宝贝，父母急的时候当冤家，父母的婚姻他们操心，用一分钱、买一样东西都要向父母申请，每天要面对父母无数次的数落，同时还要求他们积极阳光，要理解大人，还要每种行为都正确，让我再当一次小孩我都受不了。当看见悠爸愤怒的表情和反复的质问，小孩儿都受不了了，真是有种想要和他好好吵一架的想法，却不忍心让悠悠看见这样的场景，或许是我连大吵一架的能量都没有，悠爸那种愤怒的情绪也让我不安。

躺在悠悠的身边，悠悠说："妈妈，抱紧我，拉着我的手，不要松开，睡着了也不要松开。"我说："我会陪你睡着的。"

悠悠多数时候会让人觉得不太懂事，学习不专心，一点也不开窍，可是他的心里总能去体谅别人，还有很强的洞察力。就像今晚，他除了感觉爸爸是因为他成绩差发火外，也觉察到爸爸把对妈妈的不满也发泄出来了；而且他对我外出学习内心也很矛盾，他很想支持妈妈去学习，但又怕单独和爸爸在家里爸爸会打他，尽管这样，他在晚餐时还是克服自己矛盾的心情让妈妈去学习。

我的内心也很难过，想做的事儿得不到有力的支持，因为悠悠的害怕，因为悠爸的不情愿，所以我只能待在家里。就算是让我去学习了也是心有不安，心存愧意，只能等悠悠长大了，不需要我在家照顾了，才有满足我自己想法的可能，而那时的我也是五六十岁的老人了。

一个妈妈，作为一个独立的生命个体，到底要怎么去生活？

在这个家里悠爸付出最多，做的事比我要多，操心比我多，也许他也缺少自己独处的空间和时间，以致心情总是时坏时好，情绪波动很大，看很多事儿都不顺眼，找不到合适的发泄口，悠悠便成了点爆他情绪的导火索。也许他应该放松些，我们大家都要放松些，二年级12分，不代表永远12分，就算永远12分，只代表他考试和学习书本的能力12分，不代表他没有其他特长，就算考不上大学，生活也不会完蛋，更何况悠悠在成长，在进步，大家都要给自己松松绑。

9

妈妈，我很可怜

晚上和悠悠躺在床上，悠悠一直没睡着，我心里也在奇怪今天的入睡怎么要这么长的时间，悠悠突然说："妈妈，我很可怜。"我问他怎么可怜，他说："别人都没有过敏性鼻炎，而我有，鼻涕一直擤不完；别人不过敏，什么都可以吃，我却不能吃，火腿肠我一次都没尝过。"我说："火腿肠有很多添加剂，你容易过敏。"他说："妈妈，火腿肠吃一次也不会死的，就让我尝一次，试试是什么味道。"

悠悠从三个月大的时候过敏到现在快八年了，先是全身的湿疹，然后是过敏性鼻炎，医生早早断定他一定会得哮喘，于是，他的成长史就变成了我和哮喘斗争的血泪史。

医生说他太容易过敏，有可能以后吸口冷空气也会让他哮喘，耐寒训练成了他日常生活的重点，悠悠从小没盖过棉被，没穿过棉衣，冬天冷水洗脸，生病没用过抗生素，高烧也是让他硬扛，我听说母乳喂养可以减少14%得哮喘的概率，我母乳喂养他到五岁半。五岁前他几乎没吃过外面卖的零食，都是我自己做给他吃，再大点，他看见别的孩子吃零食也很想吃，只好在超市里千挑万选不含添加剂的零食，再大点就选有添加剂但是不多的零食。因为过敏，太多的东西悠悠没有尝过，除了他说的火腿肠外，花生之类的坚果舔都没有舔过一下，虽然总在控制，但只要一吃身上的湿疹就会发作，经常抓得体无完肤，全身都是疤痕。过敏性鼻炎，让悠悠每天睡觉不得安稳，鼻塞让他呼吸困难，平时也会让他流口水，每天早上醒来，床前白茫茫一片，满是他一晚擤过鼻涕的纸巾。

　　随着时间的推移，我慢慢接受了这样的生活，一切变得正常，提起这些事儿，多数会说到悠悠不愿控制自己，吃零食弄得湿疹总是发作，还会说到空气质量太差总让他的鼻炎发作，还会说到这个过程中我们作为父母没睡过完整的觉，有这样的过敏孩子要多操很多心。而当悠悠说"妈妈，我很可怜"这句话的时候，我才意识到，所有的感觉中有一个重要的关注点被时间带走了，那就是孩子在这个过程中承受了什么，他是如何的难受，内心又是怎样的煎熬。

　　也许时间太久，习惯了，我对悠悠过敏所承受的痛苦的感受力慢慢减弱了，以致他躺在床上不停擤鼻涕，我更多地在想他怎么还不睡，却没有感受到他此时多么难受，人为了保护自己内心少受伤屏蔽了一些细腻的感知，如果是我这样不停擤鼻涕，一定脑袋都被擤痛了，一定会叫自己很难受，一次感冒流两天鼻涕都会觉得痛苦得不行，而我的孩子在经历这些时，我却总站在看似客观理性的角度去认知，会觉得切断所有的过敏源，控制住零食就是对他的保护，要一个孩子做到如此克制的我却常常会被一块高热量的甜食诱惑，哪怕早上站在体重秤上还在宣称要减肥，也顿时被甜食征服。

　　如悠悠所说，尝一根火腿肠又不会死，我为什么绝对禁止，还那么义正词严？在这样的时候我面对的是一个孩子吗？我在把他当成一个有感觉、有内心需求的孩子吗？我很少体验他的无奈、他的煎熬，所以当他说为什么别人都没有鼻炎时，发出的是怎样孤独的呐喊，还有对命运不公的无奈。

　　作为妈妈，我应该更多地去体会他当下的感受，而不只是做个科学理性的"管理者"，也不要把孩子只当成自己的"教育对象""保护对象"。孩子首先是一个人，一个还没有长大需要更多理解和支持的人。看到他睡不着时，做妈妈的我可以躺在他身边，感受他所承受的痛苦，对他说声："宝宝你受苦了！"

10

做寿司的小师傅

陪悠悠跳舞的空当，在一家烘焙店买了做寿司的材料和工具，悠悠跳舞结束就迫不及待地准备回家大显身手，悠爸却一直劝说悠悠放弃晚上做寿司的想法，因为明天要上学，需要早点睡，就不要去做什么寿司了。

悠悠充满热情的劲头真让我不忍拒绝，少睡半个小时去完成一件想做的事情，我觉得很值得，于是说服悠爸不再阻止我们的行动。

悠悠在几个月前的一次小活动上学过制作寿司，当时也只是玩了一下，我并没有寄予太高的希望，估计他早已忘记该怎么做了，可没想到悠悠在做的过程中并不生疏，米饭铺得均匀，肉松和黄瓜的位置摆得也不错，第一卷就成功了，动作有模有样，还在摆盘时设计了一下，悠爸看到作品时也觉得不可思议，以为悠悠会弄得一团糟，没想到成功了，看相也还不错。

如果不给他机会，仅靠父母的想象去预测，父母永远不知道自己的孩子有怎样的成长，无法预料到他们会给自己带来怎样的惊喜，更发现不了蕴藏在孩子身上的巨大潜力。在我们的想象中，他会弄得到处是米饭，食材浪费了一大堆，成品做不出一个，在心里会深深地相信，他根本就不会做寿司；而事实相反，他用行动展示了他的手艺，还有对制作过程要点的理解，我向他请教了如何成功地卷出寿司，他告诉我：要卷好一个寿司卷，先要均匀铺好米饭，米饭不能太热，每卷一下都要按紧，黄瓜的位置要放对，不要把竹帘卷进去了。他详细分解了卷制过程中的要点，叙述得很清晰，听完他的介绍，知道他对制作过程有清晰的了解，这让我很惊奇，原来小孩在模仿动作的时候，其实心里也在归纳关键点；而我们以为他当时也就是跟着寿司师傅闹着玩，时间久了什么也不记得了，而悠悠却给了我不小的惊喜和意外，越来越觉得他真是可爱，更让我有兴趣去探索他的世界。

成功地制作了寿司的后续故事是：我们家三天晚餐都在吃寿司，除了白色的寿司还有用紫薯调色的紫色寿司。三天吃寿司让我们有点吃腻了，可是悠悠却在每一天中换着花样和造型，人对美食的爱除了唇齿的欢愉，还有对美食制作过程的享受，以及创意在实现过程中的快感，悠悠把自己对食物的理解和对生活美好的想法变成了一盘盘寿司展现在我们面前，在他眼里，做出寿司，再给寿司一个好的摆盘才算得上真正的美食。

若是我们成人能拿出孩子那种对事物的执着和热爱，我们现实的生活也不会仅仅是柴米油盐，还可以是有着诗意的柴、光洁的米、流淌的油、消融的盐。

给孩子机会，他们会让你看到：你快要遗忘的生活里那些本来的美好。

11

举起的手指是什么

早餐，我们会一起在家吃，聊会儿天。今早，悠悠聊着聊着突然说不想去学校了，身经百战的我并没有被吓坏，问他原因，他说学校有很多黄蜂他很害怕，不想去学校，我没有多想也没多说，只说："好吧！"悠悠的表情没有惊喜也没有诧异，看着我，用慢镜头的速度，举起在桌上放着的手臂，又慢慢地伸出两个手指，做出胜利的手势，两根小手指肉肉地定格在这个有可能吓坏我的早晨里，画面卡通而有意义，充满了喜感和幽默，真是可爱。

早餐继续，一切继续，悠悠正常上学，听说在路上和悠爸探讨了黄蜂的事情，我在今天的家校联系本上请老师管管黄蜂，让小朋友们放心。

悠悠出发上学后，我在想，如果他说不想上学，我的大脑浮现出去年不上学的情境，恐惧是否会一下淹没我，我是不是会坚决地说"不可以不上学"？那悠悠又会怎么样？悠悠用他的两个小手指对我的表现和回答充分的肯定，告诉我这样干是对的，所以我又自觉地做了一道加分题。

悠悠问我："今天两点多放学后，我回家了怎么安排？"

我坚定地回答道："首先，二话不说，看电视！而且一口气看一个小时，然后利用剩余的边角余料的时间掌握今天要学的知识点，写作业提高效率，给自己争取出周日完整的时间，我们玩一天！"

悠悠再次做出胜利的手势。

真是个会举一反三的妈妈，表扬自己一下，哈哈！

12

红手套　黑手套

　　拉丁舞课程结束，悠悠兴奋地去前台兑换自己的奖励积分，最低60分起兑，他积攒了好久积分想送给我一个发卡，每天去看奖品陈列柜里的东西，急切的心情让我很是感动。他把所有的奖分卡送到前台阿姨的手中，自己跑去柜前，趴在玻璃上问我想要什么色彩的，还说两分钟阿姨就会清点完所有的卡片，那时我一定要做好决定，生怕我没选到自己喜欢的东西，可是阿姨突然说积分少了十分，悠悠不相信，自己拿来又认真数了一遍，真的是少了十分，兑换不成，他很遗憾地说："妈妈，对不起，我让你失望了，我没有钱，只能用积分兑换礼物，我特别想送你礼物。"

　　我安慰他说没关系，并且之前收到了他用积分兑换的礼物——一只毛巾小狗，我很喜欢。一个孩子在没有资源的情况下总想给妈妈送礼物，真是让我心中甜蜜又佩服，至少我小时候没有如此的想法，我也爱我的妈妈，可是没想过要怎么去表达，更没有想过给她送礼物。

　　在路上悠悠和我谈起想要拳击手套，他想要练出肌肉，我挺为他高兴的，可是我不知道哪儿有卖的。悠悠说他早就知道哪里有，并且带我去了不远的运动用品超市，平时他很少逛商店超市，没想到这么留心。

　　超市里有黑色、白色、红色三种拳击手套，红色的手套色彩鲜艳，并且正在做特价，69.9元，黑、白两色的要99.9元，悠悠平时特别喜欢红色，正好价格也便宜，我强烈推荐红的色给他，他试了黑色的和红色的，最后说要黑色，无论我说红色的多么好看，他都说要黑色的。其实他并不知道价格的差别，他说黑色那双让手更舒服，感觉保护手好一些，我说我们不是专业的，不用那么高的要求，并且三十块的差额还可以选其他东西，不必花在这上面。悠悠还是反复强调黑色的好，想想他努力为我挣奖分换礼物的表现，我倒觉得自己有点抠门了，其实也不是舍不得多出三十块钱，只是怕什么东西都选好的，会养成攀比的心理，其实想想悠悠倒是没有这么想，只是感受到黑色的好，到底是一分价一分货，连孩子也能感受出来，不看价格都能挑出好的，这也说明他有鉴别力，为了肯定他的鉴别力，我买了黑色手套。

在结账时，悠悠在旁边发现了望远镜，他说："妈妈，你看看，真的可以看很远。"我试了一下，确实可以望得比较远，我说买了，悠悠惊奇又惊喜，因为他平时买东西时当妈的好像没这么大方过，他连连说谢谢妈妈。

想想我这个当妈的，一个月也有几千块的收入，房子也有住的，对孩子可以更大方些。但是总想让他知道过日子不能大手大脚地花钱，不能攀比，要珍惜生活，所以他提出的要求得到我的第一反馈多数是不同意，然后经过孩子的不断说理、不断请求才网开一面，想想做家长的真是有点过分，如果我是小孩我的内心感受一定很不好。

我想以后，对于他的普通要求要给予充分的理解和满足，对于过分的要求、理解但不满足，但要说明不满足的理由，对于他心里想要又没有说出的合理愿望主动满足，不要次次都要他来申请。做家长的也要有点共情的能力，以及家庭资源共享的心态，不要以为自己挣工资，只有自己说了才算，觉得给孩子花钱就是对他的馈赠，这其实应该出自爱的表达。

13

妈妈死了我不哭

悠悠放学回家吃饭后常常会娱乐一会儿，昨天增加了一个项目，要请我和他一起躺在床上，他要抱抱妈妈，他问我多少岁了，我说42岁了，悠悠说："老太爷活到了90岁，是很长寿了，就算妈妈能活到90岁其实也没几年了。"我说还有很长时间，悠悠说："40过了就是50、60、70、80、90，一会儿就过完了！"人生这样算的话确实没多久就过完了，我面带诧异地看着悠悠的小脸，他略带伤感地说："人一生的日子这么短，能够这样抱着妈妈的时候很少，一定要珍惜时间多抱妈妈。"

没想到，我的悠悠可以如此放眼整个生命的长河，看待和妈妈在一起的时光，更没有想到，他对与妈妈相处的时光很珍惜。很感叹在八岁孩子的心里，抱抱妈妈的时光也是要紧紧抓住的，有时孩子对生活和生命的理解的深刻程度是我们成人设想不出来的，我们虽然知道人生短暂，但在生活的琐事中却忘了去握紧每一次机会，淡忘了爱的表达，总以为机会有的是。

在我甜蜜地沉浸在他幸福的臂弯里，不知什么时候悠悠的话锋一转："妈妈如果你死了，我不会哭，我只会给你烧点纸钱。"

"噢？那很好，我不想你太伤心，就算妈妈不在了，你也要幸福地生活。"

悠爸在旁边说："悠悠，你这说的什么话呀！"

"人死不能复生，哭了也不可能把妈妈哭活，每个人都是要死的，死是一件很正常的事，我也知道，烧纸钱是迷信，但是至少迷信里烧纸钱是送钱给死人用的意思，还有点用。"

"现在有很多父母死后愿意将骨灰撒到江海里，有的愿意有一处墓地埋葬，你希望妈妈怎么来选择？"当我说出这句话时，我以为对于悠悠这样的年纪有点太残酷，也太深奥了些，以为他会说都可以。

"我希望你和老太爷一样，在墓地有个家，不想把你洒在海里，我会隔两天就去看你一次，给你烧纸钱，你还希望我给你带些什么？"

"也许一枝花，或者什么也不带，只是去聊聊你的快乐和不快乐。"

"如果你在坟墓里说话了呢？"

"那挺好，就一块聊！"我哈哈大笑起来。

"妈妈，我不想让你死，我也不想死，我好好学习以后研制出长生不老药，我们都可以一直活下去。"这个主意倒是很不错。

"但是妈妈，药品的研制需要在小动物身上做试验，我不想，"悠悠沉重地说，"小动物们也是一条条生命，把它们弄死了我不愿意，我愿意自己尝试药品。"

多么善良的悠悠，科学发展到现在，不知道有多少小动物为了人类献身，当一种新药面市时，我们会为攻克某种疾病而高兴，为病人受惠而欣喜，几乎不会想到有多少小动物在反复的试验中失去生命，而悠悠想到的是小动物不能伤害，愿意自己去试药。尽管这是他孩子时期的想法，真有一天他需要去做实验，也会面临小动物的牺牲，但是他心里生长着对生命的悲悯，这生命可以是父母，可以是小动物，可以是一株小草。善良不是一定去做一件好事儿，而是心存与万物的共情。

与悠悠的对话总会让我获得很多滋养，近期我情绪有些不稳定，常常发脾气，似乎有点退回小孩状态的趋势，虽然我觉察到这种态势却任由发展，或者说在享受这样的任性和放纵。想想悠悠能站在生命的上空，感叹人生的短暂，想想他要珍惜每个与妈妈抱抱的机会，都觉得自己的格局太小，拘泥于琐事，受制于情绪，享受自私，放任内心淘气的小孩，不愿站在高处而宁愿躺在地上，我仿佛比悠悠更小了。

　　晚上出去散步，走在秋风中，仰望夜空，心里一下开朗起来。站在岁月的长河里，所有当下都将成为往事，此时此刻都只是一粒尘埃，不论是悲是喜，都不足以让我们浪费这么好的日子，珍惜虽时时提起，却每每遗忘，谢谢孩子对生死的看法让我清醒起来，谢谢悠悠的拥抱，让我感受到我是如此被需要；也为悠悠说出人死不能复生的话而欣慰，人生无常，谁都不知道自己的生命会在哪一刻停下，坦然面对，理性地接纳人生的别离，便是完成了一项重要的考验和课题。希望有一天我离去了，悠悠不会太悲伤，处理好情绪，继续幸福生活。

　　很高兴你说：妈妈死了，我不哭！

14

过学霸妈妈的日子

昨晚上拉丁舞课，同学问我："上次见你家孩子好阳光，性格好好呀，他学习成绩肯定很好！"我笑着说："他是个开朗的孩子，很可爱，学习成绩不好。"

悠悠的成绩如果用分数说话，就是在个位和十位之间徘徊，用排序说就是第一，但是排序要选择从小到大的排法；用老师改卷的方法来说，只写出每题的得分，因为更便捷；用他的试卷观感来说留白很充分。写到这儿，我的脸上是有笑容的，你信吗？

我觉得他很可爱，也许很多孩子成绩比悠悠强很多，焦虑却是他们家长的常态。我也有焦虑，比如在一年级下学期他不去上学，天天上课时要回家；比如可以坚持上学了，他天天在厕所不坐在教室。我的焦虑不是因为事情本身，而是周围人的焦虑让我在处理问题时还要面对更多的负面情绪，比如，外婆说"这么小就逃学养成习惯可怎么办？"大家还需要我的安慰让他们排解焦虑。那时我也是第一次面对这样的问题，说实话我未曾想过我会有一个学习过程这么艰难的孩子，因为我小时的学习是很好的，从来不觉得学习难，也不觉得要费多大的劲儿，所以觉得一切都轻松得顺理成章。当面对悠悠一年级上学期就不能上课的状态时，我没有哭，也没有训悠悠，也没有去和别人倾诉，也没有请教别人是否有良方，我坚信我的悠悠内心善良，乐观向上，坚信他确实遇到了自己感觉无法解决的问题，他的内心受着煎熬，他需要妈妈的陪伴和理解。

所以在那几个月的时间里，我陪他画了很多画，在画中我看到大面积的黑色，看到了他把厕所当成妈妈，看到了他画出一颗颗的牙齿表达愤怒，看到他和老师产生的隔阂让他没有了生长的动力。我们画自由画，画联想画，画曼陀罗，每天如此，在色彩和线条里我静静地陪伴他，让他聚积自己的能量，整合平静自己的内心，看他一步步回到学校。

悠悠考差时会说："妈妈我的成绩这么差给你丢脸了，害你在别人面前抬不起头来。"悠悠的心思很细腻，可没有猜对我。我的脸皮没那么薄，从没觉得因为悠悠丢脸，也没有悲伤，也没有焦虑，当有人问我时，我会说他成绩的真实情况，坦然地带着笑容，不隐瞒，不含糊其词。

班级家长微信群是交流育儿的平台，也是交换情绪的空间，有的小孩考96分家长也会担心，怕成绩下滑，还对比多个小学的试卷，感觉试卷简单都不能拿满分，以后怎么办？真是身在福中不知福，如果他们的孩子只考几分又要如何地崩溃？或许是因为悠悠已是最后一名了，我不用担心下滑，所以每天看到的都是他的进步，哪怕只是会多写一个生字，哪怕是老师的一次表扬，都会让我心情更好！没有那么多发愁。

我每天过的是学霸妈妈日子，心情指数达到的是她们的水准，其实不是假装，也不是欺骗自己，只是我心底知道，不论悠悠的成绩如何，不论是否能考上好大学，他都是我的儿子，他都是一个可爱的生命。也许他长大了开了窍成绩便会好起来，也许成绩就好不起来，但我和他的人生也不能就此完蛋，更不能从此黑暗。我帮他一步步掌握一些书本知识，只按一个知识点一个知识点地计算，就算历经"千辛万苦"背会一个乘法口诀表，我也觉得是他不小的进步，也会为他高兴很久。

我期望他成长为一个身心健康的人，有自己的特长和特点，他就是独一无二的他，快乐幸福地感知自己的生命，找到生活的热情，走自己适合的路，而这些与会不会考试似乎无关，我又何必苦逼自己呢？

人生没有起跑线，人生不是比赛，是好好地经过！

15

看世界的另一只眼

"妈妈你记不记得，我五岁时候你有一次和爸爸吵架，准备离家出走？"

"有这种事儿？我不记得了，如果有，估计也是当时生气出去散步了，不是真的走。"

"你真的走了，后来又回来了，我以为你不要我了。"

"不会的，不会不要你的，任何时候我都要你。"这句话我说得并不是很有底气，有时候特别生气，真有想放弃一切的想法，那时候，可能不会想太多悠悠的感受，更没想到在几年后他会谈起这样的经历，他一定很害怕、很恐惧、很伤心，对妈妈的爱产生了怀疑，会觉得妈妈并不是完全值得信任的，妈妈也会在某种情绪下走出家门。

我自认在悠悠的成长过程中十分注意，尽量给悠悠安全感，努力让悠悠感受到妈妈的爱。现在我突然发现：爱是不需要努力的，只需自然流露。我们努力做好很多件事，可一个不经意就暴露出我们心中最真实的状况，正如悠悠记忆中的片段，虽被我淡忘，但一定清晰存在于他的内心，那种被遗弃的沮丧一定让他很受伤，才会如此深刻和清晰。

但五岁是悠悠经常会提到的年龄，似乎有很多事情和记忆都是存在于五岁。五岁对于悠悠是怎样的一个刻度？我不禁思考……

五岁发生的最大事件是悠悠开始换牙，乳牙下岗，恒牙上场，所以与悠悠协商的六岁离乳的计划提前实施。我告诉他乳牙完成了吃奶的使命所以被吃饭的恒牙替代，身体告诉他不用吃奶了，悠悠接受这个理由，带着不舍和对吃奶的美好感受自然离乳了，没有像其他的孩子断奶时的撕心裂肺的哭泣，没有在断奶时看不见妈妈的焦虑，没有香甜奶头突然变成风油精气味的绝望，他说得最多的是："妈妈我每次咕咚咕咚吃得好饱，奶好甜好甜，妈妈身上都是奶的味道，好好闻。"一种满足、沉浸和获得感让五岁半的悠悠对吃奶经历，只有深深的想念和美好的回忆，我非常满意这种过程没有给悠悠带来伤害。

可是现在想来，就算整个过程自然平和，对悠悠五年半形成的依恋模式的改变，仍然是一个十分大的挑战。突然去掉你三餐的主食，我们也会不习惯，也有很难熬的想念，何况母乳对于孩子来说是妈妈、是食物、是精神需要、是感受妈妈爱的桥梁，突然说没就没了，心里的滋味一定不好受。在这种特殊时刻，他更需要妈妈给予安全感，更需要不断地用妈妈的爱确认自己与妈妈的连接，而那次他以为的"离家出走"，成为一种妈妈也会离开他的证据，让他小小的心脏慌了一把。

写到这儿我并没有觉得特别地自责，也没有检视自己有时没有考虑到孩子的感受，似乎这不像一个好妈妈的心态，此刻我应该后悔我当时的不理智，后悔不该一气之下走出门去，忽略了孩子的感受，我现在居然想到的是天下没有完美的父母，生活中会有很多疏漏。悠悠的妈妈是个普通的女子，有脾气、会愤怒，悠悠也需要慢慢地去学习去接纳我，接纳妈妈是一个人，一个独立于悠悠的人，她的身上有悠悠喜欢的部分，也有悠悠感受不太好的部分，这就一个完整的妈妈。或许这是与自然离乳搭配的心理独立的"套餐"，以此确认正常的母子关系，以此找到真实妈妈的定位：妈妈有香甜的乳汁，也有生气的背影，妈妈并不那么完美，也不会永远都在孩子随叫随到的地方。

成长本就是一种修行，身为母亲，适当轻松些，我们能做的、想做的都尽力完成，一些不经意的"伤害"未必是恶魔，那是自然的磨砺，也是看世界的另一只眼。

16

如果没有逆袭

一听到声音便能让我变成话痨的人非芳老师莫属，芳老师是我《走在追光的路上》的编辑，编辑出版的过程收获了她这个难得的朋友。有时我也特别"痛苦"，打通电话前先叮嘱自己今天一定少说一会儿，结果最后通话时长仍按小时计算，昨晚本来准备聊点具体事儿便罢，却又聊起了悠悠，聊起了我的记录，聊起了她面对工作的状态，以至于最后我要求自己晚上不可以打电话了，其实说的时候我知道执行不了，哈哈。

在谈到记录悠悠的成长时，芳老师说我的思路挺好的，现在有很多作者以学习很好的孩子为例写了很多育儿的书，很受家长的欢迎，虽然悠悠现在看起来成绩不如人意，也许有一天会逆袭成功，到时再来看这本书又会给人不一样的思考。我说也许悠悠学习成绩一直就会是这样，芳老师说不一定，就算是也许在其他的方面有特长，这也是一种成功。

我在想，我的悠悠未来是如何的我不知道，是不是能成功我也猜不出来，就算没有逆袭，也没有成功，他只是一个最普通的孩子，过最普通的生活，可是，他在成长的每个日子里给了我很多幸福，给了我很多启示，给了我对生命不一样的体验。父母一直都认为自己不断给予孩子，比如好的生活、好的教育、精心的呵护，我却在悠悠的陪伴下再一次从孩子的目光里慢慢长大，这些感受是其他人给不了我的，他说的话蕴藏哲理，他的笑容纯净天真，他的声音滋润好听，这与他会不会考试、最终是否取得旁人"成功"的认定都没有必然的联系。他让我体验了什么叫作生活，生活就是富有生机地活着，不管位列几名，每天高兴地去学校，不管是老师眼中什么样的学生，都乐意为班级干点活，不管教室里教的课文会不会背诵，他带去的一盆正开的茉莉让读书声和着香气。他犹如一株小草，就算他在未来只是株小草，长不成大树的终点也不会让生命黯淡无光，饱满的绿色仍让触及的目光满眼春意。

孩子是命运给我们最好的馈赠，为人父母又何必一定要硬着气，憋着劲地生活？又何必慌张地向着那个最后的结果冲去呢？人活着心脏得会跳动，内心得有感知，带着敏锐的触角从属于自己的日子经过，才是生活中重要的事情。我们都是普通人，不要嫌弃孩子的普通，平实的日子就是普通的，好好享受身边一天天长大的这个"小冤家"吧！

悠悠，我该有多幸运，才遇上这么有趣丰富的你呢?

17

伦巴与僵尸舞的距离

悠悠早上醒得比平时早，在他的邀请下，我和他躺在床上聊了一会儿天，我告诉他昨天晚上我的拉丁舞课收获不小，老师表扬我虽缺了两次课，但动作都学会了还跟上了大家的进度，自己虽然没有上课但通过视频跟着老师学，得到老师表扬自己内心还是有点小小的高兴。我兴趣很浓，从床上爬起来跳给他看，跳完了所有的动作，悠悠说："妈妈这是僵尸舞吗？"

他的表情告诉我他并没有恶作剧或是有意调侃我，只是严肃地说出了他的感觉。我努力地按照老师的要求，扭动的腰肢足以说明这是伦巴，退一万步来说至少不是僵尸舞，而在我的悠悠眼里就是机械的僵尸舞！

我因努力而得意的小船说翻就翻了，自信一下从满格变成红色报警状态。在以结果评判的规则里没有努不努力，只有结果如何，是否很多次悠悠很努力，也很自信自己获得了成长、收获了进步，而我们只是一句"不管怎么样最终你还是没做好"，让他也如我此时一般沮丧？

在人们眼里，过程仅仅是过程，有可能一切都是无用功，用结果说话才是硬道理。只用结果来考核要求孩子，如果结果不如人意那便是他不努力造成的，我们用结果、用成绩来倒推他们是否专注、是否用心，如果结果不漂亮那他所做的不值得一提，而且一定会给孩子戴上没尽力的帽子，这样看来我们相信努力不会白费这一观念是错的，因为我近两周的努力白费了，因为伦巴被我跳成了僵尸舞，其实写到这里我仍然是不服气的，我跳得有那么差吗？我感觉还是不错呀，可是在悠悠的眼里我跳得就是糟糕的，我的分数就是零，甚至负分，难道我是身在此山中所以不识自己的真面目？

　　也许以后再看悠悠成长过程的时候，我会更注意少用结果去评估他所付出的努力，也不枉我跳了一段"僵尸舞"。

18

爱恨交织也是一种织法

我打过毛衣，却很惭愧，至今42岁了，没有织出过成品，可是我知道毛衣最简单的织法，有上下针和平针。生活也是一种织物，可用的织法很多，可以平针织，可以爱恨交织，还可以变着花样织，也可以用不同的色彩搭配织，织出来的模样，或平实，或生动，或交错起伏。

我不但打过毛衣，也打过悠悠，好在好久没动手了，决心改掉这种"恶习"，悠爸的决心没我大，时常出手，悠悠经常抗议爸爸爱打人。

昨天放学回来，悠悠说上午在学校哭了，因为想爸爸。爸爸回老家了，不能当天回来，让悠悠很不痛快，先是早上发现爸爸不见了哭了一场，然后是电话联系，催爸爸回来，后来放学回家爸爸打电话给他，他说："没什么说的，让妈妈和你说话。"伤心，挽回，然后赌气不理，在学校还想念到流泪，他的行为总出乎我的意料，没想到对爸爸的感情如此深。

晚上躺在床上，悠悠又谈起爸爸什么时候能回来，我说悠悠很爱爸爸，悠悠说："我不爱他，有一次他准备把我丢在学校旁边的河里淹死，让我跳河，我当时赶快求情，请他原谅，他才平息怒火，不然都快把我丢出去了。"我说："那不是跳河，是跳水，运动的一种。"悠说："是跳河，想让我死。"我说："他把你往河里一丢，你迅速来个蛙泳的姿势游个痛快。"悠悠大笑起来，觉得好玩，按我设计的场景又发挥了一通，呈现出喜剧的感觉，声讨也就此打住，没有继续深究爸爸的过激行为，转而和我探讨起游泳来。

悠悠是个宽容的孩子，对于爸爸的愤怒和打骂时常心里难受，经历时及时认错平复爸爸的情绪，不激怒爸爸，控制势态的发展，过后虽有抱怨和指责，但依然对爸爸两天不在家的安排很是伤心，居然想念到掉眼泪。他喜欢和爸爸疯闹，喜欢让爸爸保护他，喜欢爸爸给他讲故事，喜欢爸爸陪他睡觉时给他按摩小手，有一次我自信地说："悠悠我来陪你睡，让爸爸去做家务。"悠说："妈妈，如果你不生气的话，我想让爸爸陪我睡好吗？"我高兴地走开了，巴不得我自由的时间更多些呢！

悠悠最理想的状态是我在家里，然后和爸爸玩，他不想单独和爸爸在家，特别怕我外出几天培训学习，怕爸爸在家会打他，希望我时时可以把爸爸控制住。若没有"爱恨交织"这个词，我真想不出其他词语来描述他们的关系，织出的这块关于父子的织物可能是跳针的，有时加针紧密，有时收针松动，亦敌亦友倒也是一种不错的织法。

那我和悠悠的母子关系是什么织法呢？上下针吗？有时我在上批评他，有时他在上启发我，相互引导，上下针是具有弹性的织法，通常用在袖口、领口需要松紧的地方，可大可小，收放自如，母子关系的织法如此美妙，舒适、弹性、贴身又不会勒紧。

是跳针也好，上下针也罢，悠悠的感受很重要，感受除了直接知觉外，也会受其他因素影响，影响的核心因素是看问题的角度，以及信息的处理。当他在描述爸爸让他"跳河"时，我换了概念用了"跳水"，将"自杀"的代名词变成了"运动项目"，当他说到快被丢进水里时，延伸的是恐惧和死亡，而我在回应叙述时延伸出"来个蛙泳的姿势"，把恐惧变成愉悦的畅游，效果很明显，悠悠的心情一下就好起来了。既然发生的事件不能改写，爸爸的脾气也不会短时间内改变，却可以一次次地来讨论，一次次重设场景和联想，让充满恐惧的记忆变成有点搞笑的情景剧，或许找机会再来个升级版，重新编剧，改变整个事情的基调，让记忆中不愉快的部分变淡，让喜剧色彩浓厚起来。

以前我有点绝对化，认为对孩子的伤害不可逆转，发生了事情除了引发对悠爸的愤怒，就是对悠悠更多的心疼。其实生活不如意之事常八九，天下没有完美的父母，也没有完美的原生家庭，谁都可能在遗憾中长大，但我可以做些小小的尝试，用不一样的观察角度把母子和父子的织法给出多样的解释，让生活这块锦缎富有变化，让编织这块锦缎的丝线里爱的味道更加绵长些。

19

建 议

悠悠上学带上了握笔器，那是帮助不会拿笔的小朋友练习握笔姿势的小工具。悠悠都读二年级了应该用不上了，可是他还是要带在书包里，他说老师没说不让带，好吧，由着他去吧。

晚上回来写作业，他说："妈妈，老师建议我不把握笔器带到学校，留在家里用。"一边说，他一边把握笔器安装在笔上，他的这句话中"建议"一词引起了我的注意，老师用了建议而不是用了"不能""禁止""不准"这类强制性的话，用"建议"巧妙地表达了希望他如何做的想法，老师在教育悠悠的过程中也很有策略。

今早又接到班主任老师的电话，说今天风有点大，温度有点低，悠悠穿的是短袖短裤，建议送长衣裤给他穿，我说没关系，悠悠从小就耐寒，冬天也会穿得少，这样老师才放心。真的感动老师的细致，每天早上忙着上课，还关注到这么小的细节，悠悠班上有近60个孩子，各种各样的学习问题，同学们相处的问题，还要管穿衣的问题，若我是老师估计做不到这么好。

有很多时候，作为学生家长感受到更多的是老师的疏漏，感受到很多教育方面的问题。有很多事情老师也是没有办法，是整体的安排，应试教育的规定动作，但家长的怨言也基本上针对老师去了，老师也很无奈，他们也不一定赞成一些做法，也改变不了什么，学校有要求又不能不执行，其实老师也有很多委屈无处诉。

20

流淌的眼泪有你懂我的味道

悠悠中秋节放假的作业里有订正试卷的内容，他没有把试卷带回来，他说考了零分，但是试卷似乎装进书包不知道掉到哪里去了，我不相信他装进了书包，知道他一定是不愿意带回来，叮嘱他下次一定要带回来，便没有过多去追问此事了，只是在家校联系本上给老师说了此事，以解释没有订正试卷的原因。后来班主任打来电话，她说悠悠的试卷在课桌的抽屉里放着，问他时他说掉在地上了所以没带回家，可是老师说自己早上进教室时地上没有试卷，后来悠悠承认是放在抽屉里了，老师还说其实成绩不是零分是33分，因为分数低所以没有写上去。悠悠没有说实话，但是他并没有隐藏分数，我也没有责怪他。

昨晚的家庭作业又有订正试卷，试卷又没有带回来，悠悠又说自己好像放书包里了，但是不知道到哪里去了，我有点生气了，让他说真话，告诉我试卷到底在哪儿。他说可能在学校，自己也不记得了，至于分数他不知道，他只知道自己做了第一题，后面的全部没有做，对他再次不把试卷带回来我很生气，我最不愿意对孩子讲"说谎"这个词，但是悠悠的做法确实不诚实，总是找各种借口说明试卷没带回来的原因。我把上次试卷没带回来的事和这次的事儿拿出来一并批评他，告诉他一个人可以什么都不好但是品德要好，要诚实，除了对坏人说谎，对别人不要说谎，考不好不可怕，努力去找到错的地方学会就行了，无论什么事情，无论事情有多糟糕都要告诉妈妈，就算妈妈批评了也没关系，妈妈会真心和他一起找到解决办法。悠悠一直强调自己不是说谎的孩子，说自己不说谎，我没有再去和悠悠理论这两次事情是不是说谎，至少没有带回试卷，没完成老师布置的订正作业是不对的，希望以后不要再发生。

我说："悠悠，妈妈相信你是一个内心特别善良纯真的孩子，是个不愿意撒谎的孩子，因为你把得了零分都告诉妈妈了，说明你很诚实，其实妈妈看不看试卷都是一样的，只是想帮你学会不会做的题目，我知道考的分数低你的心里很难受，你是不好意思拿回来给妈妈看，并不是想隐瞒，也不是想骗妈妈，更不愿意说谎。"

悠悠一下抱着我伤心地哭起来，他在我怀里边哭边说："妈妈我给你丢脸了！"

之前批评他，他一直没有哭，只是极力地去辩解，而听到我说这些话，他一下就控制不住哭起来，在流淌的眼泪里，我看到他内心被读懂后的释然，看到一个孩子在成长过程中内心受到的煎熬，看到了被贴上"说谎"标签的委屈，看到一个母亲的共情对一个孩子来说是多么的重要。而作为母亲，我们时常聚焦在对与错，致力于评判，擅长一针见血地指出问题，生怕有一个问题不指出来坏了品质，而我们忽略了为什么会这样，孩子并不会一开始就想撒谎，毕竟说谎内心也要受到很大的考验，在说谎的背后是他们难过的心情。而我是妈妈，我是否相信我的孩子，我是否能够感知他行为背后的动力，是否能够感受到他的内心，这些比去侦查他说谎了没有更重要。

悠悠流淌的眼泪让我明白，妈妈与孩子的心灵相通才是温暖的所在，妈妈与孩子共同进退才是真正的陪伴，妈妈理解而宽容的怀抱才是让孩子纯净的港湾……

21

我的眼里你是谁

悠悠又考试了，试卷带回来了，仍然没有总分，只有每题的得分，让他加起来一共42.5分，试卷正反两面，反面一题也没有写，全部空白，正面半张总分47分，扣的分数并不太多，但是我也看了一下反面，他想得分也并不容易，如果想凑个及格的分数，努努力还是有可能的。

悠悠很高兴，因为我说半面得42分，再做另一面会得80分，他仿佛看到了曙光。

42分是开学以来最高的一次分数，终于脱离了个位数，来到了十位数，这在我的学生时代是不敢想象的，那时的我只有是不是100分，没有会不会不及格的担忧，现在看到42分仍然没有担忧，我有时会想是不是因为不是我自己考试所以没那么着急，还是因为我这个当妈的太过随意。前天一同事抱怨儿子学习成绩下降，考了66分，害得她几天没睡好觉，一定要找到好的培优机构把学习给弄上去，结果听他讲的另一同事说："你学学人家贾俊，儿子考得更低都不焦虑。"

我不知道我是"正面"典型还是"反面"典型，也不知道应该得意扬扬还是要好好反思，反正我选择不卑不亢，谦虚、低调又自以为是。写到这儿，我的脸上都是笑意你信吗？就像我时常看见悠悠的大头，我会说："悠悠你的头里装的都是智慧呀！"拥抱我时我会说："你身上香香地散发着知识的味道。"充满着对他的欣赏，从没有感觉到因为他的成绩不好而羞于向他人提起。

中秋节假期的作文悠悠忘记老师的命题，我让他自己随便写一篇，他写了一篇《我的爸爸和妈妈》，对爸爸的描述是很暴躁，对我的定义是"温柔得像一朵小花"，我真的很开心，尽管现实中我不温柔，更不是一朵小花。我时常很感激悠悠对我呵护的感觉，前天晚上对我说："妈妈，你是一个缺爱的小孩，我想要做你的爸爸妈妈来爱你，因为外公脾气很坏，都没好好爱你，连'晚安'都没人和你说过。"悠悠自己是个孩子，却总想用他的爱让妈妈找回没有得到的爱，这种甜蜜是我从来没有尝过的。

悠悠的作文悠爸说写得不完整，应该还要写这写那，我却以为作文是表达自己的思想和感受的，有就写，没有就不写，不想搞成八股文，把我们心中作文的模具给他，让他变成相同的饼干，他能写出心中的感受就已是很好，我也相信随着年龄增加，会写的字也多了，思想也会更深刻，作文自然就会好，不用把他变成标准化的模式，我们谁又会喜欢看那样的文章，我们更愿意读到从内心流淌出的文字，越不拘谨，越自然，越真实越好。

父母常常己所不欲却施于孩子，我从小讨厌老师的命题作文，常常是《最难忘的一件事儿》《最喜欢的一个人》，出去春游半天也要写篇作文，弄得整个过程失去了美感，全操心作文怎么写了，这样地去体验生活又如何得到内心真正的感受呢？作文变成任务，就失去了作文本身的意义了。如果孩子从小就随便写自己看到的想到的，然后只要有想法就愿意写下来，写多了，作文又怎么会差呢？作文可能还会充满个性和意想不到的角度。据那位得66分孩子的妈妈说，因为她孩子作文常常被扣7分，她让孩子上了作文培优班，经过一年的训练终于是进步了，我问她如何知道进步了？她说现在只扣6分了。当分数变成衡量的唯一标准时，父母已经看不见孩子了，满眼只有试卷上的分数。

我希望自己能永远看见的是悠悠，从一个香香的小肉肉变成一个高高的小伙子，从单纯可爱到思想深邃，从爱自己到爱父母，从渴望别人理解到理解他人，看他用丰富的内心经历和感知生活，我不想把这么多彩的他看成分数，只有高、低两个方向，只有错误、正确两个维度，按照常规我不是个称职的好妈妈，没把孩子成绩教育得优秀，反而孩子分数最低，但是我相信一个人就该是一个人，丰富多彩，有血有肉，有色有香。一个孩子能用温情去融化别人，去体会他人的苦乐便是更大的收获。

人生的考试何尝不是多面的呢？

我坚信有爱的孩子，就有好的未来！

22

在理解中成长

昨天，悠悠放学回来有些晚。我的晚饭做好了，他们还没到家。

悠爸说和班主任聊了一下。我预感一定不是好消息，但也坚信，不会是什么特别坏的消息。

班主任说悠悠吃午饭的时候，把饭粒弄得到处都是，惹得其他的同学很不高兴，都向老师"告状"了。

老师批评了他，而且，还有一些同学的家长也向老师反映了悠悠的这个情况，真是劳各位家长费心，唯独我这个当妈的不知道。

当老师准备开始清理现场时，悠悠赶快自己清理起来，由于当时身上的纸巾用完了，他拿出自己的手绢去擦地。

后来手绢弄得很脏，他怕爸爸知道了要打他，他请求老师向爸爸进行解释，所以有了放学后老师与爸爸的谈话。

做悠悠的父母不太容易，但做悠悠的老师我认为更难，面对这样一片狼藉的场面，估计这气大到可以导致动手了。可老师再烦再气，也不能动手，还要讲道理，最严重的也就是批评，还要给他收拾残局，还要面对其他同学家长的投诉，要做好解释工作，要想办法纠正悠悠的不好的行为。一个孩子一件事儿要花这么多精力，50多个孩子，无数件事儿，如果换我当老师，我早就崩溃了！

家长有时对老师有诸多的要求，从每个孩子的角度，从每个家庭对教育的期许来看，似乎都不过分，都是小事儿；可是，把这些都加起来，老师的一人之力，却负荷不起了。有时，面对这些事情的时候，我总有些歉意，觉得悠悠给老师增加了很多工作量，我没做好的工作，由老师来给我填补了。

悠悠的班主任老师，是一个才生完小孩来上班的女老师。虽然年轻，却对悠悠充满了理解之情，宽容接纳悠悠，不以学习成绩去衡量孩子。语文老师九月接手悠悠这个班，我还没有见过面，只是在QQ中交流过一次，对悠悠的情况很了解，也是用最大的宽容面对这个成绩不好的"小迷糊"。在我心里，她们都是了不起的老师，她们能做到的这些，至少我做不到。

对学生做到理解谈何容易？道理大家都懂，可是知易行难，每天面对起来就不一样了。我这亲妈都时有怒气冲天之势，何况老师呢！现在想起悠悠一年级的语文老师，心中倒也还有几分挂念。听说她暑假离开了这所学校，虽然当时她对悠悠的态度有些问题，处理事情态度强硬，不太顾及孩子的感受，但是她自己尚没结婚生子，对孩子的理解，自然没那么深入，她求好心切，导致方法过激。

当时悠悠因此几个月没能正常上学，我也去学校和她进行了沟通。我告诉她，我不相信她是想对悠悠不好，只是太想把工作做好，有时孩子们又不能按要求去做，所以才会发生这样的事儿，我希望和她一起努力修复与悠悠的关系。

后来这位老师也努力去修复，有时放学出来，看见她会拉着悠悠的手。在悠悠与老师关系最僵持的时候，我告诉悠悠，谁都会弄坏一段关系，却不是谁都能修复好一段关系，建议悠悠自己试着去修复。我也总会和悠悠说老师也挺不容易的，但是我也允许悠悠在最难的时候可以不上学回家，我理解他的弱小，我告诉他看问题的角度，但是不能勉强他在这个年纪就做到，就算我自己也不一定能做到。

有一天，我的孩子也会走上工作岗位，也会经历没经验、做不好的阶段，我希望也有人去理解他，分清他主观和客观的原因，肯定他好的方面，和他一起改进不好的方面。

虽然这个愿望要求很高，但我仍然期望。知道这位老师离开后，我曾发QQ给她，对她表达给悠悠的安抚和付出的感谢，可是她已离开了班级群，信息发不出去，遗憾之后我也就搁置下这件事儿了。

就在写这些文字时，我突然想到自己应该有她的电话号码，应该可以发短信给她，于是，拿起手机给她发了短信，心里也舒坦了许多。虽然她离开了，对悠悠没有任何实质上的帮助了，家长们把自己的"敬意"又开始献给新的老师，但我仍想在她离开时，留些话语，留下最后的美好，其实我并不确定她是否会回复我的短信，说不定电话号码也换掉了。

悠悠吃饭弄脏地板的行为，以及用手绢擦地的行为，我问过他原因，他说不知道为什么会弄脏地板，用手绢擦地，是因为手绢可以沾水，擦得更干净，当时没有其他可用的方法了。一个孩子在当时的情境下，为了收拾自己的残局，无奈想到这个方法，也不算故意毁掉手绢，我也能理解他当时的心情，并没责怪，心里暗暗表扬他很会想办法，居然想到用手绢擦地。

至于弄脏地板的行为，我说："我相信你不是故意的，但至少没有特别注意这件事儿，或者没有把老师的要求放心上，严重影响了你自己的形象，你是一个非常爱惜粮食和注意卫生的人，所以我相信以后你不会再发生这样的事情，对吧！"

悠悠说，是的，他也就过关了。其实我心里知道，他的行为背后的动力是需要关注。开学时，他进步了，老师常常表扬，他被关注，没有发生这样的事情；现在，开学一个多月，到达一个平稳期，暂时没有更大的进步，原来好的表现，现在成为常态，老师不可能再去反复表扬，所以关注度低了，他的各种事情也就多了起来。前进的路上总会有徘徊和停下脚步的想法，我理解，并把这种理解告诉了他，他承认有时没有想好好表现。

吃完晚饭，做完作业，外面下起了小雨，我带悠悠去散步。悠爸说："下雨了，别出去，会把鞋弄湿的。"

鞋弄湿了，不算事。我没听，带着悠悠，撑着伞走在秋夜的雨中。

空气微凉清新，我牵着悠悠的小手，心想，再过几年，他会比我高，拉他手的机会更少了，特别想多感受一下能拉着他一起走的时光。

走在雨中，我说："悠悠，给我唱首歌吧！"

"种子、种子……"

我打断了他："这首是我平时喜欢听你唱的歌，今天来首自己创作的如何？"

"风雨中我们一起向前走，心情多爽朗……"悠悠即兴唱起来。是呀！一路成长，要经过多少挫折、多少风雨，我们要一起向前走，唯有理解，是成长路上的一把伞。理解老师、理解孩子、理解自己、理解不如意、理解不容易、理解彼此的不同，在理解中，我和你一起成长。

天气很好，歌很应景，日子很不错！

23

只是让你看见我

每天6点起床，对于以往爱睡懒觉的我来说，我完全变了；每天自己准备早餐，对于结婚十几年没做过饭的我来说，我完全变了；乐此不疲，每天早上做同一件事情，对于连件毛衣都没有毅力织成功的我来说，我完全变了。

这种改变因为什么？为什么要如此执着奋斗在每天清晨，不去选择多睡一会儿？为什么宁愿看见自己的双手变得粗糙，也坚决不选择简单在外面吃个早餐，让自己少些麻烦？为什么每天我要做几样饭菜，不选择吃饱就行？为什么我总要做得很多，不管两位"食客"点不点赞？

我一直觉得自己能给悠悠和家人的很少，我不能替代悠悠承受湿疹的"痒"，不能代替悠悠承受过敏鼻炎的"堵"，不能替代悠悠的伤心、难过和委屈，不能替代悠悠攻克学习的困难。

除了带他来到这个世界，陪着他，我总觉得我为他做不了什么，时常还会让他去帮我提东西、洗碗、盖被子，还会让他给我唱歌、跳舞、说笑话，时常会对他发脾气，把情绪一股脑儿地发在他身上，偶尔还大打出手让他伤心流泪。

在我最难过的时候，悠悠总会说，"妈妈你有什么难事儿，我帮你解决""妈妈人都是要死的，没什么可怕""妈妈就算所有的人对你不好，你也要努力""妈妈我最爱你"，用他温暖的语言让妈妈好好地生活，在妈妈伤心地睡着时，拉上窗帘，给妈妈盖好被子，在额头上印一个祝福的吻，而这些我却没有做到。

很多时候，在他伤心时，我们还在给他讲大道理；在他难受时，有时觉得他不难受，就难长记性，要多说几句；在他委屈时，我们会说："这有什么好难过的？"悠悠曾经说过："我还只是一个孩子，你们觉得可以不伤心的，但我真的很难过。"

有时我特别怕做对比，因为这会让我觉得自己无能，悠悠给予我的，我都没能回赠给他。他对我的爱是无条件地接纳，我对他的爱是接纳再加上条件，所以我总在向悠悠学习，现在能比他做得好点的就是我能每天做饭，我能给他一个不错的早晨。

在每天早晨里，悠悠醒来时，会闻到饭菜的香味，会听到妈妈在厨房里边做饭边听音乐的声音，会坐在餐桌前，看见满桌的食物。每天都会有变化，不同的早上的记忆就会不同。

有人问我每天做早餐累不累？其实没必要这么累，出去吃碗面和在家吃碗面不是一样的吗？其实不一样，在家并不是天天一碗面，而是不同的面食，在家吃一碗面有一种归属感，有一段和家人交流的时光，也会有打开新一天的美好心情，而不仅是充饥和果腹，不是"完成"和"将就"，是从容享受从沉睡到醒来，到迎接新一天的启动过程。

我给不了悠悠什么，却能够给他每一个相同又不同的早晨。悠悠的早晨是从6：40到7：40，这一个小时的程序是醒来，然后刷牙洗脸听评书，有时听诗歌，吃饭聊天，滑着滑板车去学校，边走边听劲爆音乐，同时和送他的爸爸或者妈妈聊天。

以前都是开车送他去学校，后来我改成走路去学校，这么好的早晨困在各大堵点，烦躁又慌忙，不如和他边走边聊，半小时走去学校，很快乐又可以让他放松心情，我也可以和他多聊聊天。

爷爷主动地说每天用自行车送他去学校，方便快捷不堵车，我却拒绝了他的好意。

每一个可以陪伴的早晨都是不可复制和重来的，所以我不想放弃任何一个和悠悠说说话的机会，因为除了给他做饭、陪他聊聊，我什么也做不了，如果连这也没有了，我还能为他做些什么呢？

今早送悠悠去学校的路上，他问我多少岁，近段时间基本每天问一遍，前几天我都回答42岁，从昨天开始我就回答24岁，他说："你只有18岁，很小很年轻，我叫你年轻漂亮小美妈吧！"

我真高兴，不是因为他说我年轻漂亮，而是他在心里一直担心我很老了，陪他的时间会很短，如果他觉得我年轻就会少些忧虑，多些放松。我也希望我能以18岁的心态面对他，多陪陪他，因为除了陪伴，我能给他的太少太少了，那给予的一点点也是我在成全和构建自己人生的一部分。比如如何度过一个早晨，不是孩子的需要，是我的需要，我让孩子看到的不是妈妈付出了多少的爱，而是在每个新的早晨，感受我们一起穿过晨光走向远方。

24

点睛之笔在尾声

　　玉玉老师，您好！我是悠悠妈妈。之前用QQ联系您因为没加您好友，现在您好像不在群里，所以QQ信息发不出去，今天突然想到可以发短信给您呀！很开心。今年您不带悠悠了，我和悠悠听到这个消息后对您很不舍，您为悠悠操了不少心，也给予了他很多鼓励和支持，尽管有些小插曲，但是您一直努力安抚他，让他在老师们的共同努力下慢慢成长进步，非常感谢您！也祝您在新工作岗位上愉快顺利！

　　悠悠妈妈：作为老师很高兴见证孩子的每一次进步，也在和他们的相处中不断调整自己，让自己和他们一起进步。有你们家长的用心和支持我相信悠悠以后会进步得更快，收获得更多。

上面是我和一年级语文老师的短信内容。

　　早上，我告诉悠悠，我给他一年级的语文老师发短信了，悠悠问说了些什么，我给他叙述了一遍，悠悠说老师去了另外的校区，如果想找她，他可以自己打听。

　　九月一日报名的时候，当得知语文老师换了，我妈欢欣鼓舞，悠悠平平淡淡，我说我还有点不舍，悠悠有点吃惊。今天再和他谈到这两条短信，悠悠居然说以后想见可以去找老师。我问悠悠知道不知道为什么妈妈要发这条短信，悠悠说不知道。我说我们看到了老师做得好的地方，哪怕中间发生过不愉快，也要去肯定，我们也要允许老师慢慢成长。

悠悠奇怪地问："老师也要成长吗？"我说："每个人都需要成长，不是长高长大，而是内心不断成熟，接近最棒的自己，老师需要成为更了解小朋友的老师，妈妈慢慢学习如何做更好的妈妈，悠悠成长为更好的悠悠！"

"老师对我们曾经给过关心，给过爱护，现在要走了，是不是应该向她表达一下我们曾看到了她的努力，感受到了她的真诚？"我说。

"是的，我不是那种过河拆桥之人！"悠悠的回答很认真很仗义。当然，我相信他不是，他一直念念不忘曾经的老师，还常去看望。

这位老师和悠悠的关系有些不同，曾经的不愉快，在悠悠的心里还是有很深记忆的，如果不画上一个圆满的句号，我不确定在悠悠的心里是不是会一直留有阴影，但至少会是有些不愉快和遗憾。所以当我在和他分享这条短信时，也分享了我对老师的看法，悠悠也认可老师有做得好的地方，也理解了老师需要慢慢成长，当他说自己不是过河拆桥之人，当他说以后想看老师可以去找她时，我为悠悠感到高兴。

一段关系，大家更多的精力会放在如何开始和发展，对于结束少有关注。也许认识到关好最后一扇门很有必要，但放一放就忘了，等一等就略过了，有些话再就不想说了。很多恋人因爱开始，离开时却形同陌路甚至成为仇人，否定曾经，彼此受伤，在心里永远都有无法完美的记忆，而且很难再用其他的事情去抚平。我认为不管开始和过程如何，好的结束比前面的都更重要，它关系到一个人对他人的看法，甚至是对世界的看法。希望悠悠的心里与这位老师画上了圆圆的句号，或许是一个全新的冒号。

文章点睛之笔常在尾声，关系亦是如此。分手看人品，分别看人情！当你将友好传递给别人的时候，当你置他人以更高的位置时，你得到的是内心的平静以及对往事详略重新地整理排序，如果曾有伤害，好的句号便是最奇妙的完形疗法！

多点"本能"，让爱轻松

在爱里多放点"本能"

少放些焦虑

无条件的爱

才是爱原本的味道

25

黄鼠狼不嫌自己儿臭

昨晚，悠悠做作业效率低、出错多，生字学了好多次还是不会写。一些生字成为他的"死穴"，比如"做"，他怎么也不认识，我都头疼了，真不知道识字怎么这么难，完全超出我的想象。

悠爸一边看班级群一边说："人家家长都在让孩子组词，老师也是这么说的，我们也应该这样呀！"

字都不认识拿什么组词呀！我心想，谁都会发号施令，倒是看看自己的孩子的掌握程度才行呀。心烦加心烦等于发怒，我发火了，训哭了悠悠，还越说越气，把悠悠吓得够呛，都不敢和我一块去散步了，自认为淡定的我，此时也不淡定了。

我平静下来，与悠悠交流了关于学习专注力的问题，无非是提高效率、认真学习、学得又快又好，挤出时间多玩一会儿，并无新意。重点和他探讨了一下"关注"的问题，因为老师之前反馈他在校的情况，我理解为他不按规则，后面的动力是需要关注，所以想听听他的想法。

我们并没有谈论具体的事情，我只是问："一个人需要被人关注吗？你认为被关注好还是不被关注好？"悠悠说他需要被关注。

我接着问，如果需要关注而不被关注时怎么办？悠悠说要好好表现让别人关注。他的回答挺好的，我告诉他，需要别人关注或者不关注都没问题，不想被人关注，也可以自己做好自己，不在意别人是否关注，保持自己最好的状态；想要得到关注，可以用更好的自己引起别人关注，当自己由被关注的状态变成不被关注时，考验的时刻就到来了，不要用相反的行为引起关注，那样虽被人注意但是得不到认可，重要的是不断激发自己的潜能让别人看见不一样的自己。

暴怒、说教一番之后，悠悠睡了。这时，我总在笑自己，一点好的方法也没有，道理讲得多有何用，无非让自己变得更啰唆。

还有一个令人意外的消息。晚上，悠爸发现班主任老师在学校的平台上给悠悠颁发了绿色嘉奖令，表彰他的进步。在老师不在的时候，他把全班的队伍集合好，发挥出别人意想不到的潜力，希望他能一直坚持。

这条消息让我对睡着的悠悠有些歉意，人家在学校也有良好的表现，我却把人家训哭，数落了各种不是。于是我在家校联系本上写下了长长的话给老师，描述了我在辅导悠悠时的无奈，包括晚上对悠悠的暴怒，表达了从心里感恩老师对悠悠的包容，对他潜力的挖掘，对他自信心的呵护。从内心里觉得我和悠悠都很幸运，总能遇上好的人，悠悠总能遇上好老师。

后来他的班主任通过QQ回复了我，时间已是晚上10点了。老师在忙完家务后抽出时间和我沟通，她说悠悠现在处在反弹期后的恢复期，老师在课堂上的作业尽量按他的兴趣来，能做多少做多少，并没有强迫他和别的学生一样，她说相信悠悠会赶上同学，甚至超过大家。

其实，在我心里也有种"幻想"，总觉得有一天悠悠会拿出大家想不到的成绩，有一天他会显现不一样的光彩，但是目前我没有证据来证明，也没有迹象来预测，也许只是一种做妈妈的直觉和美好愿望。

我总觉得悠悠身上优点很多，他有着与他人不同的气质，特别又可爱，但我也时常会反思，我是不是"黄鼠狼不嫌自己的儿臭"？这是我家乡的一句谚语，形容母亲对孩子失去辨别力的爱，我差不多也是这样，觉得悠悠挺好，尽管时有心烦事，但瑕不掩瑜，在我眼里，他仍然有奇异的光芒，"别人家孩子"在我这儿没有什么市场。我这样，因为我是亲妈，班主任能这样，真是我们的幸运，当大家都觉得中国教育有问题，对老师需要拍马屁送红包时，我却被幸运大奖砸中，没给老师送过礼。

说实话，在班级群里，我连朵小花都没给老师发过，老师发个通知什么的，家长常常涌出几十条信息，无外乎"老师辛苦了"，我没有发过，我觉得那是一种打扰，也不想那样去"盲目"而程序化地恭维老师，我做得这么差，也没随大流表"敬意"，可是悠悠还是得到老师这么多关注。

我想，应该是我们误解老师这个群体了，类似的还有医生这个群体，不可否认在任何群体里都会有一些做得不好的人，但并不是所有的人都会这样。在教师和医生这两个职业里，他们对学生和患者的付出是会投入很多情感的，我们是否承认过他们？

从我自己来说，我从怀孕到养育悠悠的过程中，遇到了好的妇产科医生，我突然早产，收到我短信，本该休息的她凌晨6点出发，赶到医院迎接我的宝宝。我遇到了好的眼科医生，悠悠从出生眼睛一直含着眼泪，有医生建议做泪囊刺通术，而这位医生始终让我按摩加用安全眼药，为了选择一种适合的眼药，他花了很长时间，并且因为效果不好又进行慎重调整，悠悠终于躲过手术，成功自愈。我遇到了好的皮肤科医生，悠悠全身湿疹的情况下，因为经常要开药，不忍让我每次排长队，总给我开方便之门。我遇到了好的治过敏的医生，除了门诊还给我私人电话，出现问题不让我总跑医院，能电话指导的电话指导，有必要去医院处置的才让我去医院，尽量不给悠悠开什么药，特别是含激素的药。

我们遇到了好的老师，因为对悠悠好，悠悠会在吃一块蛋糕时想着给他的Z老师送一块，他说因为Z老师曾经给过他一块蛋糕。他会想着去看教他拉丁舞的L老师，还非要给L老师买饮料喝。他说他是数学老师的粉丝，他说科学老师他特别喜欢，他说语文老师很柔和。孩子每一点的感受都来自于老师们的行为，来自于老师发自心底真诚的爱，没有一丝虚情假意。

我没给老师们送过礼，但老师不仅没有任何嫌弃，还对悠悠注入了满满的包容和关注，把他当成一个慢慢走的小蜗牛，欣赏他，爱护他。

悠悠的身体被过敏折磨，上天却派来这些爱的使者给予他弥补，感恩……

悠悠妈妈，不好意思这么晚打扰您！今天改家校联系本看到了您的消息，一直没能抽出时间回复您，请谅解。悠悠这两天处于反弹后的恢复期，上课时学习热情有所提高，但是对于作业还有一点小情绪，所以在学校，老师们对于悠悠的作业，尽量让他自己选择，视情况而定，状态好愿意做，鼓励他做，不愿意做，我们也会放一放，让他愿了再完成。悠悠目前可能需要在提高兴趣的前提下，慢慢提升作业，急不来哦，老师们会陪伴着悠悠，慢慢地一点一点地改变。相信在我们的通力合作下，悠悠一定会赶上大家，甚至超越大家。

老师，早上好！今天早上才看到您的消息，那么晚了一定是忙完家里事还记挂着悠悠，熬着夜给我发信息，之所以我把沟通的平台放在家校联系本上不选QQ，就是不想打扰您私人时间，希望您在工作中查阅家校联系本时读到我的留言即可。悠悠是个老师费劲多但成绩不好的孩子，对他您一直小心呵护，一直努力而怀有信心，因材施教，这种从孩子出发的教育理念和不以分数评判孩子的爱心深深感染着我，我打心眼里敬佩您这样的老师，谢谢您！希望悠悠在您的教育培护下早点开窍，成为一个爱生活爱学习的阳光少年，我也在您的指导和感染下早点成为一个称职的妈妈！

26

母亲=理性与感性的间歇式发作

昨晚洗完澡，直到躺在床上，悠悠一直在咳嗽，咳嗽间隙我感觉悠悠在静静听他自己的呼吸，然后问我："妈妈我会哮喘吗？""不会。"我坚定地回答。"可是，我好像听到我的嗓子里有点像小哨子喘的声音。"这是悠悠刚才仔细听自己呼吸声后得出的判断，"那是你不断咳嗽后气管受到刺激有点紧张了，你放松一点，安静地睡着，那种声音就会消失了。"我在他额头上吻了晚安的吻，抚摸着他的后背，他慢慢睡着，真的没有再咳嗽，呼吸均匀而平缓，一晚无事。

"哮喘"这两个字从悠悠三个月开始，一直成为我们生活的阴影和时刻防范的敌人，因为在那时悠悠全身严重湿疹，医生断定这么过敏的孩子长大后一定得哮喘，也就是从那时起，我们开启了与哮喘这个隐形敌人的战斗，不敢有半点松懈。

当时医生说过一句话："你这孩子一进我诊室就打了这么多喷嚏，以后有可能闻个冷空气都会过敏哮喘。"一点冷空气都要哮喘那要如何生活，不出门吗？一个男孩子什么都过敏，门也不敢出要怎么过他的童年？我极其害怕，但我选择主动出击：我母乳喂养，感冒发烧不轻易用药，曾经39.5℃高烧7天我也让他自己扛，从小到大耐寒训练，冬天没穿过棉袄，没盖过棉被（没有暖气），冬天冷水洗脸。这几日武汉已是秋意正浓，前天低温只有9℃，人们除了夏装穿什么的都有，悠悠一直穿短袖，我连续三天送他上学，大街上只有我和悠悠穿着短袖，人们最常规的穿着就是春秋外套，悠悠说全校只有他一个人穿短袖，而且两周前班主任就曾经打电话来说过悠悠穿得太少，是否需要送衣服给他加上，连老师都看不下去怕把他冻坏了。

我也心疼悠悠，这几天早上很冷，我和他一起穿短袖，我知道那胳膊露在外面的滋味，迎风吹着，真有点冻得慌。前天早上悠悠说："妈妈我的手很冷，都想戴手套了。"我说："这样就好，我们能感受到冷但是我们能挺住、能耐受，才叫耐寒训练，不然不冷就训练不成了呀！"话虽这么说但我真想穿个外套，但是为不让悠悠觉得自己太可怜，只是他一个人承受寒冷，我也硬着头皮和他一样的打扮，到单位上班个个同事都说："看不出你的身体这么好！"我算是另类了一把。

早上洗脸，我给他擦硅油，我说："悠悠，你脸上这块湿疹已长出来准备发展壮大了，我们要注意了保持皮肤湿润，少吃不好的东西。"在那一刻我又不禁感叹了一句："希望以后悠悠的小宝宝不要再过敏了。""妈妈，以后我不会让我的宝宝吃垃圾食品，不吃添加剂多的东本，不吃什么糖之类的，什么坏的都一点不让他吃，统统不让。"看来悠悠知道如何让一个小宝宝不受各种过敏源的伤害，曾经的我又何尝不是呢？悠悠五岁前没吃过外面买的零食，我自己用烤箱给他做，从小糖控制得很严格，培养他喜欢原味的东西。可是随着和外界的接触增多，他特别想吃别人吃的那些花花绿绿包装的东西，于是我在超市里寻找各种添加剂少的食品，可他仍然想吃其他小孩吃的那些五颜六色的东西，于是各种请求、各种纠结、各种的无可奈何充斥在我和他的对话里，我也多次投降，因为我无法拒绝一个孩子想和其他孩子一样品尝食物的请求，甚至给他主动买过口香糖。

说起口香糖，我不太理解悠悠为什么喜欢，因我不喜欢吃，他疯狂地爱着，经常会提出要买一个，我们是十次拒绝七次，三次无奈给他买了，买完又后悔，后来在他又得湿疹的状况下决心不给他买了。前不久有一天我看他在嚼卫生纸，他好像从五六岁开始就有这种爱好，我说：
"悠悠都大孩子了，咋还嚼卫生纸呢？不卫生！" "妈妈我特别喜欢
嚼东西。"

  当时我的心一下子扯疼了，他想吃口香糖，一直很难吃到，所以
发明了替代口香糖的东西，悠悠真的好可怜，这么小的愿望因为过敏变
成奢望。周六他上课我去接他放学，我提前给他买了口香糖，走出学校
一小会儿，"妈妈，能给我买个口香糖吗？" "你又要吃让你过敏的东
西！"我装着生气地说，并从口袋里拿出口香糖递给他。"妈妈，你什
么时候买的？你真是理解人的好妈妈！"看见他无比惊喜，我的心却是
沉重的，我是好妈妈吗？给他不好的东西是不理性的，理解和满足他的
需要又太过感性，做母亲到底要理性还是要感性呢？好的妈妈是标准化
作业，还是随意创意打造呢？我时常困惑，又不愿在育儿著作中寻找答
案，于是只能理性和感性交替间歇式地发作了！

27

小先生请按规则出手

五天学习，才进行了三天，小先生便闯祸了，老师请家长，我在外地培训，只有悠爸亲自去赴了老师的约。

悠悠前一天放学告诉爸爸，有两位同学总是喜欢来惹他，他都受不了了，希望爸爸给那两位同学的家长说一下，管管他们的孩子，爸爸让他别理他们，也没当回事儿，没想到第二天悠悠亲自出手教训了其中的一个孩子，据说是在厕所打了两下，后来到教室又打了。

听到这个消息，我当时第一感觉是悠悠不应该会这样，为什么会打，为什么会打两次？带着我的问题，通过手机与悠悠开始了对话。

"我的小乖闯祸了？"

"是的妈妈，他太讨厌了，老是惹我，我不想和他疯，他还是来找我，我先到厕所打了两下，结果他还笑，我又在教室打了两下。"悠悠说他实在是没办法，很奇怪，听了他的讲解，我倒没有特别生气，觉得他的语气里透着几分可爱。

"悠悠，这个同学是有些调皮，有时也很让你心烦，今后遇事不能随便动手，动手有几个原则你要记住：一是不能先动手，遇事沟通解决，尽量不要用武力解决问题，用智慧；二是自己受到伤害时毫不犹豫地保护自己；三是动手不能打伤对方，阻止他对你的伤害即可，特别不要打到要害的地方，那是要负法律责任的；四是动手时一定要告知他你为什么打他，包括在跟老师和对方家长讲述时，把经过讲清楚，要承认自己做过的事儿，也要讲清原因。"

"悠悠，老师批评你了吗？"

"没有。"

"不管你今天动手是不是有一些原因，但是这都是违反了学校的规定，你应该去给老师道歉，你认为呢？"

"是的，妈妈。"

悠悠，自从上了二年级，比一年级闯祸少了许多。这位被打的同学，一直是他特别烦恼的事儿，暑假他都在烦心上学又要见他了，甚至想留一级不和他见面了，可想而知，他的心里是多么想避开那位同学，不想和他纠缠在一起，可是这个社会不是我们家开的，有事儿也不能都给他扫平障碍。这个被打的孩子有些淘气，老师也管不住，家长也很无奈，可能大点懂事些就会好了，悠悠与他的相处是一种折磨，是一种考验，是一种锻炼，我没有过度地参与，也没有对这个孩子进行过多的评判，更没有想去找他的家长，只希望时间会改变一切，孩子们都会成长，相处模式也会慢慢调适，孩子们的兴趣点也会改变，相信有一天他们会不喜欢打打闹闹，也会发现彼此可爱之处。

悠悠没有因为这次事情受到严厉的批评，老师没有，我也没有，但是又一次感受到老师对他的包容，而且第二天，因为积极为班级做公益劳动，老师又给他发了绿色嘉奖令，丝毫没有因为这件事否定他的其他闪光点，在心里我时常会感叹悠悠的运气，会遇上这么好的老师。

28

一片星空可以打开另一片星空

小亲爱，我很想做一个心胸宽广的人，甚至比想拥有美貌的人更迫切，因为我知道一个女生可能会比男生小心眼一些，我一直努力让自己不要发展成那样，而且我觉得宽阔的心胸可以使自己生活得更幸福。让我没想到的是，我的悠悠有宽阔包容的胸怀，比我想象的更加宽容，于是，在这样的一天，我领悟到原来你的好比我自己好更让我幸福！真实的你比我想象的你更加让我惊喜！

昨天我只知其一，只知道你动手打了同学，发泄了你的烦闷，制止他以后再惹你，可是我不知道这后面还有故事。爸爸说老师告诉他，悠悠除了学习成绩现在还没有赶上大家外，是一个很阳光、很有包容心的孩子，对人宽容是一般孩子做不到的，而且说悠悠特别善良，很愿意为大家服务，只要是班级有需要，所有的公益事情总是第一个举手。

原来在他打了同学以后，那位同学因为其他的原因淘气，老师把他的水杯放在很高的地方让他拿不到，这样一来他就没水杯喝水了，结果悠悠想办法把水杯拿下来还给他，问悠悠为什么这样做，悠悠说不想让他渴着没有水喝，口渴太难受了。

如果换了我，不幸灾乐祸就算不错了，根本不可能去帮他拿水杯，更何况是冒着和老师对着干的危险，我若是小孩子的话坚决不会不听老师的话，而且这种情况下绝对听老师的，不会为了一个自己讨厌的同学去做这样的"傻事儿"。

老师没有责怪悠悠，而是用欣赏的目光发掘这件事折射出来的悠悠的优点，我真的觉得自己不如悠悠，也不如悠悠的老师，如果我是老师，可能会觉得这样太挑战老师的权威，至少是会不高兴，没想到老师用积极的眼光看问题，比我这个当妈的更会发现悠悠的长处。

如果学习成绩和包容的心态只能选其一的话，我宁愿悠悠是现在这个样子，乐观的，阳光的，心怀他人的，善良的。

家长时常会教育孩子要如何如何，其实自己很难做到，并且让一个孩子被动地去学习如何善良和宽广也是极其不易的，因为孩子会问为什么要那样做，我们便不好回答。其实在孩子们的心中本来就有星空、有大海，只是我们不知道它的存在，以为孩子们生来只是一无所知，需要我们教导。在他们小小的躯体里蕴含着强大的力量，只是这种潜力很容易被人们漠视，我们要做的是看见这潜力，保护它，鼓励孩子们发挥潜力。

善良不用学习，心胸的宽广也不用习得，那是一种觉察力，一种能体会他人、共情他人的能力，看见孩子内心那浩瀚的星空，我的心也变得宽阔起来，原来一片星空可以打开另一片星空！

29

母子一场却不是母子那么简单

周六的拉丁舞课结束，悠悠飞跑去了一楼，等我收拾好东西从二楼下来时，在楼梯口悠悠送给我他刚用奖励积分兑换的礼物—— 一只黄色的笔。悠悠很多天前就一直惦记着奖励积分积够六十分后给我送个礼物，最后他锁定了笔，上周便问了我喜欢的颜色，我选了黄色。

下课时前台的老师说："悠悠好有孝心，有积分就想给妈妈送礼物。"

我说："这是第二件礼物了，上一次已换过一个小毛巾狗。"老师们纷纷说其他孩子们都是给自己换礼物，没有给妈妈换的。

离开舞蹈学校，上了车，悠悠高兴地和爸爸说今天终于给妈妈换了笔，悠悠说："妈妈，你用这支笔每天写一万字，一年是不是就可以写本书了，如果这样写下去是不是就可以写很多书了？"

在谈笑之间，悠悠说："爸爸，我也很想给你送礼物，但是我没有钱，只能拼着老命赚奖励积分来兑换礼物，积够一次分只能换一样礼物，所以无法同时送给你和妈妈，你不要伤心，下一次我就给你换，你想要一支笔吗？你喜欢什么颜色的？"

悠爸说："你给自己换吧，爸爸不需要。"

"不行，一定要送你一个，喜欢蓝色，粉红，还是黄色？"悠悠坚持让爸爸选颜色。

"不要粉红的，其他的都行。"

在深深地爱着妈妈的同时，悠悠一直在关照爸爸的心情，怕冷落了爸爸，怕对妈妈太好爸爸有些失望，于是悠悠说下一份礼物是属于爸爸的，只是积分太少无法同时送出两份礼物。

悠悠又说："妈妈我还给你选一个小包包，上面有白雪公主的图案，你一定喜欢，只是那个要的积分多，希望我一年内可以给你换。"

我的悠悠身无分文，利用学拉丁舞这唯一的机会，通过积攒积分希望送给我很多礼物，希望送给我女生喜欢的礼物，那么辛苦积的分却没有想到为自己换点喜欢的东西，在学校有机会也总是选礼物给妈妈，我自愧不如。在我小时候我没想过给妈妈送礼物，只会盼着妈妈外出回家时给自己带点什么，似乎送妈妈礼物这个内容压根就没在我的大脑里。

而我的悠悠，一直在想各种办法送我礼物，让我感觉到他的爱可以滋养到我童年贫乏的生活，让我在他的呵护里成为一个幸福的"孩子"。他的给予不是一般意义上的送礼物，而是内心温暖的传递，不是自私的享乐，而是在呵护妈妈童年的时候，享受给予的快乐，他一直努力做着爱护妈妈的事情，我为有这样的孩子而幸福，为悠悠的善良和温暖而感动，同时也感受到自己的不足。

悠悠说如果有来生，他想做我的爸爸妈妈，要对妈妈很好，让妈妈快乐长大，因为外公对妈妈太凶，妈妈很可怜。其实何须等来世，就在今生，有悠悠温暖而体贴的陪伴，有悠悠看见童年那个并不太快乐的我，有悠悠理解儿时我的需要，有悠悠用他的绵薄之力努力地给予和修复，我的心已得到滋养，那个童年的我已经满足而快乐。

谢谢你悠悠，原来你之于我，不是简单的母子相连，也不是简单的血缘连接，而是一个生命对另一个生命深深的理解！你我只是以母子的身份相识，以独立生命个体的形式用心灵相伴一起经历人生，你从来不属于我，但你用最温柔的心怀抱我，怀抱我的过去，弥补我的缺憾，希望有一天你看到我的这些文字，能够明白妈妈此时有多感激你的到来，有多感谢你所有的赠予，有多么为你如此美好的存在而欣喜和惊奇！

30

独特配方

　　有时的我像个小孩，吃饭总会把汤汁弄到衣服上。昨天白底花上衣被我弄上了红红的韩国泡菜汁，不是一点儿，是很多点儿，问悠爸是否可以洗掉，悠爸回答也许洗得掉，也许洗不掉。心里感觉好对不起我的新衣服，吃完饭回到家，换下衣服，悠悠开始给我张罗着清洗："妈妈，你别担心，我给你洗，我特别会洗。"悠悠边说边开始行动，离开一会儿等我再来到洗澡间时，看见他弄了很多带泡泡的水正刷着衣服，"妈妈，我自己调配了独特的配方，可以把衣服洗得很干净，一会儿就完全把它洗掉了。"

　　当悠悠正起劲地帮我洗衣服时，爸爸催他洗澡睡觉，他坚持要把衣服洗干净再洗澡，爸爸气愤地敲了他的头，悠悠哭着来投诉，委屈极了，爸爸又再次叫他去洗澡，他不敢进洗澡间，只好把牙刷和水杯拿出来，让我陪他到厨房的水池去刷牙。

　　看他这么伤心，我也没有太好的办法去安慰他，就说衣服洗成那样可以了，还要把泡泡留在衣服上，经过一晚上的化学反应，等到明天衣服上的污渍就完全被分解了，衣服会更干净，不用现在一次性把衣服洗干净。

　　当我问他是什么配方让衣服这么容易被洗干净时，悠悠的回答惊艳了："我把香皂、洗衣皂、沐浴露、洗发水，所有洗脸台上的东西全部进行混合，把它们加上水进行搅拌，产生很多的泡泡，然后用游泳的耳塞盒一点点地倒在污点上，再用牙刷刷……"

"这个配方真的很特别，我怎么都没想到呀，还是你有创造力……"抚摸着他大大的脑袋，想想小朋友真是了不起，为了增加洗涤效果，动用了所有有清洗功能的材料，总有一个适合攻克这个污渍，这独特的配方，不只是悠悠的特效洗衣配方，更是他爱的配方，为了把妈妈的衣服洗干净，也算是想出了最全的办法，配出了最多效的泡泡。

作为一个孩子，他完全可以不用理会衣服是否能洗干净这回事儿，也完全可以不去想这衣服洗干净对妈妈会有什么样的安慰，父母也不会因为他不洗这件衣服而责怪他，可是他把这件事儿看得很重要，想替妈妈解决这个让妈妈担心的问题，因为当时爸爸的答复是不确定的，他想给妈妈一个肯定能解决的答复。只是很抱歉，因为洗衣服还让爸爸打了一下，还被批评不按时洗澡，心里一定委屈极了。当时我似乎也没有特别的安慰，还说以后爸爸叫洗澡就快点去洗，忽略了那一刻他内心的感受，今天回家一定要重新和悠悠谈谈这些问题，不能让他的小心脏还留下淡淡的委屈，并且要明确谢谢他爱的独特配方，正式地谢谢！

有时非常感谢写作，虽然写得不好，词语匮乏，一句句大白话，时有读不通或者啰唆的废话，可是写作给了我一个更客观的角度，让我抽离出来成为一个旁观者，更多地去冷静思考和观察发生在自己身上的故事，记录、整理文字的过程也让我有了许多反思和觉察，所以我希望自己能够坚持写下去，因为在这个过程里会发现生活更加丰富，悠悠更加可爱……

31

你只需要去玩玩

周六早上起床，悠悠说："妈妈，我不想去上课了。"

"好呀，不过不去就见不到周老师了，要不你去了别学什么知识，只和老师玩玩？"悠悠吃完早餐高兴地去了。

中午接他放学，在走廊上遇到周老师，老师说："上午考数学了，悠悠第一个做完试卷，但是分数可能是最少的，只有85分，应用题都算对了，但是写答案时没把得数写上，不知道写的是哪儿的数字，前面的加减法竖式，结果算对了可是进位的点没标，丢了不少分，普通的孩子们这种题基本全对，会在应用题上扣分，悠悠却反过来了。"听到这里我吓了一跳，居然可以得85分，尽管其他同学的分数更高，但是对于悠悠来说实在是惊喜。

周六上的课是悠悠自愿报的补习班的课，在这个培训机构里悠悠有两位特别喜欢的老师，一个是这位周老师，另一位是他的拉丁舞启蒙老师刘老师，她们都是他幼小衔接班的老师，虽然只相处了几个月，但悠悠经常会想念他们，时常会回来看看老师们。今年暑假悠悠买蛋糕时想给周老师也买一块，我们顶着烈日提着小蛋糕就去了，结果没遇上老师，老师放暑假了要几天后补习班开班时才来上课，我以为这事儿就算完了，没想到悠悠为了和周老师玩，要求上这个补习班，在知道他学不了什么东西的情况下，冲着和老师玩这个单纯的目的，我报了这个为期十天的班。别以为就这样结束了，开学后每周六的上午也有班，于是为了和老师玩，悠悠又继续报了班，对于悠悠来说，上了一周的课应该想着自己去玩，愿意再上一上午的课，不是看老师的面子，肯定是不会上的。

每周六在送他去上课的路上，悠悠都会问离上课时间还有多久，可不可以和周老师多玩一会儿。他的乐趣就是能早去和老师有时间聊聊，或者是帮老师做点小事情，拿个本子，提个教具什么的。

看见悠悠这样，我很为他高兴，因为老师说除了悠悠，衔接班的孩子们都没有回来看老师的，因为是培训机构，不是学校，所以家长们也没那么重视和老师的关系，上过了便过了。而我的悠悠深深地喜欢他的老师们，对老师曾给予他的爱念念不忘，因为老师曾经给他吃过一块蛋糕，所以暑假买蛋糕时也想给老师买一块，那是一块彩虹蛋糕，真的很漂亮，就像老师的爱在孩子心里留下的甜甜印迹。

在这个周六的补习班里还有一节语文课，语文老师万老师温和、漂亮，对悠悠也很理解，她拿出悠悠前后四次的作文纸，真的是一次比一次强，我没看内容，至少是在感观上、格式上、认真度上都在慢慢变化。万老师说悠悠应该是一个有潜力的孩子，他的理解、表达各方面都挺好，渡过现在不识字的难关后，以后可能成绩会逐步上升。哎呀！我的小悠悠总在给我惊喜，我只是鼓励你去玩玩，你却还是在用心学习呢，并且老师说悠悠上课发言特别积极，每个问题都举手，不管会不会回答都举，哈哈，如此可爱，和我想象的不一样，我以为悠悠会听一会自己玩一会呢，又让我吃了一惊。

悠悠的陪伴是对我的滋养，曾经无数次地感叹，我本是个不喜欢小孩的人，为什么上天非安排一个难搞定的孩子来磨炼我。现在我却觉得在修炼我的同时，悠悠在用不同的方式温暖我，让我感觉到生活处处有惊喜，悠悠总是出乎意料的可爱。当我和悠悠听着音乐，走在上学的路上，我们有说有笑，看见身边匆匆的行人，多数面无表情，没有清晨里开始新的一天的喜悦，很多美女妆容精致，打扮用心，可是脸上的表情写着"生无可恋"，悠悠的妈妈素面朝天，却被悠悠把笑容涂满了整个脸颊。

32

强大的内心才敢于流泪

问悠悠在学校怎么样？悠悠说："一般。"

"发生了什么不开心的事情吗？"

"妈妈，你怎么知道？我今天在学校哭了，因为……"悠悠进行了很长的讲述，同学的名字很多，对话也很多，我一个也没记住，听到的大概意思就是他去维护上厕所的秩序，有一个同学不听话没排好队，悠悠推了他一下。

"老师批评你了对吧？所以你哭了。"我想一定是这样。

"不是的妈妈，老师批评我的时候我并没有哭，是我向老师道歉时我哭的，因为我觉得很后悔，我为什么要那么做，可是后悔也来不及了，又不能重新来一次了。"悠悠搂着我的腰，我们边走边聊。

"那老师看见你流泪了吗？"

"看见了，老师劝我别哭了。"

我知道悠悠在那一刻真的为自己的行为感到后悔，他每天很努力地表现出自己好的方面，可是这件事情让他觉得影响了一直的努力，他有很强的自我觉察的能力，有时倒希望他没心没肺，心思不要那么细腻，这样可以过得更开心些。

"那你哭完以后呢，怎么去化解自己的情绪？"

"哭完，我就去做应该做的事情，该干什么就干什么。"悠悠介绍自己的经验。

　　"心里不舒服时想哭就哭，哭完就恢复到正常的状态，做该做的事情，反正做错的事情不能重来了，以后改就行了。你真了不起！以后我也要向你学习。"不要以为我这句是表面的鼓励，其实是发自内心的佩服。当我们成人在遇到许多问题时，我们很难做到拿得起放得下，心里的纠结还会影响正常的运转，该做的事情不想做，甚至连饭有时都不想吃了，没有像悠悠这样，正确接受批评，真诚地道歉，后悔时流一下眼泪，擦干眼泪后一切如常。

　　"悠悠，你的内心很强大！"我拥抱着他，亲吻他的额头。

　　"真的吗？我内心很强大？"

　　"是的，非常强大，强大内心的人就是敢于承认错误，改正错误，敢于流泪，敢于乐观面对生活，你就是这样的强大！"悠悠听后很是开心，我不希望悠悠觉得哭是懦弱的表现，我让他明确地知道一个强大的人可以哭泣，但要以积极心态面对问题，允许自己的情绪表达，也要控制住自己不被情绪左右，保持正常状态。

　　有悠悠做榜样，所以我也要管理好自己的情绪，好好记录，不被生活的繁杂弄乱了步伐。

33

先来修条预备通道

"妈妈，昨天老师批评你了吗？"悠悠往餐桌前一坐就问我昨晚拉丁课舞的情况，因为我有四次课都请假没去，所以落了很多课，悠悠预感老师会批评我。

"没有，K老师说贾俊同学虽然有几次没上课，但是动作完成得不错，证明舞蹈不是天赋决定的，是努力，持续地努力才是把舞蹈跳好的关键。"我高兴地说。

"另外还有一件事你一定会高兴，就是妈妈昨天还站在前面去领舞了。"我很得意，真想昨晚就与悠悠分享，只可惜下课回家时他早就睡着了，没想到一早他便创造了一个给我表达的机会。

与悠悠走在上学路上，又谈及此事，悠悠说："妈妈你们想去比赛吗？"

"我的同学们似乎不感兴趣，但是我很想去比赛。"

"那你为什么想去比赛？"

"一是因为不比赛不知道自己和别人有多大差距，要从哪些方面提高自己，二是因为我特别喜欢舞台，喜欢被无数观众的目光注视，那是一种享受。"

"那你跳错了怎么办？"

"当站在舞台上的那一刻，不要管有多少目光，只需要沉浸在音乐里，舞动自己的身体，让身体在音乐中绽放。"

悠悠听我说到这，居然闭上眼睛开始模拟跳起来，他说："妈妈，我也要参加比赛，我要练两年，不对，三年，非常棒的时候再去比。"显然我对享受舞台的描述，吹响了他向往舞台的号角。

"很好，我也努力，希望你也陪我参加一次亲子组的比赛，一起享受舞台。"

"没问题。"悠悠爽快答应。

舞台是什么？意味着什么？站在那里会有什么样的感觉？不到那一刻是无法体会的，当无数眼睛注视着你的时候，当聚光灯投向你的时候，是紧张还是选择享受？我一直选择紧张并享受着，虽然悠悠没有参加过比赛，只是表演节目时上过一次台，但是我希望在几年后走上舞台的那一刹那，今天我们的对话会在心里给他打开享受的通道，而不只是本能的紧张，我相信他认真地做了准备，会自信地展现出自己舞蹈的魅力。舞蹈从来跳的都不是动作，跳的是对生命的热爱，跳的是舞者与音乐的对话，跳的是与观众的共鸣，期待悠悠走上舞台的那个激动人心的时刻，更期待我能和他一起参加亲子组的拉丁舞比赛，从现在努力吧！

34

生 死

　　昨天下午四点防空警报演练，悠悠听到了警报声。回到家，悠悠说还听到了飞机的声音，他说要打仗了，敌人马上会来轰炸，他焦虑担心："为什么我要遇上战争？"

　　"没有那回事儿，不会打的，就算打也不一定会打我们这里，快来做作业。"我一边安慰，一边劝他快点完成家庭作业。他仍然很担心，而我却在着急时间一点点浪费，迟迟没有动笔。

　　悠悠说着哭起来："我真的太怕战争了！我不想死，我更不想你死，这么好的生活我想好好过，可是战争一来，我们什么都没有了！如果非要人死，我愿意用我的一条命换你和爸爸的命，我愿意自己死，只是战争中我没有坟墓，只能堆个小土包，一定要给我竖个小牌子，上面写上'贾'，可以吗？"

　　"可以，或者我把你带在身边。"真想不到悠悠因为一个防空警报想到这么多，而且会想这么细节的事情。

　　"不可以带着我，我死了尸体会腐烂的，会很臭的。"悠悠伤心而坚决地说。

　　"那我就在土堆旁边陪着你。"我搂着他说。

　　"不行，那样会被敌人炸死的，我死无所谓，你不能死，你要快逃命，等战争结束了再来找我，来看我。"悠悠流着泪，伤感而理性，叮嘱着我。

我的悠悠，情感细腻，总能去体谅别人。他很怕死，却愿意用自己的生命换爸爸妈妈的生存机会，五岁时他曾说：如果发动战争，他要去前线打仗，虽然他很害怕，可是人要"站着死不能跪着生"，等也是死，还不如自己去前线送死换来别人的生存。小朋友需要大人的保护，悠悠也很需要，可是在他心里永远装着别人。在他心里他害怕战争，一是怕战争毁掉了幸福生活，二是怕自己失去好好生活的机会，最怕的是爸爸妈妈死去，这种死去意味着不能陪伴他，更意味着这世界上再无爸爸妈妈，更意味着一种无法挽回的消亡。他伤心的眼泪更多的是为死亡这生命最终极的幻灭而流。

我拥抱着悠悠，一时不知道如何去安慰，在对话里也只限于是理解他，答应他的安排。

我小时候没有考虑过死亡，生死都没有考虑过，简单地说不在我的大脑思考范围里，而悠悠从两三岁就开始关注生命，他曾问过我："我们还不是一家人的时候那时我是谁？"

"一只动物，另一个人，也许是棵植物。"其实我也不知道。可是他在那时就在思考他是谁，从何而来，而在后面的成长中，他开始关注死亡，开始关注我的年龄。今早他还在问我多少岁，我说20岁，他说我比他大12岁，当我成老太太了他也是老头了，还说爸爸老了会变成老婆婆，笑得我肚子都疼了，人会变老不会变性呀！我说我们一起享受生活，一起慢慢变成老人。

因为我们生他时已经三十多岁，所以我们比他同学的父母年龄都要大些，这个问题时常会困扰他，他怕我们早早死了，他不想离开我们。

这次的防空警报激起了悠悠对死亡的焦虑，他的心仿佛经历了一次战争，经历了生命艰难的选择，经历了离别，经历了丧失，经历了害怕以及让自己勇敢的磨砺。

当他边哭边说"我多想好好生活，多想和妈妈在一起"时，我的心都被融化了,一个孩子如此地爱着家人和生活,而我一个成年人是否真正珍惜和爱着我的生活?多少次感叹自己的不如意,多少次在心中祈祷生活是否可以对我更好点,而在这所有的背后,我们其实在说生活对我们不够好。

悠悠无条件地爱着我,愿意用生命来换我的不死,我对他做得很少,他却如此地爱着我,多么好的孩子呀!多么善良和大度!对生死的理解如此的深情而理性!

悠悠,真地很爱你,你让我知道小小的身躯里住着如何强大而温暖的内心,你让我清晰地看到孩子的爱如此的纯真和博大,父母们总在教导孩子要如何孝顺,如何善良,其实父母并不一定有足够的资格去给孩子说这些话,我们似乎更应该好好保护他们的爱,让这份纯真的爱不要被现实的尘埃所掩盖。

35

一不小心成偶像

我居然成了某人的偶像，我做梦也不敢相信，可是就在悠悠的述说里，我成了偶像级的人物，尽管只有他一人说我是他的偶像。

"妈妈，你是我的偶像，我很爱你。"昨晚睡前，悠悠搂着我的脖子对我说，我当时吓了一跳，我的悠悠什么时候学会了"偶像"这个词，第一次听他用这个词而且用在了我的身上。

因为让他早睡，我们没有展开这个话题，早上送他上学的路上我们重新讨论，问悠悠为什么让我成为他的偶像？悠悠说："因为妈妈宽容，心胸宽广，也会写书，很厉害。"我说："我也只出版了一本书，又不是像别人出了很多本。"悠悠说："又不是让你当名人，只是当我的偶像。"原来名人和偶像可以被悠悠用如此简单的方法区分，这种说法很棒。

我对悠悠说："你也可以写书，我们二三年级多认字，把字认得差不多了，四年级我们就开始写书。"

"真的吗？我也可以写书？"悠悠惊讶地问。

"当然，记录自己所见、所思、所想，表达自己真实的情感，一次次地写，写多了，很多篇集合在一起就是书了，我想邀请你的第一本书与我合写，不知道是否愿意？"

"好呀！怎么合写？"

"我们的书从前面看是你写的对一些事情的感受和想法，从后面看是我写的对同样事情从我的角度的感受和看法。当读者翻开这本书时他可以了解孩子和大人的不同,可以看到更多的观点,是不是很好呀!"

"真好!那就这样定了!"

"那我们早点把字多认点儿!"

"可是那我不想那么快地认字……"面对这个回答,我活跃的思维瞬间就僵住了。

"好吧,听课时记住老师讲的字吧。"

"记住有什么奖励?"

"记住就不打屁股。"

"不记住就要打,妈妈你好暴力呀!"悠悠大笑,笑声随风融进了秋天的清晨。

我不知道有一天他学会了很多字后是否会愿意写作,我只想告诉他可以用文字的方式记录生活,至于是否选择全由他定。

36

写下你的爱

昨晚悠爸值班，悠悠洗澡便不需要我在旁边帮忙，每当爸爸不在家，只有我一个人陪他时，悠悠就变成什么事都会做的"大人"。

我坐在餐厅吃着零食，等待悠悠洗完澡出来陪他进卧室，但听到沐浴的水声直接打到地上，似乎没有经过人的身体，估计这个小家伙又在玩什么，没洗澡呢。我走过去看个究竟："悠悠，没洗澡呢？"

"我在写字。"原来悠悠在布满水汽的镜子上写"我爱你妈妈"，还画了一个心形把这几个字包围起来，我的悠悠真有创意，并且这几个字一个也没写错，爱字那么难都写对了。

"别把地方都用完了，我也要写。"我让悠悠留个地方给我。

"我爱悠悠小天使！"我不但写了这几个字，还画了一个有翅膀的小天使，一个小人儿加上两个翅膀，悠悠在小人的脑袋上加上了眼睛："妈妈，太爱你了，我是小天使！"

一个平常的夜晚，一个平常的洗澡时间，再也平常不过的镜面上因洗澡布满了水汽，因为悠悠，因为他将自己对妈妈的爱写在上面，这块镜面成为我和他的交流平台；一个简单的小天使小人，因为悠悠给他画上眼睛，这世界生动起来，这小天使便有了灵气。

孩子的创意无限，悠悠认的字少，生字也不太愿意写，却用仅识的字写下了深情的爱，平时也说爱我，可是写出来、画出来，又是不一样的感觉，这画面和情景深深地刻在了我的心里，那小天使也会住进他的心里。

37

无能的我遇上大度的你

"悠悠,要不咱们换个良性循环的模式吧!"早上送悠悠上学时我和他商量,因为昨天下午,他反复磨蹭不认真做作业,效率很低:生字很多学会了,时间一长又忘记了,新的字又来了,所以大量的字他都不认识,不认识也罢,又不认真地去记,于是,我发火了,打了他,他要抱我,我气得也不让他抱,并且对他吼:"不要妈妈一批评你就来这一套!"

"妈妈,我没有这一套,那一套,我只是很爱你,只是不想让你生气。"听完他这样说,我流眼泪了,不是生气,是觉得自己好无能,这么个聪明孩子,我怎么就是无法引导他静下来专心学习呢?

"妈妈,不是你无能,是我不好,我做得不好,你千万不要伤心,这与你无关,都是我的错。"悠悠总是在这样的时候把所有的错承担下来,有时看孩子这样我真是不忍心,多想他按部就班地学习,只要及格,我不会啰嗦他,也不会这么大动肝火。

可是说完一会儿,他又因为好奇一个纸箱,专注做他的"宇宙飞船"去了,还把自己装进"飞船"里,反复认真地修改他的设计作品,喊他去做作业,他边答"马上"边认真"研究",他的"马上"的意思是无限期地做他的设计。

有时真希望没作业这些事,让他好好做他的设计,可是不行呀,字总是要认识的,常用字有三千多,真不知道我的悠什么时候能认完,相信总有那么一天。那一天到来时一定来个蛋糕庆祝一下，因为这个过程真的是太难了。

早上上学和他聊天："妈妈昨天打你是觉得自己无法引导你去好好学习，有种无能感，生自己的气，所以会发怒，还打你，做得很不对。"

"你昨天打我了吗？没有呀，我怎么不知道？"悠悠装作什么也没发生一样，"真的没有，你记错了，妈妈。"悠悠真的是给足我这个当妈的面子。

如果我是孩子估计不会这么做，大度的悠悠又给我上了一课，让我自责的心好受多了，看到悠悠这样的豁达开朗，有时真的很佩服他。

静待花开，多么悠闲自得、多么淡定的词语，可是那可不是一般人能达到的境界。希望孩子有创造力、有思想，希望自己能牵着蜗牛去散步，欣赏沿路的风景。目前来看，在豁达与宽容上，我基本上已被蜗牛给丢在后面好一段路了。

这时代考验孩子，更磨炼父母。

38

无条件接纳的爱长什么样

谁都想无条件地被接纳，都想无条件地被爱，可是这种爱长什么样？在悠悠的成长过程中我努力去做，顺其自然地去做，但每当反思时，我都觉得我没有做到，有时害怕一不小心变成溺爱，有时怕一不小心不严格要求会变糟，我总在思考"什么才是无条件接纳的爱？"或许这个没有答案，因为我也没见过，所以特别想看看它的样子，似乎我的心里也很渴望。

悠悠周日做作业磨蹭，不想做，花了几个小时勉强把作业做完，没有玩的时间，也没学好，昨天早上与他商量要进入良性循环，他并没有积极地响应。送他去了学校，返回的途中我在想，也许是我出了问题，可能是看他学的东西越来越多，不会的东西也越来越多，心里压力也增加了，自然把这种压力传给他，面前有这么多难题要克服，悠悠也觉得没信心了，加之他也很爱玩，自己玩的时间都没有，心里更是不痛快，所以只有消极怠工，于是开启了恶性循环的模式。要改变互动的模式得从我来开始改变。

悠悠放学回到家，先吃饭，吃完饭，我说悠悠是否可以把碗洗一下，悠悠高兴地答应了，尽管碗洗得不是那么的干净，我没有重洗，直接放好。

悠悠说："妈妈总是信任我做事，爸爸不信任我，总说我洗得不干净。"

"悠悠洗得很干净，而且洗得又好又快，比妈妈洗得还认真仔细，我就是信任你。"

悠悠总是在饭后不想马上写作业，于是我主动说给他十五分钟先画画，自由画，画完再认真做作业，他很高兴，他用彩笔在纸上点了无数的彩色小点，像灿烂的星空，繁星点点。当我看这幅画时，我突然想到了凡·高，也是星空，一片属于自己的星空，尽管生前贫困潦倒，后来画作卖到了天价，无数人去模仿，可是在他的人生经历里又有几人理解、接纳、赞赏呢？如此说来后人再多的崇拜和褒奖于他本人来说又有何意义？我的悠悠此时内心也有五彩斑斓，也有创意无限，谁是倾听之人？我这个妈妈是否可以感知他的内心？为何不再离他近点，离世俗评判远点，让他感受到一份真正的理解呢？

家庭作业我进行了简化，数学减掉一项，语文减掉两项，最后变成数学做几道计算题，二十几题只错了一题，正确率提高了，语文复习几课生字，没想到会写得比我预想的多，不会写的他说要写三遍，最后我只让他写两遍，他高兴地结束了家庭作业。虽然时间有些晚，还是答应他去小区的活动场地疯跑几圈，好久没有这么轻松地做作业了。

活动场地上有几个小朋友，不知道为什么一个小朋友打了悠悠，还踢了他一脚，当时悠悠被弄倒在地上，那个小朋友还补一脚，我的心里有些心疼，但是并没有发声，让他自己去处理。

小朋友们跑到滑梯附近，那个小朋友又开始动手了，还拿着一把海盗刀（玩具）砍悠悠的胳膊，悠悠把目光投向我，我点了一下头，悠悠夺过刀奋起反击，那男孩一下大哭起来，扬言要杀死悠悠，他的妈妈怎么哄都不行，他如同一头暴怒的狮子，受不了别人的反击，因为每次动手都是他占上风，悠悠也是忍他多时。我没有责怪悠悠，而是表扬他在宽容之后，对方仍然出手时，坚决保护自己予以还击，做得好。

在此期间悠悠的班主任打来电话，说悠悠今天在学校情绪不好，心情烦躁,不想进教室上课,老师后来用奖励的方式鼓励他安心上课,但是效果并不好,问悠悠原因,他说是因为周日没有玩只学习心里很烦。看来我预感是对的,恶性循环比我想的还可怕,我没有想到反应会有这么大,以至影响到他去学校的状态,现在看来也是一个很正常的连续反应。

一年级天天不上学的一幕一下又回到眼前,在那时只要他愿意去学校就是我最高兴的事,现在天天去学校了又希望他有更大的进步,要求也高了起来,尽管我的目标只是希望他认真,只是希望经过努力可以考及格,但目前看来仍然对他有很大的压力。

每天早上还没到校门口他就自己跑进去了,今天我一直跟他走到校门口,门口的学校保安见了我主动打招呼说:"你家儿子现在强多了,懂事多了,有时还带着同学们上厕所负责整队。"另一个保安同样应声道:"你们家长不简单呀,一年进步这么大。"

我很惭愧,人家的孩子天天正常上学,天经地义,我家的悠悠经过很长的弯路才能正常上学,我还被表扬,真是不好意思了。

无条件的爱、理解和接纳我一直不知道长什么样,有可能终其一生都在寻找和向往,不管是否寻得到,可是我知道要去它所在的方向。当然有时也会走着走着迷了路,好在悠悠是我的镜子,我会从他那儿看到自己的样子,什么时候应该去调整,什么时候要继续,什么时候要离他更近些,什么时候让他自己飞一会儿,都会从这面镜子中得到答案。愿悠悠在成长过程中能够开心些,虽然弯多,路难行,有我愿意陪伴。

39

对女生的疼爱在男生的血液里

悠悠与小朋友那晚的冲突，在前奏中有个小女生一直拉着悠悠的胳膊，我认定这个女孩在帮别人打悠悠。在和悠悠总结"战斗经验"时，我告诉悠悠，那个小女孩也是"帮凶"，悠悠说："不是的，她是我的好朋友，她没有帮别人。"

"如果你以后遇上了帮助别人打你的女生也要注意。"我强调说。

"妈妈，男生是不可以打女生的，男生就是要保护女生的，在班上谁打女生我就和他们打，不准别人对女生动手，这个女生是好人。"悠悠极力地说明这个女生是朋友，明确表达了自己坚决不认可我的观点。

"女生中也有坏人，如果一个人打你、伤害你，不管男生、女生，你都要保护自己，不要用你男生的大度对待坏的女生。"我有些生气，真怕他死活抱定不打女生这一条准则，让自己吃亏。

"妈妈，男生怎么能打女生呢？让女生打两下也没事儿，怕什么呢？大度些，再说这个女孩真的是我的好朋友。"悠悠这个小先生拿出了誓死保护女生，特别是这位女生的决心。

我也是无语了，我知道我说什么他都觉得我是针对这个小女孩而说的，我也知道我说什么他都觉得我有偏见，我这一刻终于明白，对女生的尊重和保护不是来自于教育，而是原始的一种动力，这种动力不是外力去注入的，而是在来到这个世界时就流动在男生的血液里的。对女生的疼爱，在悠悠的内心里早早发芽，我就是最早的受益者，他保护我很多时候，并不仅仅因为我是他的妈妈，也因为我是女生，他觉得我弱小需要保护，他觉得我缺爱需要弥补，他觉得我是女生需要用他小小的胸膛给我力量，他觉得这世界上妈妈与儿子的关系并不是最主要考虑的，而性别的不同成为他考虑很多问题的原则，比如他会心疼女老师，会觉得老师被学生气哭让他很心疼。

在这一刻为悠悠这位小先生而高兴，对女生的疼爱让我看到他内心温暖而柔软，对女生的保护让我看到他勇敢而宽容。

40

跨过及格线

九月份第一次考试成绩为8分，刷新这个新低点后，接着十几分、二十几分便是家常便饭了。

我这个当妈的这学期的最大愿望就是他能常居30分，冲刺40分，至少脱离个位数的框框，但我真的很没底，因为悠悠总会让我不断增强心理承受能力，所以什么分都可能会出现，当然我做好了各种最低分的准备。

昨天回家，一进门，悠悠连妈也不叫了："70……，75点，75.5分。"边说边大口地喘着气，估计是一路跑回家，跑上楼，上气不接下气。

"什么75.5？"我不明白他说的是什么。

"昨天数学考试，75.5分。"

悠悠每次的考试说实话我不太想知道多少分，也不太关心什么时候考试了，家长群里总在讨论，那弥漫的焦虑味道让我特别不舒服，所以家长群我从来不看，只看一个老师建的班级群，接收一下老师的通知。虽然被悠悠不断锤炼的内心还挺有耐受力，但是副作用是失去了对单次考试关心的功能，以及对考试成绩的敏感性，更多的是我在关注他一段时间来有什么进步，会做了哪些曾经不会的题目，会写了多少生字，读书时是否认的字多些。

听到悠悠的75.5分，我很高兴，但并不惊喜，好像是没有出我意料，也觉得情理之中。回想起这段时间我所做的，最多的是在减少他的作业，不再纠结老师布置了多少作业，数学上面他慢慢爱上了应用题，而语文上他对作文略有兴趣，对生字的学习有些抗拒，尽管如此，我还是陪他慢慢地啃，慢慢地磨，抱着多认一个是一个的心态，语文基本上去掉了做题目的作业，回家就是认字和读书，读的书也是我的书，近期他在读《开讲啦》，为了不让他烦，多的时候读两面，少的时候只读一个自然段，他对托卡马克感兴趣，自己向往做科研，这两天一个纸箱被他做成了"飞船"，把自己装在里面。

他写作文有自己单独的一个本子，这个本子写他自己想写的，目前写了两篇，题目自拟，我与老师沟通了，希望这个本子上的作文只改错字，不改结构和内容，所以本子上写上了《自由作文》。不知道悠悠会不会坚持下去，但是我知道坚持写作对于一个他这个年龄，而且识字很少的孩子来说是非常难的事情，可是我仍然希望能让他感受到作文不必那么死板，那么让人头疼，只是写写自己的想法就好。

悠悠很高兴自己及格了，有点飘飘然了，我也让他飘一会，没有把他拉回现实，我也知道他的成绩会反复，也有充足的准备，但是我知道，这一次的冲破及格线对他来说是努力实现自己价值的里程碑，感受到好的感受，他会再去想要这样感受，我不用说太多。

静静地陪他，静静地看他进进退退，静静地看他跨越，看他徘徊不前，这就是我的生活。

离长大时间还早，悠悠慢慢来吧！

41

泡个温泉吧

今天周五，悠悠没有上学，我们去泡温泉了。

昨晚他开始咳嗽，鼻涕也很多，一早起来说头疼，想在家里休息不上学，悠爸说不上学就要去医院，悠悠开始哭起来，不愿意去医院，觉得爸爸在用看医生恐吓他，逼他去上学。

我给悠悠的答复是自己先吃早饭，如果感觉可以就去上学，感觉还是不行就在家，悠悠高兴地同意了，并且让我给老师请假，告诉老师他如果上午感觉好些就去上学。

其实昨天晚上班主任老师已经给我打过电话，说悠悠这周一直状态不好，心情很烦躁，与小朋友的冲突也多了起来，建议悠悠在家里调整休息。昨天上午的考试，考完语文后班主任打来电话要我安抚一下他，怕他没心情考下一场的数学，电话中悠悠说监考老师非要逼他把试卷做完，而他不会做的有很多，通话时悠悠似有满肚子的委屈，但是我没有更多的时间去和他说话，简单地说了几句让他安心下来考数学，语文做不出来没关系，考完就放一边不想了。

晚上老师的一通电话让我仿佛又回到了一年前的这个时候，一年级上学期悠悠有很久不愿意去学校，天天送去又接回来，有时索性就没去，经过了好长时间才回到学校正常上课，看来现在又可能卷土重来，我倍感压力，因为那次有明确的原因，而此时我不知道是什么原因，我想这个原因一定是在我们身上。

自从上周悠悠拿回来一张29.5分的语文试卷后，我们对他学习的要求越来越严了，有些家长在群里说对孩子要求很严，做错一道题打手心三尺子，后来悠爸就告诉悠悠也要实行这种惩罚，然后时常提到了做不好要打这种方法，尽管没有打，但势态明显紧张了。加上上周日他一直不好好作业，我也是逼着他完成作业，最后没有给他玩的时间，他到学校后也向老师说自己周日都没有玩心里很难过，可是在我心里我觉得一个学生完成作业是必需的，何况我也减了一些作业，总不能全减掉吧，希望让他快点做作业，自己争取时间去玩，没想到这件事儿对他有这么大的影响，整个状态一下子变了，以至于这周老师都受不了了，三次打电话给我。

悠悠在成长过程中总是出现很多的状况，不论是身体方面还是学习方面，从小到大似乎都没有连续平稳的时间段，有时不禁感叹为什么一直丁克怕小孩儿的我要生小孩？为什么老天爷又派来悠悠这个高需求的宝宝给我？为什么悠悠在成长时要面对这么多难搞定的事情？没有人告诉我原因，悠爸说因为别人给悠悠当妈搞不定，所以派给能搞定的人。

我哪里能搞定？只是靠着母亲的本能去应对，昨天接完老师的电话就直接走进拉丁舞的教室，课程里老走神，动作都跳错了，其实并没有想具体的事情，就是精神有点游离。

面对班主任今天不上学调整一下的建议，我当时没接受，因为周五是应该上学的日子，我不想人为打破这个规矩，没想到早上悠悠自己生病了，刚好今天成了放松日，上午我说如果不能去上学，去泡个温泉，一是对感冒鼻塞有好处，二是让悠悠散散心。中午我一人在家也不敢和我妈打电话聊天，怕他知道悠悠不上学去泡温泉又要来一通批评。

人生的意义是什么？我时常要问自己，其实人生原本没有什么意义，意义都是我们自己赋予的，人生就是一个过程，我们经历过，去感受过这一辈子，不论是苦难还是享乐都是一种经历，这些经历最终塑造着我们的内心和外形，于是年轻时、中年时、老去时都有不同的状态和面容。而我与悠悠的母子缘分，也是让我更深刻地感受生命的桥梁，因为看到他就仿佛看到一个没被束缚的我，爱着他，也被他爱，让我感受到生活不用太拘谨，陪伴他成长让我清晰地感觉到生活的压迫感有许多来自我们自己。

如果是这样，那就给内心泡个温泉吧，也许是在不应该休息的日子，生活需要松松绑，不用管是哪一天，需要就是标准。

我今天睡了午觉，悠悠在外面玩得一定很开心，这一天，依然是这个秋天美丽的一天！因为每一天都不可复制，每一天的心情都是我们自己的。

42

真假其实不重要

悠悠周五没上学去泡温泉，周六我和他两人在家，悠爸值班，悠悠完成了所有的作业，也好好看了三个小时的电视，显然效率提高了，也上了拉丁舞课，不过没有得到奖励积分，还被罚做蹲起。

拉丁舞课结束时，我正在上厕所，悠悠站在厕所门口大声地问我："妈妈，你在里面吗？我今天没得到奖励积分，因为被罚了几次蹲起，怎么办？"

"没关系，下次把动作做好。"

"真的没关系吗？好的，妈妈，那我去换衣服了。"悠悠很乖，知道自己应该做什么。

放学的路上我们一直聊天，回到家我们一起进洗手间，悠悠走在我身后说："妈妈，你的屁股真的很大，很想让人亲一口，一看就知道是运动型的屁股，很有弹性。"

"像口香糖的感觉？"

"不是，是另一种弹性。"悠悠边说边做咀嚼的动作。

谢谢悠悠这么赞美我，随着年龄的增大，自信心越来越不足了，至于屁股下垂是走向衰老不可少的过程，而悠悠的"有弹性""运动的"这两个词，完全把一颗有点对自己失望的心温暖并点燃了，原来我还是很年轻的，心里美滋滋的。

悠悠从小一直说我不漂亮，也许因为善良现在关注我的承受能力了，所以口下留情，问他那话是不是对我的安慰，他说是真话。

昨天我们一起出去玩，他说："妈妈你喊爸爸'老波'，我喊你'老美'。"

"为什么呢？"我对这个称呼有点不解。

"因为你很美呀！"他坚定地说。

"我美吗？"我很怀疑地反问。

"美，真的美，比嫦娥都美。"

"你认识嫦娥？见过她？"

"她是仙女，是天上的很美的仙女，我在电视上见过，但是没有你漂亮。"他讲得很认真。

"好吧，提个修改意见，'老'字换成'小'字可好？"

"好呀，小美！"悠悠笑着跑到前面去了。

无论是真的美、假的美，无论是安慰体贴还是如实表述，这一刻我感受到他深深地爱着我就够了，感受到我们在这样的时光里心情无比的放松就好，有一天悠悠大了有了自己的生活，没时间和我总是在一起交流了，想想这些话语也会让笑容浮现在我的脸上。

昨晚去帮睡着的他盖被子，在睡梦里他也知道是我，迷迷糊糊地说："妈妈我好爱你呀……"

43

3元，76元，110元

和悠悠走在放学的路上，他说爸爸答应他送份礼物给他，一个钢铁侠的手套，资金限额200元，问可不可以陪他去看看。想到是周六，第二天不用早起上学，就陪他去了，但是进去之前，我申明"只看不买"。

到玩具店门口，悠悠又和我说："妈妈我不想买手套了，想要乐高。"

"乐高那么贵，又买过，有什么意义呢？"只要提乐高我就烦，因为这是他最喜欢提的话题，又是我最不想听的。

走进商店，营业员高兴地迎接悠悠这一看就有生意的顾客，并且主动介绍价格贵的乐高。

悠悠冷静地说："你们这儿最便宜的多少钱？是什么样的？"

"最便宜的？"显然悠悠的问话让这位阿姨不解了，"3块的，这种特别小的。"确实特别小，也就三个火柴盒大。

"妈妈，要不我要个3块的吧，如果选3块的，我可以选几个？或者再买几个，铅笔帽4个才要1块5毛。"悠悠在心里开始计算起来。

他认真地在3块钱一盒的乐高里不断寻找自己想要的，看他一边选，我一边在心里算计，包装盒就这么大点儿，里面能有几块东西呀，就算选几个也还是不好玩呀。

"妈妈，你建议我怎么选呢？"悠悠征求我的意见，我很难回答。

　　"要不就买个110元的吧，片数多，好玩些，如果你想要的话妈妈愿意给你买，但是一定要买自己想要的，不要因为便宜，买自己勉强能要的东西，你自己决定就好。"

　　悠悠并没有高兴地谢谢我，也没有迅速地去结账，而是又在反复地76元钱的、3元的和110元的，然后又对我说："110元的我有些想要，但是太贵了，我想想就买76元的，然后加上笔套，这样没花完的钱，我可以请妈妈去泡温泉，如果还有多的就请婆婆一起去。"思考得真够长远的，我很意外。

　　结账时营业员阿姨说：很少看到这样的孩子，更多的是要贵的，少有主动选便宜的，更少有直接问最便宜的是哪种。我也是今天才看到这样的悠悠，当他认真地蹲在那儿选择3块钱的那种时，我的心里有些不忍，不忍心看他这么懂事，也很后悔在进商店之前跟他说"只看不买"，什么需要都要通过说服大人来实现多难呀，而当我愿意给他买贵的那种时，他并没有因此而高兴，而是做了更为适宜的组合。

　　从商店出来，悠悠要自己拿玩具，说不能让女生受累，还说："妈妈真的好，总是信任我，而我总让妈妈操心。"

　　多好的孩子呀！他一天天地在长大，每天的他都是新的他，每天的我也要成为新的我，不然就会跟不上他前行的脚步了。

　　我也在想，如果把所有的支配权交给孩子，生活一定大乱，但也未必就能大乱，孩子比我们想象的更具思考能力。

♥角度决定世界的甜度♥

体验世界的角度决定内心的幸福度

当焦虑和痛苦袭来

也许只是选错了角度

换个角度让生活甜起来

44

长大是个了不起的过程

悠悠放学回家，告诉我这次期中考试他的数学好像考了八十多分，问他八十几分，他说不知道，还没有看到试卷，只是听老师说的。

"老师没有告诉你具体的分数？"我觉得这种公布分数的方式有些让我不理解。

"老师没有公布分数，只是告诉大家。"

"告诉大家你的分数是八十多？老师原话是怎么说的？"我更迷糊了。

"老师说：连悠悠都考了八十多分，他的口算题都是全对，应用题也都写了，你们有些同学还在出错。"悠悠复述着老师说的话，我的心里却有点异样的感觉。

"老师在表扬你？"我问悠悠。

"对，说我的进步很大。"悠悠很高兴得意地和我说。

"那，继续加油。"说完我陷入深深的沉思……

老师是在表扬悠悠，可是表扬的基础是把悠悠放在班上学习最不好的位置上，意思是说连最不好的都算对了，其他同学还有什么理由做不对呢。

老师并无恶意，也在尽力从各方面树立悠悠的自信，可能是我的心敏感了，我并不怪老师这么说，却为悠悠为此没有受到伤害而有些隐痛，这话是否很矛盾？可就是我那刻的心情。

悠悠从上一年级到现在，一年多的时间，经历了很多事情，他每天面对大量不认识的字、不会做的题，面对不适应的约束，却总笑容满面的，每天放学接他，爸爸说：就见他一人与众不同，满脸笑容，手上各种颜色，拖着书包就出来了，似乎那些让他烦恼的事情不存在。

其实不然，悠悠是个非常细腻敏感的孩子，经历每一件事情他都不会没感觉，只是他在尽力去消化，就像刚才的这句话，他一定感觉到老师表扬他是因为他平时学习差，而这次他算对了，可是他截取了更利于他的信息，高兴地收藏了老师表扬他的话语。他的阳光乐观，是他应对的结果，不是自然而然的结果，我感觉到他的心也承受了许多，所以有些心痛，可是他的生活必须自己经历，我替代不了，也帮不了。

早上他自己穿鞋，鞋的"舌头"没有弄好，我蹲下身去帮他整理，突然觉得他的脚长得好大了，可能我太久没有帮他穿过鞋了。

"悠悠，你从刚出生时只有50厘米的小宝宝，一下长到这么高，该有多努力，才能长这么大呀！"

"妈妈，我是很努力！"悠悠很认真地说。

一个小孩从小小的长成大大的，身体在长、知识在长、智慧在长、与世界的连接技巧在长，每一样都要学习，不断地实验，找到合适自己的路，每一样都要自己一点点地去琢磨，去经历，真的是不容易。

我也是从小孩长到这么大的，也经历了许多，也很努力，却少有人会说我很努力成长，大家觉得小孩长大、小孩长高、小孩长懂事儿天经地义呀，有什么好奇怪，有什么好努力，或许提到"努力"，就只会在说学习的时候用到，仿佛"努力学习"才是孪生兄弟。

看见悠悠一天天长大，他的变化也让我看到了曾经小小的自己，看到了自己的不容易，有时我觉得悠悠在我身边不是让我养育的，而是让我修复自己的，不管是带给我的感受、思考还是温暖的爱，都是在用另一种方式弥补成长中的缺憾，找到尊重自我独特性的角度，并重新看到自己的价值。

昨天晚餐，当讨论什么样的牛肉好吃时，悠悠说他喜欢牛筋，晶莹透亮的那种，我说喜欢肥瘦结合的牛腩，悠悠便对爸爸讲：以后别买牛筋了，就买妈妈喜欢的牛腩，我吃什么都可以。

其实悠悠并不是一个吃什么都可以的孩子，他对食物是很挑剔的，对于不喜欢、不了解的食物是很排斥的，因为他是个超过敏的孩子，书上说这类孩子对陌生的食物很排斥，具有不轻易尝试新食物的特点。而此时他说他什么都可以吃，让爸爸买妈妈喜欢的牛腩，足以说明在他心里把妈妈看得有多重要，而且在说这句话时，他的站位已高于妈妈，此时的妈妈是一个应被疼爱的小孩儿，也许是一个女生，在他的心里妈妈从来都是一个需要被保护的人。

"要不下次爸爸买牛肉，就两种肉一样一半吧。"我并没有说妈妈无所谓，就吃你喜欢的，而是选择了综合两者的爱好，大家都得到满足。这样看起来我这个妈妈有点自私，但是我喜欢这种和悠悠相处的感觉。

每个人都需要被疼爱，不论你多大，不论你多壮，每个人都应该被理解，不论你脆弱还是坚强，每个人都是妈妈的孩子，都从小小的婴儿长大，都经历了无数次成长的跌倒与爬起，所以，唯有爱和理解才能让这种对生命的体谅和尊重得以表达。

长大真是个了不起的过程，也是孤单悲壮的英雄之旅！

45

不洗衣服更能理解儿童世界

昨晚放学悠爸又是带着一路的烦躁回家：悠悠衣服袖子湿了，彩笔的颜色弄到衣服上，看见悠悠的座位在教室第一排的最旁边，并且间隔比其他任何一排小。这些事情加一块，可想而知心烦的指数有多高。

因为生气悠悠的表现，生气他这样疑似被老师嫌弃，所以被丢到角落又小又挤的座位，悠爸最终决定打电话给班主任。我和悠悠都劝他不要打电话，悠悠自己和老师反映，请求老师调整座位的间距。悠爸还是打了电话，好在和老师沟通时只反映了他看到的，没有说过激的话。但我仍然觉得下班时间为这点小事打电话给老师不太好。

悠悠说："老师对我还是挺好的，你不要惹老师生气，不然老师会批评我乱给家长说一些事情，而且我也会轮到去中间坐。"

"我也认为老师非常不错，包容帮助悠悠，座位的事情是小事，而且每个孩子都有可能会坐到这个座位。"

"妈妈，我坐这个座位的时候多些，以前我还可以到最后一排去坐，可是现在那个位置给一个同学和他妈妈了，所以我就不能去了。"

"为什么上学要妈妈陪呢？"

"因为他上学总是会想妈妈，所以让妈妈陪他上学。"

"这是他自己告诉同学的吗？"

"不是，是老师告诉大家的。"

听完悠悠的话我对老师心生敬意，多么好的理由呀，"想妈妈"所以要妈妈一起来上课，这个理由是同学都可以理解，是不会对这个孩子产生质疑或者取笑的理由，老师真的很有智慧。其实我心里知道孩子要爸爸或妈妈陪读，是因为孩太淘气坐不住。

"那是否有一天我也要去陪你？"

"那怎么会？我喜欢妈妈，但在学校不想念妈妈，我会好好学习。"

非常棒的回答，表达了爱妈妈也表达了他有能力处理上学和想妈妈之间的关系，同时他也强调了他会在学校好好学习。

对于他会在学校拿出水彩笔的笔芯，弄得到处都是颜色这件事，我很不理解，问悠悠原因。

悠悠说："因为我特别想要一种颜色，但是彩笔没有这种颜色，只好把笔芯拿出来用水进行混色，自己调配。"

"随便用个颜色不就行了！看你把身上搞得脏死了！"爸爸觉得悠悠真是多此一举，什么颜色非要那么精确？

我相信悠悠真的是为了一种想要的色彩，他不想弄坏彩笔，也不想弄脏衣服，更不想弄脏桌面，可还是弄脏了所有他接触到的东西。

悠悠一直很喜欢画画，我没有送他去接受专门培训，长这么大都是自己随意地画，他对一种想要的色彩如此的执着，我能想象到在他心里世界是丰富多彩而精美的，美术的意义不正是如此？不是为了画得很像、很逼真，如果是那样有照相机就可以了，不用画画；画画是自己的内心与这个世界的交流，形成了混合加工的属于自己的新世界，愿悠悠永远可以拥有这样多彩的世界，内心拥有很多特别的色彩。

因为悠悠心中的世界与我们不同，所以他的行为看起来也与众不同，这是他特有的童年，也是一个独一无二的他，如果一个死板的乖孩子与他让我选一个的话，我选他。写到这里，我在想，悠爸看到这里一定会说："那是因为悠悠的衣服不是你来洗……"

确实，不洗衣服才能更理解儿童的世界，哈哈！

46

我去和爸爸道个歉

昨天悠悠拿回来期中考试的卷子，数学85.5，语文13.5，数学进步了不少，可是他弄脏衣服的事情冲淡了成绩的进步，一晚上数落他到最后才表扬了一下。

今早因为早饭不好好吃，一早行动缓慢，悠爸又开始边收拾边数落，我和悠悠在餐桌吃饭，悠悠对我做出委屈的表情，沮丧得像泄了气的皮球。我抚摩他的头说："原谅爸爸的烦躁，宽容一些，他很想让你更快地提升自己。"

"原谅爸爸有些烦躁，你要是一早起来什么都做好，爸爸就不会那么烦了，相当于你毁了他的早晨。"我边说边笑，走到厨房给自己再盛一碗银耳汤，悠悠在我身后说："妈妈，我去给爸爸道个歉吧！"

接着听他走到卧室说："爸爸，对不起哈……"一早弥漫在空气中的紧张感顿时被他坦诚的话语驱散了，悠悠的举动也引起了我的思考。

悠爸常常烦躁，除了有点个性的原因外，更多的来自于悠悠创造的很多"残局"要他来收拾：衣服他要洗，所以他看见衣服上大块的颜料比我更不能容忍；家里他收拾，所以弄得满地都是玩具的场景会让他抓狂，可能这些玩具是他几分钟前才整理好的；他爱干净，所以看到悠悠把桌面和地面弄脏了，他受不了；因为他比我更细心，更爱悠悠，所以悠悠用个剪刀、水果刀的也会把他担心得够呛，昨晚还在跟我强调，一定不要给悠悠用水果刀，把手割破了可是不得了，我没同意，因为从悠悠小时候第一次要用剪刀和水果刀起，我就没拒绝过，我只会告诉他用刀时，如何操作不会伤到手，悠爸说："他还太小，长大了再用。"天呀，8岁还叫太小，要18岁再学吗？悠悠在我心里已经很大、很能干了。

因为种种的原因，生活中悠爸烦的比我多，紧张的比我多，而且重点是我对他的安抚明显比他烦心的次数少。今早起来我做了一张饼，不是我们的早餐，是一个老家表哥来看望我的父母，在我妈妈家住，听说他喜欢吃饼，我就做了一个送去给他吃，这张饼我们都没吃一口。今天悠爸要出门，午饭也不是很好解决，他出门送悠悠上学，我用了20分钟时间迅速给他做了一张饼。一张饼不算什么，在物质丰富的年代，吃饭的地方随时可以满足要求，味道也许比我做的还好很多，可是在一个家里，我要照顾的不只是孩子，应该是我们每个人的心理和物质需要，我能想到一个客人的需要，更应该想到身边人的需要，所以出门前我留下了纸条，告诉他这张饼是专门做给他的。

悠悠坦诚纯真，开朗的态度总让我感动，而且经常主动去和解，让家里氛围好一些，我也特别希望他能理解爸爸的一些情绪，并且能分清爸爸的情绪和爱不爱他没有关系，只和具体的事情有关系，我想悠悠收到了我的想法。周日，我把冰箱一个冻饺子的玻璃塞进了冰箱里它不该去的地方，后果是这块玻璃被冻在冰箱的抽屉里拿不出来，抽屉也无法正常使用，悠爸问："这是谁弄的？完全要把玻璃搞破！"

"是我弄的，对不起。"我说着赶紧跑过去，想办法弥补这个愚蠢的错误。

"妈妈，你真棒，敢于承担错误，一人做事一人当。"悠悠给我竖起了大拇指。

"好汉做事好汉当。"我得意地强调。

"你不是好汉，只是一个女生。"

好吧，只是一个女生……

47

爱有差距

大雨降温天气，悠悠放学回来很晚，晚到我把饭菜热了两遍都没等到人。

到家后，悠悠送了一个新美术本到我手上，封面是只可爱的小狮子。

悠爸说一放学悠悠非要去文具店买美术本，我以为是悠悠的用完了，没想到是买给你的。

这么大的雨，又是突然降温，悠悠穿的很少，用他的话说被冻成冰块了，可是他仍然想到要给妈妈买个美术本。

悠爸问我："为什么买美术本给你，是你要的吗？"

我没有要，只是在前几天看见他的美术本时感叹现在的美术本又大又漂亮，现在的美术本有A4的纸那么大，可在我小时候，美术本很小，不到现在的一半，更无卡通的封面，一点美感都没有。

我的感叹，悠悠记在了心里，他送妈妈一本美术本，选了可爱的封面。

我们做父母的很少因为孩子喜欢什么、想要什么，主动给他们买，主要是考虑必需的，买自己认为好的、实用的，很少把他们的喜好当成买东西的标准，而我的悠悠却总能体会到妈妈内心的需要，他从一句感叹和赞美的语言里，看到了妈妈的喜爱，看到了妈妈的羡慕，所以他买来送给我，因为他爱妈妈，希望妈妈拥有自己喜欢的东西，希望妈妈因为收到喜欢的礼物消除内心遗憾。我却在他每次想要一个东西时，反复强调有用没用，强调应该不应该，强调节约，强调不要养成乱买东西的坏习惯，每天都生怕有一个细节放松了，孩子的习惯就坏了，于是，无数的纠缠成了最后一点希望的救命稻草，无数的眼泪成了失望的代言，无数的啰唆让孩子"纠正"了正确的消费观。我们觉得自己做得很对，可是当我们俨然一副"教育机器""正确标准"的模样面对孩子时，父母的爱从哪里去传达？那个手无分文的"小人儿"在强大的道理压迫下，在大人无视心理感觉和硬逼下，步步退让，心里不知道累积了多少因不被理解带来的失望，他们无人倾诉，因为最亲的父母就是制定标准的人，不可能接纳他的说法，老师不可能会管这些小事，同学也分担不了，只有在成长中慢慢消化，慢慢承受。

我们多么的自私，享受孩子弥补我的遗憾，又用自己手中的"权力"让他留下许多遗憾，这都是因为爱吗？可孩子的爱为什么这么让人舒服，父母的爱却处处充满压迫？

我应该向悠悠学习，多去体谅别人的需要和考虑他人的想法，多去满足对方的心愿和向往。

谢谢悠悠选的小狮子封面的美术本，小狮子温柔而可爱，发型也特别，我不但收到了你的爱，还收到了你的细心，特别是能把想法化成行动的真诚投入。若是风雨能阻止的行动，只能说明愿望不够强烈，或者行动力不够，更多的是爱得没那么充分。

风雨无阻的你，是有爱、有能量、有能力去表达爱的你，为你点赞！

48

盲点在显而易见的地方

悠悠前两天提意见说妈妈从来没接过他，非常希望有一天可以由妈妈接他放学。因为他的放学时间是在我的上班时间内，所以接悠悠放学的任务就由爷爷和爸爸完成，我只想着有机会就多送悠悠上学，就算爷爷主动要送我也基本上拒绝，希望和悠悠多些聊天的机会，也愿意用这种方式开始新的一天。

放学这件事，每天都在进行，我却视而不见，每天放学走出校门悠悠都没有妈妈的迎接，想想很多家里妈妈是接孩子放学的主力军，悠悠也说过很多同学的妈妈就在家照顾孩子，可以每天接送，他说过很多类似的话，我也没听出来他的愿望，一直不觉得妈妈没接过他放学有什么问题，但是看来我错了，他很遗憾也很盼望，我答应他周五会去接他，悠爸和婆婆都说小孩子的话别那么认真，谁接不一样呢？

我还是坚持请假去接他，并且换上有活力的衣服，要知道同学们的妈妈基本都二三十岁，我四十多了，站在人群里像奶奶一样地等待他的到来，那可不行。婆婆说："你衣服一点也不好看，还没有刚才那一套在家做饭的衣服好看，穿那套去吧。"只能说没做饭的那套老式，我不听婆婆的建议，戴上帽子出门，婆婆又说："戴帽子不好看，把头发露出来好看。"我依然"自以为是"地出门了。

站在家长等候的大军里，我的心居然怦怦地跳起来，有些紧张和激动，似乎这种等待被时间拉长了，像穿越时空等他长大的某一天，像在机场等待，像在车站等待，等待远方的他回来，那种心情是一种好久不见被等待挑动的心悸，满眼期待中似乎想见又怕见到他，怕见到他的不开心。

当他走进我的视线，对着我高兴地打招呼，我的心算是平静下来，那张热情洋溢的脸庞给了我这个周末最明媚的阳光。

悠悠问我接下来干什么？我说去超市买零食，悠悠吃惊地问为什么？我说因为我几天前说过。

在路上，悠悠提出在小商店买个糖算了，不用去大超市，我说去。悠悠又说大超市更贵，我说去。

进入超市悠悠去看了玩具，最后却选了一个笔记本，打完折23块，好贵呀，悠悠拿去一定又会乱画一通，我有点心疼，但是那个笔记本确实精美，我也很喜欢，我相信这是这里面最美的一本。

我试探问悠悠："23块好像有点小贵呀。"

"妈妈，不要光看价钱，还要看它的品质，这么厚，这么漂亮，是最划算的。"悠悠讲出自己的理由。

"好吧，就听你的，选它没错。"我服了悠悠的眼光。

选零食是我平时最怕的，因为会有纠缠、矛盾、对立，几乎每次都要选不能吃的东西，悠悠会拿出所有的方法说服我，我很痛苦。今天依然是悠悠选择我帮他看配料表，一个个把关，今天很奇怪只要说添加剂太多的，他都能放下，选了一些后悠悠主动要去结账吧，看他这么乖我建议再看看吧，再找找有没有想要的，悠悠扫了一眼货架说没有。

这是第一次我劝他再看看，在此之前的所有经历里都是我劝他离开，看来孩子不是没有理性，而是没有长大到可以理性的时候，当我给他自主选择权时，他不会滥用"权力"，悠悠真是让我刮目相看。

我沾沾自喜沉醉于悠悠的出色表现，居然忘记提购物篮，悠悠提起两个篮子走向收银台，他总是很会心疼我。

结账时他主动装袋，我只用付钱，购物可以兑换奖券，悠悠全权处理，领完券悠悠说："妈妈，我签了我的名字。"

"很好，就应该签你的名字。"

悠悠很能干，在我心里他特别有动手能力，一直觉得悠悠在自制力方面有些让我头疼，可是我看到了那个被"过敏"一直压抑欲望的小孩儿，一直未被满足过，我看到了那个不被理解的小孩，一直被"你和别的小孩不一样"标记的小孩，时时想争取与不过敏孩子一样的待遇。而今天我看见那个小孩长大了，不再是一味地反抗，而是在安全的范围内合理选择，不再和妈妈对抗、纠缠，不再迷恋食品的五颜六色。

真的很为悠悠高兴，虽然会写的字少但是总想买日记本，虽然妈妈愿意再让他选些东西，他却坚决地离开超市，不被眼前的各种零食诱惑。

信任是种奇妙的东西，当你信任时，信任会让你收获惊喜，信任是真诚无声的传递，只要真的存在，你就会体会到它流淌在你与他的心里，而且越流动越甜蜜。

49
做个喝足水的青苔

秋色，总在城外才能寻到。在城里平素似乎很难感受四季的更替，只有每日的紧张忙碌。唯有冷雨落下，湿冷的风迎面吹来，穿上厚的衣服，才会让孩子们知道秋冬季节来了。

街头穿梭的电动车上，多是赶时间的父母，载着孩子奔走于上学、放学接送培优班的路上。其实，选择骑电动车，也是家长的无奈，这样才能避免堵车的麻烦，准时到课。

上次去北京，悠悠说想和我同去，问他已经去过北京了为何还想去？他说想看看北京的红色枫叶，我只是答应他，一定会让他看见红叶，但不是同去北京。

这个诺言许下了，一直在想如何实现。随州银杏谷的银杏叶黄了，悠爸说："带他看看吧，没红色的，黄色的，也不错。"

每周六和周日晚上五点到六点半，悠悠都要上拉丁舞课，所以时间被切割了，出行时间总觉得很紧张。这次选择周六晚上跳完舞出发，第二天上午游览，下午返回，几小时的车程和游览时间都可以兼顾了。

可去银杏谷的人超多，附近宾馆早已订完，并且早八点就开始交通管制，私家车不能放行。如此多的人，去了，也是看人海了，随即百度，临时决定到个冷门一点的地方，麻城红叶景区。

天，一直在下雨，晚上快十点才能到麻城市，看中的一家吃晚饭的餐厅，厨师九点要下班，我们无法在此之前赶到，只好通过电话订餐，微信支付，不影响厨师下班，让服务员等我们吃完。宾馆预订后也无法预留房间到那么晚，于是微信预付后才确定好房间，一路繁忙。

晚上七点，出发。冒雨前行，驱车180公里，在麻城先住上一晚，第二天一早还要开车一个多小时才能到景区。如此折腾，就为了看叶子，我都不敢跟我妈妈说。我知道，只要我说，一定会被训，"疯了"！

我是疯了吗？我也在心里反问过自己，或许是想找个理由给我妈妈，想想此行的目的很单纯，就是完成一个孩子的心愿，让他看看这个季节山里的秋色，欣赏大自然不同的美，与学习无关，与意义无关，与长远的目标无关。

第二天清晨，出发前往红叶景区，高速公路在山中延伸，山上有各色的叶子。穿过一个个隧道，仿佛我们越过现实，满眼只有大山，仿佛能够呼吸到秋色的美丽。

悠悠即兴自创歌曲一首，这样唱道："我们看到了五彩斑斓，我们看到了叶子，看到了天，看到了草地，还有一座座山，我们的心情多爽朗。"

听着悠悠的歌声，我却不禁有一丝小小的哀伤。城市的小孩，被书包压住的小孩，只是踏进了大自然，就如此开心，平时在"鸟笼"里的他们，该有多么的沉重！

为了让悠悠实现这点小小的期望，我们克服各种困难，挤出时间让他来到大自然的身边，要识的生字还太多，要学的知识太多，如果等全部学会了，才带他看秋天，似乎有些无情，所以才有了这一次匆忙的出行。

走进景区，叶子被连日来的雨打落一地，景区似乎也是仓促开张，游人很少。路都是走多了就有的那种路，没有人工修整的痕迹，来的游客无不抱怨被网上的文章忽悠了，我却不这么认为，悠悠一直盼望去登用手爬的山，不要走台阶，这山正好是全程无台阶。虽无满山的红叶，却可见树叶在这个季节显现不同的色彩。

空气温润，山林静逸。岩石上绿绿的青苔喝足了水，展现出旺盛的生命力。悠悠一路"爬行"，精力十足，一路和不认识的游人聊天，把我远远地丢在身后，这一幕让我想起"苔花如米小，也学牡丹开"，此时的悠悠也像这小小的青苔，用饱满的状态热爱生活，我开心而又羡慕。

我自己何曾不是这小小的青苔，也有自己的绿色，只是没有将自己喝足营养，活力不足，所以没有那么旺盛，没能让人看了为之感染。

而眼前这小小的青苔，在岩石上静静生长，无人问津，隐在山林，没有目光投向它，却也盎然自得，青翠欲滴，多么浓厚的生命原色！这种饱满，仿佛把山林里的一切，都变为滋养自己的养分，而我似乎缺少这种转化的能力，于是脸上会有疲劳，心中会有悲伤，日子才会黯淡无光。

红叶是秋色，是生命的多彩，青苔是秋色，是生机的语言，在取舍之间，在寻找与不期而遇之间，大自然总会带给人们不一样的体验和感悟，想象的目标只属于出发前，收获却在每一次经历之中。

真想和悠悠一起做个喝足水的青苔，不论生活给的是什么，都感恩一切生活的馈赠，并把它们转化成内心的滋养，变成平静、盎然的生机。

50

淘气真是个好东西

"野菊花真美呀！我特别喜欢它简单的花瓣。"周日，去看红叶，走上山坡，看见还有开放的野菊花，我对悠悠说。

"妈妈，我去给你摘。"悠悠说完便准备爬上山坡去摘。

悠悠总会特别关注我的喜好和需要，总会想着去满足我，只要我说喜欢，或者赞美某一个东西，他就会想办法送给我。

上周，路过一家店，有一个毛绒玩具，身体很长很长，脖子用绳子挂在货架上。我不知道那是什么动物，只是因为它的身材比例怪异，随口说了一句，"真有意思"，悠悠马上说："妈妈，给你买一个吧！"

前几天，给他买了一只新碗，我说很漂亮，他立刻和坐在身边的爸爸耳语。后来才知道，他对爸爸说，新年的时候也买这样的碗送给妈妈，当妈妈的新年礼物。

也许，当新年真的来临时，他早已忘记当时的想法，但是他时时刻刻体贴我的感受，却深深地留在了我的心里。

有时，他淘气，学习不用心时，我会心里着急，这孩子怎么一点不懂事？

有时，他感受我的心境，体会我的需要时，我又觉得，这孩子为什么要这么懂事？

如果一个孩子总是体会大人的心情，用稚嫩的胸怀拥抱大人时，他所承担的不是一个小孩应承担的心理压力，当他共情我的时候，他的心中是无数的怜悯；还有对我人生经历的感同身受，深深爱护我的同时，他除了在给予、弥补、修复我，也是在耗损自己的快乐。

尽管让妈妈开心，他也开心，但这种开心，从某种意义上，却是对他的透支，想到这些，我很庆幸他有那么多不"懂事"的时候，不懂事本来就应该是小孩的本色，不懂事才可以开心，无压力，所以不懂事和体贴他人成为他心理平衡木的两端，时而体贴，时而淘气，这便是一个很好的悠悠。

孩子不可缺少淘气，完全不淘气了，只是体贴和懂事，我会觉得他的生活不快乐。如果悠悠不淘气了，我这个当妈的也会受不了。

说起来，大人真难伺候，淘气了总是批评孩子，天天教育孩子要懂事、要乖，结果真乖了又会怕他不快乐，又不忍心他的体贴，孩子们只好时而乖巧，时而淘气，时而承受父母愤怒打屁股，时而被爹妈抱在怀里说："宝贝，有你真好！"

淘气真是好东西，快乐了孩子，平衡了父母"善良的心"。

51

披着商量外衣的娘

悠悠的家庭作业近段时间被我减掉了不少，因为不想他每晚都只能在家里做作业然后睡觉，想留些他玩的时间，尽管如此他还是会说在学校里闷了一天好难受。

他把A4纸打印的题目按行剪成了小条，安排他做题时，只能按条计算。

昨晚规划作业时，我问："做三条还是两条？"

他拿过一把说："就做这么多！"很豪爽的样子。

看样子至少也有十几条，我说太多了劝他拿去一半，他拿下去一半，我又说太多，再拿下去一半，最后剩了四条，他说："妈妈，我拿你真没有办法，不要再拿了，我就想多做点。"最后四条"成交"。

安排语文作业时，按老师要求预习一课的生字，其他的不做，然后我们自己读两个自然段的书，是关于人工智能方面的。

我问悠悠，这样安排可以吗？悠悠说可以，并且说："妈妈你今天怎么用商量的语气和我说作业呢？"

这句话让我很吃惊，我自认为我基本上都是用商量的语气在和他说话，而为什么只有今晚他才明显地体会到这种语气的存在？我又反思了一下自己经常用的商量语气。

比如："今晚我们就做四条口算题，好吧！"

这句话也在问他"好吧"，可是这种"商量"的背后是不容改变的主观意见，如果这时他说不好，我肯定会说："就做四条，不要和我谈条件。"所以"好吧"一词是邀请他给我一个肯定的答复，是对我的配合，是不容置疑开始执行的起始命令，所以悠悠没感受到商量的意味，于是今天他才会说："怎么用商量的口气和我说话？"

多么敏感细腻的悠悠，也多么可怜呀，我居然很少用商量的口气和他说话，是否严肃得像个女巫？瞬间自我形象崩塌了……

"悠悠，我也很少看你像今天这样抢着要做更多的作业，是你开启了良性循环，妈妈也变温柔了，谢谢你，以后我们都这样好吗？不要恶性循环的模式。"当此时写到这里，看到我这行文字，我仍然在说：曾经妈妈之所以不温柔，是悠悠先开启了恶性循环模式，那个不可爱的女巫，是被逼的我，责任还是在于开启者。真是一个不愿承担责任的妈妈。

昨天做作业的过程快捷高效，数学作业不用陪伴，全部自己快速做完，还默写了乘法口诀表，书写整齐干净，也许很多家长认为这理所当然，可是对于我的悠悠来说，字体大小不一、格式乱七八糟是常态，近段时间突然能这样我已是心满意足了。

生字写了几遍估计也没完全记住，我说："现在我们先去玩吧，有可能记得不牢，明早吃完早饭再看一下，加深一下印象估计效果会不错。"悠悠高兴地答应了，也在早上做到了。

今天看到一条新闻，一个辅导孩子学习的妈妈被气得突发脑溢血而死，足以看出陪孩子做作业是一个高风险的活儿，不但影响心理健康还会导致生命危险，庆幸悠悠善良地开启良性循环模式，保护了我本身有点问题的心脏。

在悠悠独立完成数学作业的时间段，我会用这点时间看书，以前总会在睡前看一个小时，现在睡早了，这看书的时间被拿掉了，所以放在这半小时里，我和他都安静地做自己的事，他会送我一支铅笔，知道我喜欢用铅笔在书上写写画画，有时也会让我读一点我写在书上面的感受，还会夸我爱学习。

若是天天如此，该是何等"安居乐业"的景象呀！刚才看一篇文章说：作业是离间亲子关系的最好武器，只要陪伴写作业就会变成敌人。愿我和悠悠永远是亲人，不被作业离间。

我们一起加油，好吧！（看来我穿着商量外衣仍在邀请悠悠的肯定回答，哈哈！）

52

如此自私地活着

　　这几日时有快死的感觉，不知道是因为噩梦频现，还是心脏时有期前收缩，或者总有名人去世，觉得生命无常，死亡就会突然驾到，常常有种不确定的空渺感，让悲哀灌透全身，然后就会不断地去思考人生的意义，思考我的四十多年做了什么，思考如果时日不多要如何去过，思考这世界是我想的那样还是另一种样子？而想得最多的居然是如果我匆匆地死去，我答应送给悠悠的书怎么办？还有我该穿上什么样的衣服去天堂？

　　人生的意义我没有找到，可能是因为我太平庸，意义听起来有些伟大了，我一直想做一个舒服的人，自己穿舒服的衣服和鞋，穿棉、丝、麻的衣服，化纤的衣裙再漂亮我不爱，穿运动鞋和软皮鞋，再好看但让脚受罪的我不爱。我欣赏化着淡妆的女士，可我素面朝天，脸上没有扑粉的负累，让毛孔尽情地流汗。我想自己舒服，愿意说出自己自私的想法，不想装着高尚为别人着想的样子，为了自己就明明白白地打出自私的旗号。我希望别人舒服，愿意去理解，愿意去宽容，时常看到别人的优点，可是这四十多年来，我仍没有活出自己的特色，没有达成自己的愿望，现在想想居然没有满足我想表达的欲望，我特别想做一个很会讲话的人，会讲课的人，而我脑袋空空讲不出什么，偶有几次讲课的经历，很是让我享受、难忘，知道自己想要的，却没有努力学习和争取机会，一看自己的年龄又放弃了努力学习的想法，对自己很有些失望。

每天我能正常地生活，做饭、写字、上班、看书、听音乐、走路、练拉丁舞，看起来也挺积极生活，可是每一天都会有很多时间一边阳光一边哀伤，并不是感叹人生的短暂而是我自己曾经有太多的时间浪费掉了，想都想不起来干了什么，而现在我仍然没有做一个听从内心的人，懒惰让自己顺着日子漂荡。

很奇怪，当我想到死的时候，我会担心自己答应悠悠的书写不完，于是心里产生了一个奇怪的想法，如果意外和癌症能让我选择的话，我选癌症，至少能够有些时日去准备，能和悠悠有一些慢慢告别的时间，能在这个缓冲期再多写点东西，也许还能实现10岁礼物的愿望。我居然还想到，如果是化疗掉完头发要戴上怎样的帽子，让自己看起来没那么怪异，当想到这里时，我庆幸心里不像以前会充满对悠悠的担心，而现在更多了对悠悠的信任，相信他有一些面对的能力。也有一种可能是因为我的潜意识里知道丧失必然发生，所以我选择淡漠，让深情的东西沉寂下来，忘记了，自己如一条单行线，不去牵绊更多的东西，那么，让我爱与喜欢的人与我平行，不要与我交集太多，哪怕是悠悠，我也希望他能够离开我生活得很好，可以想念可以流泪，也可以继续很好地生活。

关于死去时穿的衣服，我希望是长裙，准确地说是公主的纱裙，或者是天使的纱裙，头上有花环，让悠悠挑选一件给我，他的眼力很好，一定会把我打扮得最美，手上有手套，还要带上宝石的戒指，最好是蓝宝石，悠悠一直想送给我的，我的表情安详而甜美。

人是一个矛盾体，一边向阳，一边背阴，我的性格里有些忧郁和悲观，但看到悠悠阳光爱笑时，我却感觉那才应该是我，他就是我原始的样子。

我不知道为什么要把这看似杞人忧天的东西记下来，在这个初冬的季节，我感觉到了时间，感觉到了衰老，感觉到了不甘，感觉到了生命的神秘，感觉到了自我放逐，当妈妈说："你不要写东西了，总在写写写，人没有一刻轻松，有何意义？"听到这句话，理应理解妈妈对女儿的心疼，我却很沮丧。

我为什么要记录？因为我觉得一个人的思想很宝贵，一个人的感受和体验很珍贵，这么多美好不是物品不可以购买、不可以复制、瞬间即逝，我想保留下来，唯有用文字记录，这是我爱自己的表达方式。

我很爱自己，所以我也爱别人对我的爱，爱别人对我的理解，爱别人对我的包容，悠爸说："因为你爱别人对你的爱，所以爱你的人就要努力爱你。"悠悠说："我能为你做的三件事儿就是：爱你！爱你！爱你！"

也许我没有真正爱过谁，只是爱别人给我的爱，包括悠悠，他给我的爱远远超过我给他的，原来我如此自私地活着。

53

做superman，接住新的每一天

"新的一天开始了！"

我们常常会在清晨感叹，每一个日子都是不可复制的，但在每个新的日子里，我们又希望能够像过去的日子一样去掌控，我们期待新的东西，却未必能够真的接受它的不一样。就像对待孩子，我们期待他快点长大，可是每一天的成长都在向一个不熟悉的领域走去，有时有点失控的惶恐，有时有点力不从心的担忧，有时有点内心无奈的下坠，但更多的时候，我提醒自己，我不可以把他拉回身边来。

这段日子，悠悠变得更有主意了。今早快到学校时，他提出要个握笔器，就是一种套在铅笔上的橡胶小玩意儿，几周来，他总会在文具店里看，但是之后又被别的需要取代，昨晚还在感叹上次去文具店不应该选笔套，就应该选握笔器，我答应他再去文具店时买一个，一块五毛钱可以买4个。

没想到，今早，他又再次提出就在上学路上的文具店买，我说时间太紧会迟到，他说：不会，就两分钟。说完滑着滑板车一溜烟地冲进文具店。这个文具店，一块五毛钱只能买一个。悠悠似乎有点犹豫，因为同等价格，东西却少一些，我提示他如果不满意，我们找时间再到其他店选满意的，悠悠想了想说："买吧，是满意的。"就这样快速买完出来了，并没有耽误时间。

走出文具店，悠悠说："妈妈不要看它贵了些，这是好橡胶做的，便宜的材料对孩子们有害。"

"原来是这样，我以为这家店很宰人呢，你选择好材料是对的，并且颜色也不错。"

悠悠带着高兴的心情走进校门，悠悠的班主任走在他后面，叫他的名字和他打招呼，看见悠悠向我招手告别，老师也招手。他们一起进入了教学楼。

悠悠心满意足地开始了他的一天生活，我在返回的路上想了许多。

悠悠正以一种我无法掌握的速度独立起来，凡事有自己的想法，而且会衡量我的建议是否需要听取，如果觉得可以忽略，他会以玩笑的方式去按自己想法做。

比如，他要骑自行车，我说："我不想搬下楼，太重，没力气。"他会说："我自己搬了哈！"说完自己动手干，如果是小的时候可能他就会放弃这个想法。

比如，他不想吃饭，我说让他多少吃点儿，他会说："妈妈说过，饭想吃就吃，不想吃不勉强。"说完直接离开饭桌玩去了，小的时候他会坐在餐桌旁，哪怕是不好好吃。

比如，这次买握笔器，小时候他会和你停下来纠缠，讲道理，现在他会直接针对你犹豫的方面，说出可以打消你顾虑的话，你怕耽误时间，他会说只需两分钟，不用担心，然后直接就去了，不用等你再考虑，或者再想出其他的理由阻拦他。

这就是新的一天，这就是新的悠悠，这就是一个孩子长大的必经之路，以后的每一天，还有无数的选择、无数的决定、无数的不可预知等着我们。他并非是在挑战父母的权威，而是在用他每天的变化告诉我们，他正在向他想要的自己走去，他会理解我们的担忧，但是当有理由去除担忧后，我们不要再阻止他的决定。

这种现实，似乎很残酷，因为他不是"听话"的宝宝，我们也不是说一不二的父母，我们不可能左右他，让他听从我们，认为我们是对的，他也不可能被我们控制，哪怕是为了安全，为了不出错，为了他好。

这种状态让我心里略有失落，更多的却是欢喜。悠悠从未毫无理由地胡闹，他总能讲出要干一件事的理由，哪怕那个理由在大人看来不成立，或者在父母看来三个理由说的都是一个意思，但是从小他就知道讲道理。追根溯源，这是我的原因，从小我就告诉他想要什么不能只说"我就要"，要说出理由，如果妈妈不同意就多说几个理由，所以在很长一段时间里，他都会说："妈妈，你别着急，让我来给你讲三个理由。"

当你希望孩子用讲道理的方式沟通处理问题，你就要接受由此带来的"不适"，你会因为他反复地讲道理而备受"折磨"，会被他的理由说得无法反驳，会因为他的道理而改变你的主意，会因为他的沟通最终他说了算，甚至有时会觉得自己被他牵着鼻子走，种种的无奈，让你有时候会反问自己："为什么要培养他讲道理？就应该让他知道父母说了就算。"

当然，我最终是会接受讲道理的"副作用"，我也正在努力适应他的每天不一样。成长是一个挑战困难的过程，悠悠会面对很多困难、困惑，我也如此，做父母的成长之路也不是轻松的不变之旅，说是艰难的"蜕变"，一点也不为过。就像接受悠悠的过敏，接受他一直因为过敏性鼻炎到八岁还在流鼻涕和口水，接受他的分数只有个位数，接受他慢慢进步，接受他曾经不肯上学，接受他上学总待在厕所，还有接受他开始听从自己的意愿，接受他的理想是当大侠不是当科学家，接受他的职业理想是想当大学教授，不是为了研究学术而是因为可以把年老的妈妈放在教室的后排，带着妈妈上班自己照顾，不用交给"毒保姆"。

前天和同事外出办事，同事问悠悠期中考试的分数，当我说语文

13.5分的时候，同事说我"瞎开玩笑"，我说是真的，同事说："试卷怎么做也不会只考这点点呀？"我说，就是这样。同事为了安慰我说："孩子开窍晚，长大了就好了。"我说："就算永远如此，他是我的孩子，我还是很爱他，除了学习现在起步晚点，他有很多优点。"同事说我心态真好。

我从没有在外人面前隐瞒过悠悠的分数，从来不觉得这是一件没面子的事情。悠悠曾说他的成绩让我丢脸了，我告诉他，没有，学习只是和自己的前途和生活有关，与他人无关。大家都希望自己的孩子是第一名，可是第一名只会有一个，父母都想自己的孩子高考能考600多分，可那是少数，更多的孩子就是一个普通的水平。父母自己不能做到的事情不能强求孩子，可父母能做到的事情也不能强求孩子。我上学时成绩很好，我妈妈说："没想到，你能接受自己的孩子学习成绩不好。"

早上一出门，空气不错。悠悠高兴地滑滑板车去学校，我对悠悠说："感谢大自然给了我们美好的一天，感谢你来做我的孩子。"悠悠很开心，伸手过来拉着我的手，突然想到昨晚我们的对话。

"妈妈这一生估计给不了你什么财富，唯独我能给你而别人给不了的就是母乳、陪伴，和一本关于你我的书。"

"妈妈，我能给你的也只有三样：爱你！爱你！爱你！"说完，悠悠站到餐椅上，抱着我，像一个一米九的大男子汉，而不是一个只能仰视妈妈的小朋友。

悠悠以"我的孩子"这个身份到来，以人生陪伴者的身份与我同行。他内心丰富，情感充盈，小小的身躯却揣着巨大的能量，侠客是他的终极梦想，愿他美梦成真，愿他能侠骨柔情，也愿他的妈妈能够内心强大，快乐地做个侠客他妈，笑纳与此相伴的"副作用套餐"！如此说来，侠客的妈比侠客更man才行，而且得superman。

54

残渣剩饭之于我

六点，闹钟准时响起。起床、穿衣、烧水、洗菜、做饭，炒菜，打开音乐，锅盘碗盏的声音，高压锅的排气声响，清晨的宁静，煮得一派热气腾腾。

从悠悠四岁到现在八岁，四年的早餐时间都是这么过的。我曾说："生活不只诗和远方，还有吃和能量。"于是满满的能量，成为打开一天最舒适的方式。

悠悠起床了，哭着来抱我，悠爸被每天叫不醒的悠悠惹怒了，悠悠委屈而害怕地躲在我怀里，并要我护送去洗澡间刷牙，还悄悄和我说，今天让我送他上学。

锅上的糍粑还在煎着，草草答应了他，忙着开饭，准备好了，我开始忙着收拾自己，为送他做准备，本来今早是爸爸送的，突然的变化让我有些慌乱，早餐也来不及吃了。

悠悠吃完了，我也万事俱备只需换鞋出门，悠爸说："你看看，我送怎么不可以？妈妈又没吃早餐，又要去送你。"

"妈妈，你不去送算了。"悠悠看着我。

"没关系，送你后我单位有吃的，快走吧！"我催促他快点出发。

"算了，爸爸送，你在家好好吃饭，还可以舒服地上个厕所。"

我同意了他的建议，心想这小伙子越来越懂事了。

"妈妈，不好意思，你的早餐都是我们的残渣剩饭了，对不起啊。"悠悠觉得杯盘狼藉的现场有点让妈妈受委屈了。

其实饭菜还很多，就算三个我也吃不完。

"一个厨师最高兴的事，是有人认可，爱吃他做的食物，不是自己吃，更何况你们吃得很少，还给我留了这么多，我很开心。"

悠悠总是会在一些细节之处给人暖意，一句"残渣剩饭"，包含了歉意和爱意。深深的共情，比"妈妈我爱你"更能反映出他内心的厚度和容量。

心里有他人，眼里就会有细节，心里爱他人，就会有怜悯，就会有慈悲。

悠悠总是在不经意时带给我惊喜，用一句平常的话、一个普通的词，滋养到身边的人，我是受惠最多的。

有他相伴的时光似不能说"静好"，因为有操不完的心，解决不完的问题，学不完的生字，无数个"热闹"的早晨，可这些日子都是镀着金色，嵌在流逝的时光里，让我如何舍得忘记，放它们逝去？

所以，要努力，多记下这些有他相伴的分秒！

55

希望是什么颜色

　　"希望"是什么颜色的？听到这个问题是否会脱口而出"绿色"？色彩被人们给予了很多情感，也赋予了一些特定的象征意义，在脑海里固定了一些共同认可的意义。

　　当这个问题由悠悠来问我时，我没有脱口而出"标准"答案，而是问他，什么让他突然想到了这个问题。

　　"妈妈，我想选支代表希望的铅笔写作业，你看哪个颜色代表希望？"悠悠拿了一把铅笔给我选择，让我从中挑选代表希望的一支。

　　"这些颜色里哪一种让你看了后心情很好，充满希望，感觉能量十足？"我把问题交给了悠悠的感觉。

　　"这支，这支看起来让人有希望的感觉。"悠悠选中了一支橘红色的。

　　"很好，当你看见一种色彩，你心中浮现出的感受就是这个颜色的意义，每个人的感受会有不同，如果为自己选择就可以完全按照自己的感受来，如果是做一个大家共同看的东西，那在设计用色时就需要考虑人们的共识，比如希望，可能多数人会选择绿色来代表。"

　　悠悠很满意地拿出了橘红色的那支，拿着他的希望之笔开始写作业。

　　悠悠从小就对颜色很敏感。他看到一种颜色会说这是"竹子色""胡萝卜色""晚霞色""蛋黄色"，四五岁了，都不太会说"绿色""红色""黄色",我妈妈曾经为此担心过:"怎么这么大了连颜色都不认识?"而我没有纠正过他,其实色彩的丰富程度是无法用色彩的名称去表述的,当有人给你说黄色,你不知道那是种什么黄,当跟你说"蛋黄的色,落叶的色,柠檬的色"时,你的脑海会很清晰地展现出这种色彩的具象,而且这样会把色彩的触感也带出来,或者还有相关的味道。

很多色彩无法用一个准确的名称去定义,却可以用相似的色彩去形容,比如说,有的茶具的颜色是淡淡的绿又偏点蓝,蓝中又带点灰,还带点均匀的浓淡相间,要去如何告诉别人你看见的这美妙色彩?绿色,灰色,白色?都不可能让别人想出它来,如果你说就像雨后,没有太阳,天空清澈,天空与云相间过渡的那个部分,人们的心里一定会展现出这一言难尽的色彩。

不知道从哪天开始,悠悠已学会用规范名称表达色彩了,他每天都会在各种本子上画画,彩笔超多,水彩笔、蜡笔、彩色铅笔、软头彩笔……衣服上脸上基本都有彩笔的痕迹,我没有送他去学画画,直到现在他画什么东西都不像,只是想画什么画什么,画画是他畅想的最好方式,我不想让他早早收起无拘无束。

今天悠悠开始关注色彩的象征意义,说明他对颜色有了更深的认识。可能这种颜色代表什么的说法,听老师说过,但我要告诉他的是,只要是感觉的东西都是自我的东西,所谓的意义也只能是自己赋予的,虽然有集体意识的象征,但那是在公众的层面,如果为自己选择,遵从自我内心的体验是最正确的方法。

世上本没有路,走得多了就有路;世界本来无意义,心中感觉它是什么,就有了意义。

56

此童不可多得

"幸好我写作业很乖，没把你们心脏气坏。"悠悠的感叹，来自于这几天网上辅导孩子作业成高危工作的几则新闻。有一个妈妈，在辅导孩子写作业时，突发脑溢血死亡，在家长间产生了巨大反响。

在悠悠看来，我们没有在辅导他作业时猝死，说明他写作业时很乖。

谢谢悠悠如此自信，如此的"乖"，我才保住性命，没有突发脑溢血死亡，也庆幸自己是一个不焦虑的妈妈，尽管成绩总落在大部队的后面，分数还在两位数的起始段位运行。尽管也曾发火，也曾流泪，也曾无可奈何，可是最终我和悠悠达成了共识，那就是我负责把"多多"的作业变成"少少"的，他负责把少少的作业快点写完，然后我陪他去操场"疯"一会儿。作业都能少做，我还有啥可焦虑。

悠悠自从作业"瘦身"后，数学完全可以独立完成，而语文，有太多字不认识，必须在旁边教他。以前吃完晚饭，他总要玩一会再去写，而且玩的时间一拖再拖，这两天没有纠缠，自己饭后玩几分钟，就主动去写作业。

除了主动进入写作业状态，做数学的认真程度有所提高，正确率也在提高，还要求自己独立完成，让我在他写作业的时候走开，不要待在房间里。以前我会在旁边看书，现在他说，我可以去其他位置去看书，他不需要人陪。一个人写作业也不会玩玩具，不会一写作业就要上厕所、喝水。也许当孩子看到作业一眼望不到边的时候，一想到这么多作业要做到睡觉没时间玩的时候，在心里的拒绝感就会启动各路阻碍学习的"大神"，各种需求都来了；当一切尽在掌握中，他比作业更强大时，心也安了，人也踏实了，手上的动作也快些了。

其实，悠悠有一种能力，在旁边有人很吵闹的环境里，他也可以做到认真写作业。这种能力在学前班时经常会出现，放学后，在我们还没去接他之前，他会抓紧时间做作业，而那些没被接走的孩子，在教室里疯闹，他不受影响，当时我特别高兴，这样的认真态度和定力多可喜呀！可后来真正上学了，我越来越看不见这种能力了，就算是在安静的环境里，他也不能专心做题，摆弄笔、橡皮呀，难以全神贯注，多少次我在心里纳闷："定力去哪儿了？"没找到答案，也没有找到一点可寻的踪迹。

当我放弃了寻找，不再期待时，悠悠的专注力又回来了。虽然只是近来才有所显现，但至少让我感觉到一种趋势。不要以为我高兴是因为这样，他成绩可能会提高，其实最本能的反应是，他可以有更多的时间玩，自己快点写完作业后，想玩什么，就有时间玩什么，不会把时间都浪费在磨蹭上面。我常对悠悠说：会学的孩子才有时间玩，不但能玩还能玩好、玩舒服。但愿我的悠悠无论学业多紧张都有玩的时间。

悠悠是一座富矿，里面的宝藏有些什么，我并不全知，但是仅我能看到的，已超越我很多了。虽然儿时的我，写作业不用妈妈操心，成绩也很好，没把妈妈气得心脏性猝死，但是我没有他的生机活力，没有对生活的丰富感受，没有对父母爱的表达，沉闷、话少，不沟通，可能还很无趣，如今为了让我见识一下真正有趣的儿童，命运把悠悠派来了，悠悠不负使命，有趣不常规，有味不一般，最主要的是没让我晕倒在辅导作业的现场。

此童不可多得呀！哈哈……

57

我正可爱起来

周一，从早晨到晚上十点多都耗在医院了。

医院的人比商场多，花钱了还看不到东西，花了一千多，就是在磁共振的机器里躺了二十分钟，当一阵阵奇异的怪响穿过我的大脑时，我的脑袋像被声波切割了、洗刷了、格式化了，在此之前所有的不愉快、担心、纠结和焦虑，在这多变的声波下平息了，在这么大的声响中开始有了困意，我有种要睡着的感觉，似乎一切交给了命运，什么都不管了。听着这怪异多变的声音居然体会出节奏来，有穿透大脑的，有上下擦拭的，有左右穿行的，有线形的，有波纹的，有截面的，其中有一种敲门声加应答声的组合我很喜欢，之前想到声音刺耳、时间还那么长，有些让人难以忍受，后来变得适应而习惯了，我自己都觉得不可思议。

就在我做磁共振之前的晚饭时间，悠悠放学回来，又是哭着进屋的，悠爸说把他暴打了一顿，因为他把新买的葫芦丝盒子里的泡沫都拿出来了，盒子失去保护功能了，不用形容看起来有多惨，光是"暴打"一词就足以想到盒子"受伤"多重，爸爸的心"受伤"多重，悠悠的身上有多痛了。悠悠的脸到耳朵红了一大片，还很滚烫，我边炒菜边找冰和毛巾给他冷敷，悠悠满肚子委屈，哭得很伤心，我的头更痛了，医院一天的消耗已有些累了，还边做饭边给悠悠做思想工作，我一时动力不足也啥都不想干了。这样的场景时常上演，鸡飞狗跳的早晨和放学时间，变成生活中的重音符。

　　晚饭后，我取消了晚上的家庭作业，趁着去做磁共振之前的时间，抱着悠悠和他说话。

　　悠悠说唯一理解自己的是妈妈，幸好有妈妈。

　　我告诉悠悠妈妈小时候也曾经挨过打，不是怕打得痛，而是不想看到爸爸妈妈和自己关系变坏的样子，不喜欢这种不和谐的氛围，不喜欢和爸爸妈妈有隔离的感觉，希望快点和他们和好。

　　悠悠说："妈妈和我的感觉一样，我也是这样。在家爸爸打我，我在学校也不开心，我想退学了，岩岩总是来惹我，我不想打他，但是不打又不能阻止他，有时就打桌子和椅子让自己发发闷气。"

　　"退学"！多恐怖的词呀，但我并没被吓到，当他说出这个词的时候，我想到的不是退学对一个孩子来说有多么严重的后果，也不是劝他不退学，我的第一反应是，这个时候我这个当妈的要能够容纳他。

　　近期我的状态很差，时常会感觉要晕倒，心情很低落、很灰暗，可是在无助的孩子面前，我是唯一理解他的人，我要有足够的能量接住他。

　　我将选择权交给悠悠，探讨退学的原因，达到的目标，以后的安排。悠悠说只是为了不想见那个老惹他的小孩，我给他讲了我的故事，其实在我小时候也有这种状况，我也不想上学了，后排有个男生总是弄我的辫子和衣服，讨厌坏了，告诉老师，老师批评他没用，家长说他也没用，后来只有请我的小舅"威胁"他，如果再继续淘气就揍他，才适当好些，最终停止这种行为的是他的"长大"，觉得这是件无趣的事，便不干了。

　　悠悠说："我也宽容他，但是做不到一直宽容，我也很气，我又不想去打人，有时忍得都受不了了。"

　　"你做得很好了，不能一直宽容很正常，谁都无法做到一直宽容。"

在理性和感性之间，在规定与自己解决之间，在文明和武力之间，悠悠一时找不到合适的方法，他很困惑、很难受，用讲道理的方法解决不了，更重要的是悠悠知道老师也解决不了，所以这个问题才变成了大问题。

曾经有一段时间这个孩子要由家长陪同上学，我知道孩子的家长也是苦恼的，家长一定会教他要好好上学，与同学好好相处，可是孩子做不到，家长又能如何呢？

所以每次与这个孩子有摩擦，我们都尽量不去找老师和家长，希望由悠悠自己来解决，但现在看起来效果不太好。所以我答应第二天放学由爸爸去和老师沟通，找家长一起和两个孩子谈谈，看是否能达成"停战"协议，其实知道不一定有效果，但这是给悠悠一个支持的信号，让悠悠知道我们关注他的需要和感受。

悠悠的语文老师恰逢这时打来电话，说一直想和我沟通，现在带悠悠两个多月了，很了解悠悠，说悠悠是一个很单纯善良的小孩子，有思想，会表达，就是认字少，书写能力差点，再就是有时坐不住，让我想办法让他静下来学习，同时让我不要着急悠悠的成绩，慢慢来，别给他太大的压力。

挂掉电话，我对悠悠说：人一生能遇见这么多的好老师真幸运，遇上了这么多好老师，要好好珍惜。悠悠也很赞同，我们紧紧拥抱，"善良纯真"这美好的词语让母子幸福无比。

可是我知道我暂时没有好的办法让悠悠专心学习，静下来像一个成熟的大孩子，我把老师的希望和自己没有好办法的现状告诉悠悠，希望他可以自己调控一下，但愿我的悠悠能够慢慢成长，慢慢让自己静下来专于学习。

日子一天天地过，难题一道道地来，我偶有发怒，更多的时候和悠悠相伴同行，所谓的面子我基本上不考虑，分数也没那么看重，可是我在意悠悠是否在慢慢地进步，再慢但是趋势是进步，有时我获得的信息是没有进步，不会的生字积累得越来越多，我也无法大度到容纳一切，也会对悠悠发火，告诉他我不希望他一天的时间一个字也没学到，悠悠是个好孩子，总是说："不怪妈妈，是我自己没好好学习，妈妈很尽力了。"

每当悠悠这样述说时，我都会心里难过，特别是他说"当妈妈也真是个难干活儿"时，我也被他深深的共情感动了，他真心的感叹成为抚慰我内心的灵药。

一早起来，我要去开会，家离会议地点3.5公里，我决定走去，在路上我看见了巡司河面美丽的倒影，闻见了路边翻挖过的泥土透出了春天油菜花的味道，我感觉到自己充满了能量，不知道是被磁共振的声波成功地格式化，回到初始的开机模式，还是因为悠悠的退学激发了我坚韧的按钮，或者是悠悠一句"你是唯一理解我的人"让我的存在感猛增，总之在这个早晨，我就是我，一个我更喜欢的样子。

谢谢生活给我出了一道道难题，很多难题我也解答不出来，可是我能和这些难题共处，与它们和平相处，这就是我的生活。因为这些挑战和困难，生活更有厚度，透过这些我有了更多的发现，我也在一步步认识自己，喜欢自己。

谢谢悠悠给了我最多的认可和肯定，谢谢悠悠给了我很多的体谅，谢谢悠悠让我看见生活的美好与现实的标准无关，并且深深地感觉到我们正可爱起来。

58

坚信"无反应小姐"的温情

检查结果出来，看来我的脑袋没大毛病，脑部供血和颈椎有点问题，重要的是医生说情绪出了问题，可能焦虑抑郁或者压力太大。

我放心了，只要脑袋是好的，心是可以慢慢调好的，当然，我认为心情不好绝对与悠悠无关，上次头晕悠爸说是悠悠弄的，悠悠来问我是不是他导致的，我说完全不是，今天我仍这样认为。

一些生活中不起眼的事件，比如近期很多人突然离去，让我开始反观我的生命及活着的意义，总对自己有些不满，觉得自己活得不精彩，不努力，可是又无法让自己能量满满地去努力，想要慵懒地活着，想要活得很自我，现实中又做不到。

今天走出医院我很开心，因为我知道我没那么容易死，我和悠爸说起来磁共振的声波的有趣，他说："你就是一个特别敏感细腻的人，估计没人会对这噪音有如此的感受。"

我真的很敏感，有时我喜欢这样，有时我也特别不喜欢这样，今天在医生的诊室，看到一个老太太每天要吃13种药，想想老了都有些可怕，每天胃都用来装药了，美食可还有地方？老了就是为了保个命，生活的质量要如何体现？我很是伤感。

当百度我的这种情况有可能发展成老年痴呆，悠爸说："你有悠悠，他会照顾好你的，他细心善良，就是不知道儿媳妇会不会对你好。"

"如果老年痴呆了，连自己是谁都不知道了，好和坏的分别又有多大呢？反正都没感觉了，只要悠悠觉得心里舒服就好。"

悠爸夸我想得开。

想不开又如何，你能改变谁呢？

想想悠悠半岁时，表情少，小姨给他起了个外号叫"无反应小姐"，因为那时很像小女孩，如今也是活泼得很，一切皆有可能，大了的他是什么样？我也不知道，不管他是什么样他都是我最亲的人。

前天悠悠让我告诉他我所有的愿望，他长大了有钱后一定帮我实现，我说："能用钱实现的愿望我都可以自己实现，而通过你实现的愿望就是让我有幸福感，不论是你选的礼物，送我的树叶手环，给我做的饭，还有用积分兑换的卡通小狗，我接收到是你对我的爱。"

悠悠非让我说我老了希望他如何照顾我，我说希望他包容那时的妈妈像个小孩一样笨手笨脚，悠悠说没问题。

我并不会去想等我年老了，长大了的悠悠到底是否会对我好，但是我坚信悠悠的善良，坚信让他尽力对身边的亲人好，相信他此时真切的情感。

既然老了是啥样无法预知，可是对未来的预演也一样地会让人幸福，正如悠悠说他会包容像孩子一样老年的我。

59

四个关于

关于帽子

走在上学的路上，悠悠把卫衣的帽子戴在头上，我觉得走得挺热的，建议不要戴，悠悠说爸爸说了，这样戴着帽子的人是怪人，不和别人交往的人，很孤独的人，悠悠问："我是这样吗？"

这确实是个好问题，我的第一反应是爸爸说的有些过，第二反应是悠悠的戴帽行为是想学蜘蛛侠，与交往问题无关，也无关孤独。

"衣服上的帽子本来就是在有需要时候戴的，所以戴帽子很正常，并不怪，但是如果大热天的，快热死了还戴帽子，那似乎大脑有点问题。"

悠悠笑起来："那是神经病！"

"如果大家在一起交流，有人却用帽子把自己藏起来，不和别人说话，也不听别人说话，那似乎也有些异样，要不这个人是特工，怕被别人发现，要不这个人脸上有伤，怕被别人看出来，要不这个人心情不好，不想和别人沟通，可能会有很多情况，未必是一个'怪'字能说清的，要视情况而定。"

"如果你喜欢戴，只要不热得中暑，只要不违反学校课堂的纪律，只要不影响别人，你觉得舒服就可以戴。"

"那爸爸还说是孤独的人才戴？"

"在旁边的人看来，戴着帽子会影响他主动交流，帽子可能隔离了我们的耳朵，也隔离了交流的愿望，有可能本来没有孤独，却减少了交流的可能性，间接地变成有些孤独感了。"

悠悠没有反驳，也没再提问，似乎在思考些什么。

慢慢地长大，孩子不再是大人说什么就是什么的状态，他们会有自己的思想，会有自己对事物的理解，虽然爸爸说戴帽子很怪，但他并不以为然，而是与我再来探讨，爸爸说的有道理但是以偏概全，所以让悠悠不赞同，因此，早上不冷还是戴上了帽子。我其实还是基本重复了爸爸的话，当然也给了悠悠自己的选择权，然后也建议他热了不要戴，虽然悠悠没有说什么，但是我分明感受到他思想的成长，以及未来他与我们思想上会有越来越多不同，他的这种独立性一天天地在壮大，一天天地在向我们展示，思想的碰撞会有些难受，特别是会有无力感，让用惯特权的父母感觉无计可施。儿大不由娘，我们要早做准备，不要以为我们永远正确，或者以为我们可以永远用正确的思想去压住孩子的思想。

希望悠悠不断让自己的思考能力变得强大，清晰地分析事情，客观地听取建议，用不影响别人的方式实现自己的喜好。其实这些我也没能完全做到，但是我相信悠悠会慢慢做到，因为他比小时的我更有思想，更敢于和父母说"不"。

关于帽子，悠悠说想要一个眼镜就在帽子上的，拉链可以一直拉到把脸蒙起来，正好有辆摩托车从我们身边驶过，悠悠指着坐在摩托上的孩子大叫："快看，我说的就是这种，你给我也买一个。"

"那样会透不过气来。"

"我就觉得酷，像蜘蛛侠。"

"我觉得像只蝗虫。"

"真的吗？我觉得那样别人就不会发现我了。"

"世间身怀绝技的人都是低调平常的打扮，让人不易发现，怪异的打扮只会更加引人注目，你看蜘蛛侠只是一个学生打扮，这样才能隐藏在普通人群，需要时才展露自己的超能力，不然早被别人袭击了。"

悠悠似乎接受了我的"理论"，没再纠结这种衣服了。

没有智慧的人当不了悠悠的妈，哈哈！

关于死亡焦虑

"多可惜、多遗憾呀，每个人都要死，妈妈我不想死。"

天呀，洗完澡高高兴兴上床睡觉就是了，谁知悠悠一进被窝发出如此感慨。

"如果人可以无限期地活下去，就不会觉得生活中的每天如此值得珍惜，也不会想好好过每一天了，因为我们会失去，所以我们要过好当下每一天。"

"反正我不想死。"

"我也不想死。"

"那是不是能不死呢？"

"我想至少目前还达不到不死的目标，也许你长大发明一种不老药，我们吃了就一直活吧。"

死亡的焦虑伴随着我们每一个人，任何人都避不开，近期我也常常反复在想这个问题，觉得时间流逝、青春不在，身体在走下坡路，曾经的日子没珍惜，四十多岁一无所成，等等加起来就是对没好好生活的悲伤，其实还是对因为死亡的一步步走近的恐惧。

我们恐惧死亡的什么？是一个生命的结束？被遗忘？是没有好好活过？还是恐惧未知的将来？

我的妈妈会恐惧未知的将来，她说一个人在公墓很孤单。

我恐惧悠悠没长大，我就走了，悠悠会很受伤。在恐惧里也有一些放松之感，觉得死亡是一个归属，是最安心的一种状态，并不是最坏的。

悠悠大约两三岁时就在关注这个问题，可能是我们的年纪比一般的父母大吧，他特别在意，无数次地问我们多大，无数次地表达不想让我死，他觉得自己还太小，需要我们。

可是谁又能预知未来呢?

从前几天的死亡即将到来的灰暗情绪之中，我突然转换了状态，我负责的微电影在全国获奖了，我高兴地去和别人说，以前我会沉默，今天我没那么低调了，别人祝贺我就高兴地接受，别人嫉妒我也无所谓就把春风写在自己的脸上。

生命这么的美好，我的悠悠都在睡前大发感慨，我也不必太过"谦虚"，有时也无所顾忌地显摆一下，我就是这么好! 谢谢我的悠悠!

关于未来

快速地写完作业，悠悠没闹着出去玩，而是安排自己画曼陀罗，精心地挑选彩笔，静静地画画。

"妈妈我决定不当学霸了，以后我当个画家，我喜欢画画，而且在班上画得第二好。"

"好呀，当个画家也挺好，把自己心里的美、眼里的美画出来，把自己的思想用画笔表达出来。"

"对，我就是喜欢这样，你觉得我画得好吗?"

"你很有创造力!"

"可是我画得不像。"

"不需要画得像，但是要展现自己的思想。"

"你从哪幅画里看到我的创造力？"这个问题好犀利，如果是为了鼓励而随口说的，此时就露馅了，好在我的大脑真的有他画的画。

"那幅两张纸合在一起画成的舰艇，不但有武器机关的巧妙设计，还有无数的军人在上面进行飞机起降的指挥。"

"你真的记得我的画呀！"悠悠吃惊中透出得意。

"那还用说，看了就忘不了了，其实学霸和画家不矛盾，有些人是诗人，也是画家，有些人是运动员也是律师，有些人是建筑学家也是作家，我们的大脑很大，我们可以有好多方面去发展，反正你的脑袋挺大的，当个学霸搞科研，累了画画也挺好。"

"是的，那就都当吧！"

悠悠真是可爱至极，"学霸"一词离现状还有好远，但是不知道什么时候纳入了他的目标，此时又转头奔画家去了，如果我的心有他这么大，我想当个音乐人、舞蹈家还有作家，画家也当一个，还有编剧和导演一并都发展一下，哈哈！

关于幽默

早上送悠悠上学，因为要返回上班，时间有些紧张，而我这粗心的人总会丢三落四的。

一早，走出家门，书包忘带了，赶紧背上，走出单元门，悠悠开始了一系列问话：

"妈妈，书包带了吗？"

"背着呢。"

"妈妈，水杯带了吗？"

"在书包里呢。"

"妈妈，胸罩穿了吗？"

　　"穿了。"

　　悠悠大笑起来。

　　这些都是近段时间搞忘记的事情，悠悠用幽默的方式开妈妈的玩笑，搞笑的方式提醒妈妈不要粗心大意。

　　孩子们有种能力就是集合的能力，他们特别会收集素材，比如你不听他话的素材，比如你让他少玩的证据，比如你对他武力相加的素材，再就是这好玩的素材也一起归类了。

　　喜欢会说笑话的悠悠，早餐时还让妈妈说几个自己出丑的好笑故事，妈妈也都厚着脸皮一一奉上了。早餐变成了大家听、讲笑话的故事会了。

❤ 站位决定陪伴的价值 ❤

陪伴不是我站在你的身旁看着你努力

不是站在高处教导你走出困境

而是我和你站在一起

不管顺境和逆境

60

家 长 会

周五家长会，我兴高采烈地去，坐在悠悠的座位上，看他的作业和他写给家长的一封信，很高兴他能写那么一大面纸，而且背面还有配图，信里的字不多，拼音的量很大，悠悠前一天多次叮嘱一定要看他写的信，特别是背面还有，我认真地看了，但是一大半看不懂，我唯一能读懂的就是，他很爱我们，而且自己不想落后。

学校里的作业本很空，有些作业老师改了日期，只是不见他的只言片语，本子很干净，几乎没有几个字。

我用心地读了很久悠悠的信，而且利用一小会儿时间给他回了信，出发之前特意带了信纸。

我回给他的信有些空洞，谢谢他写给我的信，鼓励他能实现不落人后的目标，可是我知道，在那一刻我心里体验的是他的不易。

如果让我写一封英文的信，太多单词我不会写，我会尽量少说点话，而悠悠用拼音用图画努力地向我诉说着，因为拼音多数是错的很遗憾我没有读懂，心里有一丝难过。

家长会历时两小时，老师们很认真做了准备，讲了很多学习方面的问题、解决办法，以及为了赢得高考高分如何从现在开始培养习惯，做好准备，如何练好字便于高考的机器阅卷。说实话，老师很尽力，分析所有考试出现的问题，找出孩子们需要加强的地方，所做的细致数据分析工作出乎我的想象。可是我是一个游离于这个教室的人，因为我的悠悠还无法考虑到这么远的事情，老师在带领大家寻找获得一百分的途径，我的悠悠还在刚出发的路上，我需要的是如何顺利地走下去。

我在教室里几乎坐不下去了，因为悠悠还让婆婆在家暂带一下，天色已晚，婆婆在打电话问悠悠吃什么，怕是悠悠在家吵着要吃饭了，我一心两头地着急，终于在天完全黑下来的时候家长会结束了。我准备直奔回家，班主任把我留下，讲了悠悠目前不太好的状态，讲了担心，悠悠打了同学，而且是打了脸，上课坐不下来，和老师也有对着干的情况，当天对有些事情还说了不真实的话，有点失控的感觉，老师也很无奈。

我理解老师的感觉，因为我也明显地感觉到近段时间他对什么事都有点不在乎，跳拉丁也没进步，不认真，学习上抗拒学生字，只愿意做数学题，做数学题时可以安心地独立完成。

我想悠悠不管出了什么状况，责任都在家长的身上，对老师我也表达了深深的歉意。

回来后，本来想和悠悠好好谈谈，结果他去了婆婆家还不愿意和我回家，我吼了他，后来语文老师又打来电话，因为班主任找我谈话，所以她没有机会和我聊，就电话聊一下悠悠。

大致的意思和班主任相似，但主要说到了说假话这个问题，她说悠悠很善良，很有担当，从来没说过假话，为什么今天出现了这种情况？而且今天因为没拉好悠悠，悠悠摔跤了，她向我道歉。

对于摔跤悠悠回来的解读是说老师推了他，我估计这只是一种错觉，我把电话交给悠悠，让老师和他直接沟通，只要解开悠悠的误解就好，悠悠说腿上紫了一块，但照老师说的摔跤姿势应该不是这次摔的，悠悠和老师的误解也解开了，时间也指向了八点。

周五的夜晚就是在浓浓的无奈中度过的，九点多我和悠悠就睡了，人像做了剧烈运动一样，筋疲力尽。

　　家长会我再也不想开了，不是怕老师说悠悠的情况，也不是怕与其他家长坐在一起，而是在那个教室里我感觉到悠悠的孤独，悠悠也说为什么老和一个顽皮的孩子玩，因为愿意和他玩的同学并不多，我想家长们都会教孩子多和学习好的同学玩，不愿意让自己的孩子和学习差的同学来往，人之常情，我不觉得奇怪，也很理解，可是我的悠悠一整天在学校里多难过呀。

　　我上学时期很少跟同学玩，因为我不太想玩，不觉得孤独和难受，或者也觉得孤独，但是我愿意这样，而悠悠是个开朗的孩子，他喜欢和别人一起玩，所以对他来说每一天都是闷闷的一天，无数次放学回家他都说好闷，所以近几天也自己拿出了曼陀罗，每次他要画曼陀罗时，我都知道他的心情有些凌乱，需要整合，所以此时他的心里一定是不好过了。

　　我很难过，我并不能完全理解他这段时间不太好的状态，人不积极了，和九月十月的状态完全不一样了，悠悠的心到底在哪个地方卡住了？我一直在寻找答案却并无答案。

61

迎来无计可施的时代

周六悠悠在拉丁舞课上略有进步，可是周日又被罚站。他站在教室里，面向走道，我站在走道透过玻璃面对着他，他流泪了，我用手机打字给他看，让他好好练，不要哭。一个孩子的成长怎么就这么难？在我自己身上从没有遇到。老师教什么就好好练习什么，什么都想做到最好，我在成人拉丁舞班上，虽然报名的时间晚，但是进步也挺快。可是我的孩子却是和我相反，我真的不知道如何去改变这种状态，让他认真对待每一件事情。

今早又是一幅鸡飞狗跳的景象，我终于下定决心实践我的计划，让悠爸回老家和自己妈妈住几天，我一个人陪悠悠，好好沟通一下。

悠悠很不愿意，他以为我们要离婚，很是难过，悠爸正在气头上就说："就是你弄得我和你妈离婚，给你找个后爸好好打你！"悠悠伤心了，说："你们离婚我也不好好学习！"

悠爸去晾衣服的空隙，悠悠问我会不会离婚，我说不会，他才稍微放心些。他说给爸爸认个错，高兴地跑去，沮丧地回来，"爸爸说我是坦白痞子"，我抱抱他没说话。

我正式迎来了无计可施的时代……

周五的家长会，老师说二年级正处在"七八九嫌死狗"的年龄段，其实我倒是没有特别的感觉，当时我在心里暗喜，我的悠悠好像没有明显变得让人讨厌，没有那种"嫌死狗"的行为，心里掠过片刻的幸福感。

　　就算是这样的早晨，我一边做饭一边"灭火"，我心里可能难过，可能有些烦，可能有些无奈，却从来没有讨厌过悠悠，出门时我还是会对悠悠说："我爱你！"

　　从今天晚上起，就是我和悠悠的二人世界，但愿可以通过交流对悠悠有更深的了解，能够和他探讨出改变现状的方法，让他能快乐地学习。

　　愿望很美好，希望现实不要太骨感！

62

风雨欲来先放松

暴力的消失是强大的表现吗？如果是，我想我正在强大起来。

昨天放学悠悠还没到家，班主任的电话就来了，我知道一定不是好消息。悠悠一早的表现还可以，可是接下来就是疯闹、不好好上课、打饭弄洒了汤汁、把别的同学的笔和橡皮到处丢，还打了岩岩。

一天下来真够丰富的，老师很担心这样下去完全上不成课了，他和岩岩两人足以让老师应付不来，就别提是否能上课了。我仍然不知道悠悠为什么会这样，但我相信那一定是有原因的，也许是开学的两个月太用力表现，累了不想坚持了，也许是心里对束缚的反抗，也许是成长中正负能量的较量，也许他的兴奋度在某一刻就是莫名高了起来，也许他是希望引起所有人的注意，也许我这个妈还不了解他……

悠悠回来一进门我就问他："一天可好？"他回答："可以。"如果老师不来电话，我会真的以为过得很顺利。

我没有因为他一天的表现去责怪和怒吼，心里倒也没有太多生气的部分，反倒是一种对悠悠在学校不好处境的共情，我能感觉到在那个环境中，他有多么的难受，心中有多少想要发泄的情绪。

还没开始吃饭，悠悠就提出心里很闷要先去玩会儿再回家做作业，我没有同意，我坚持饭后先做作业，如果效率高时间还早就出去玩。他又说了几句，我没有改变主意，默默地坚持我的意见，但同意他饭后先画二十分钟自由画，他很高兴。

我和他一起画，他的画只有一种颜色——黑色。黑色的线条、黑色的色块、黑色的教室、黑色的红旗、黑色的老师、黑色的自己、黑色的同学、黑色的屋顶。

黑色的屋顶用重重的笔触狠狠地涂抹，黑压压地把教室里的学生罩在下面。这幅画有很多细节，每个同学都有具体的名字，悠悠坐在教室里的第一组第三排，教室有老师，有讲台，讲台上还有老师的水杯，教室外有追赶的学生。天上有两朵云，太阳只有四分之一个藏在左上角，教室上空飘着黑黑的红旗。

在悠悠的画里，这是我见过最让我难过的画，除了黑色没有半点色彩，蜡笔盒里有36种颜色，悠悠打开就直接寻找黑色，五颜六色在他眼里视而不见。悠悠近几天的眼神也暗淡了，他情绪饱满时眼睛是亮亮的，热情好奇的目光从内向外地射出来，现在的眼神让我想起了他一年级上学期不上学那时的眼神，干瘪的，回缩的，让我觉得我离他的心好远，他的心仿佛躲了起来，而且这样的时候，悠悠几乎不和我对视。

虽然我无法完全了解悠悠的心里到底在经历什么，但是我知道他此时内心很难过，也许每一天上学对于其他孩子是平常小事，对于悠悠来说却是各种各样的挑战。再多的心理学的知识也帮不到他，再多的语言无法去解决困难，我感觉鼓励的话是这个时候最空洞的表达，我能做的只能是陪伴。这种陪伴不能是消极的陪伴，是真正地和他站在一起的陪伴，这个时候妈妈更不能和他对立起来，更不能只是责怪和训斥。

悠悠的画画完了，本想请他给作品起名字，再和我讲讲他的画，可是悠悠突然说："现在到了写作业的时间，不能再画了。"

我顺应他的安排，没有强迫走完我设想的过程。其实自己停止画画开始写作业是很少见的，作业的过程还是不错的，数学基本独立完成，语文报了很多生词，虽然有些词反复教多次还是不会写，可是对生字的恐惧好了很多。

写到这儿，窗外的阳光打在我的脸上，比刚才明亮了许多，在冬日，在我和悠悠面对考验的时候，这束光给了我一个暖暖的拥抱，想起"阳光打在我的脸上，温暖留在我的心里"这句话，此时的感受又是不同了。

昨晚完成了作业，画了画，跳了十分钟拉丁，在操场上打了半小时篮球，算是合理安排时间的一晚了。虽然拉丁动作完成得不太好，跳得力量也不足，可是他愿意在晚上拿出几分钟时间复习动作，我觉得很不错了，我希望能够让他养成这种习惯。

早上喊他起床，也不太难，衣服自己穿，在我要求的时间完成洗漱，收拾书包，早晨没有喊叫，没有鸡飞狗跳。

送他到校门口了，他说很想要有形状的橡皮，本来不想给他买的，但转念一想，如果是自己小时候向妈妈提出要求也会想要得到及时的回应，我希望妈妈给我买，而不是许诺我要等到另一个时间再买。

我同意了他的请求，花了两分钟在校门口买了两块蔬菜形状的橡皮。

悠悠说："妈妈我一定要好好表现。"

我没有说"好"。

"悠悠好好表现是为了自己更好的学习，妈妈买橡皮是因为爱悠悠，希望你快乐！我们不是等价交换，是做好自己，爱对方。"

我不清楚悠悠是否理解我说的"交换"，但我希望传递给他的是：我不是因为想要他改变而满足他的要求，他的改变也不是因为想要得到心愿的满足而去为之。

返回的路上，我在思考我这样做是对的吗？是应该常规地去说："给你买橡皮了，该你好好表现了"，还是应该像我这样地说更好呢？

没人给我答案，我也不知道什么是正确的，或许本来就没有正确与否，只有适合孩子与否，我只能凭借我的本能做妈妈，凭借一个妈妈的真诚去给孩子直接的反应，不想去人为地把最平常的事情"利益化"，母子之间只有爱，没有交换。

我听着歌走在回单位上班的路上，路上很吵，我把手机放在耳朵边，原本普通的早晨和这条走过无数次的路，在音乐的渲染中也变得有了韵味和生机。早晨的街头最常见的表情是严肃、忙碌和不开心，只有少数拉着买菜小车的老人表情最为放松。我注意了一下自己的表情，嘴角有一丝微笑，心里还有些放松，我的早晨还不错！

63

爱会扑面而来

随意拉开办公桌的一个抽屉，那只火烈鸟居然躺在里面，不是真的火烈鸟，是一个挂在笔上的毛绒小玩具，粉红色的很可爱。

周六补习班的测验结束后，每个小朋友可以选一个小奖品，悠悠一直选来选去，选到教室的同学们都走光了，一样一样地问我，我很不耐心，在我看来每个都差不多，不管是什么样的笔都是支笔，不管什么样的橡皮都只是块橡皮。

他不断地问我意见，我不断地说这几种都可以，他不满意，还是反复问我，后来他说这只火烈鸟很可爱，我表示赞同，为了让他早点结束，我说："就这支很好了。"这才结束了。

走在路上，悠悠说这是选给我的礼物，因为我喜欢毛绒玩具，所以把这只火烈鸟送给我。我挺吃惊的，每次兑积分、选礼物的机会都给我了，悠悠没有为自己选过任何东西。

"妈妈，我想让你把它放在你的办公室，每当你看见它的时候，你就会想起我，知道我很爱你。"

"不论我看不看见它，我都知道你爱我，还是放家里吧，太卡通了在办公室用不合适。"

悠悠并没有坚持，我们回家的路要经过单位门口，悠悠非要进我办公室去一下，没办法听了他的话进办公室转了一圈就走了。

在三天后的今天，我才知道，悠悠把火烈鸟悄悄放进了我办公桌的抽屉里，想要实现妈妈看到他送的礼物就想到他的愿望。

我真的很感动，感动他把少得可怜的选礼物的机会都给了我，克制了自己的需要；感动他把这个小玩具当成妈妈想念他的线索，让我知道他爱我；感动他小小年纪如此的感情细腻，如此爱着自己的家人；惊讶他的不动声色，让这个小秘密等我自己揭开，几天过去了从未提起。

此时，我心里最感谢的不是上天赐给我这么有爱的孩子，我倒是感谢自己昨晚面对老师的投诉，面对悠悠在学校的各种折腾我没发怒，没暴躁，没有把悠悠丢到我的对立面，而是去理解他，去和他一起面对问题。

如果我昨天狂吼了他，今天看见这只火烈鸟时将情何以堪？

做事还是要留有余地，什么时候天都没有塌下来，不知道在哪一刻你就会遇见惊喜，爱便会扑面而来……

64

擦亮我的小眼睛

昨天的表现似乎不错，没收到老师的投诉电话，悠悠回家心情看起来也不错，听他说老师表扬他不和同学打闹。

昨天早上我给悠悠带去了一张曼陀罗，让他在不打闹又不想听课时，在教室里安静的画画。但是晚上回来并没见到曼陀罗的踪迹，只见他的书包整理得很整齐，看起来赏心悦目的。

晚餐时悠悠说想爸爸了，恰好爸爸来电话，悠悠让爸爸回来，爸爸说让妈妈决定。悠悠说："我再也不允许爸爸走了，再走我就不好好学习了。"边说还边哭了起来。

"你以为我让爸爸走是为什么？"

"让我不好好学习就见不到爸爸，就离婚。"悠悠委屈地说。

"别听你爸爸吓你，不是那样的，你太傻了被骗了。"

"那是为什么？"

"你表现不好时，爸爸是不是喜欢发火？"

"是的，暴打。"

"所以呀，我知道你现在正在改变，但是改变是要一点点慢慢来的，肯定这个过程中还有些小问题，难免会被老师批评，老师告诉我们，爸爸一着急又会动手，所以我想了个计策，把爸爸弄回老家去，这样有点小问题我可以和你一起商量怎么改善，你就不会挨打，等过几天爸爸回来了，你的表现都很好了，自然这样的事情就不会发生了。"

"哎呀，妈妈你早说呀！以后这样的事提前告诉我，我知道了。"悠悠一下就开心起来。

我说："妈妈自己带你要多做很多事，我也很愿意爸爸在家帮忙，可是我希望我们有困难好好商量去解决，启动良性循环。不然爸爸在家，老师一打电话说你表现不好，他就动手了，你就心情更差了，第二天表现更不好了，这样的恶性循环很可怕，于是由我们俩进行先良性循环后，再把爸爸加入进来。"

"妈妈，你辛苦了！"

这两天虽然压力不小，我和悠悠的情绪都还是平静的，两天晚上等悠悠睡着后我还练习了一会儿拉丁舞。不管遇到什么难题，尽量保持平日的正常状态，我突然觉得自己犹如一根定海神针，如果我再乱了阵脚，那咱家就乱成一锅粥了。这两天没有悠爸在家啰唆、担心，我的耳边也清静多了。

昨晚悠悠的作业情况没有前一晚好。可能上学很用力地遵守纪律，回来特别想放松，默写乘法口诀全对，口算错了一道题，语文复习了两课生字（前一晚复习了5课生字）。悠说他很累脑子不好用了，我没有勉强，便和他一起阅读，读了周国平的《成长是件孤独的事》。

唉，成长真的是件孤独的事，所有的道理都不是别人能灌输的，唯有从经历中体悟才能成为自己成长的养料。面对悠悠成长中的问题我只能在旁边陪伴，帮不上什么忙，只有靠他自己去面对、处理、接纳、适应。

晚上学习完去操场练了会儿篮球，回家复习拉丁动作。说实话很差，比几个月前刚学的时候差，我有点生气。因为他全身都不用力，只是划一下动作，难看极了，我特别不接受这种敷衍不认真的行为。我很严肃地拿起了棍子，告诉他哪儿收不紧我就打哪儿，并且让他看了几个月前自己的视频，他也觉得自己做得不好。他重新做了几遍拉丁动作，我帮他录下来，他觉得不好又要求重录，本来想只跳两遍的，结果跳了六七遍。

拉丁老师说，家长只要监督他们练习就好，不用管他们跳得怎么样，动作老师来管。好吧，我听了老师的，可是现在看来老师也管不了悠的敷衍，所以还得当妈的来。别看我能理解他，可是我也可以拉下脸来很严肃地对他。我不允许放任自己的懒惰，不允许什么动作做得大致可以，我要准确、熟练，不光对悠，对我自己也是如此。

悠悠昨晚画了自由画，尽管作业给他减了，但是画画的项目必须保证。他的画名叫《埃菲尔铁塔》，他的读音却是"FM铁塔"。这张画是彩色的，不像前一晚只有黑色，铁塔是灰色的，很大，背景是蓝色的云层，喷出了画框边缘，还有下方的山也是"突围"出了边界，悠悠的能量想要冲出约束，笔触大得吓人。有意思的是，在铁塔下面有个很小的蓝色火箭准备发射，那里面坐的有他，与铁塔相比这火箭很弱小很无力，可是火箭想要飞了，我也很期待。

尽管一晚的内容很多，悠悠在九点就入睡了，早上起床叫了三次，但是他自己处理完所有的事情，我没有不断的啰唆和催促，早上的时光也平静安逸了许多。

送完悠悠走在路上，无风，树上的黄叶很美，手机的音乐正在播放《如果这都不算爱》。我在想，一个妈妈怎么做才是爱孩子？什么才算爱？对悠悠的陪伴怎么才能让他觉得接收到爱？我从来不想看育儿的书，不想把孩子当成一个机器输入规定程序，希望让他成为一个快乐独特的自己。但是在应试教育的大环境下，这样的目标是否能经受住各种考验？我的内心是否足够强大，悠悠的内心是否能面对各种不同目光的考验？我是否能够一直做到无条件地去爱他？

其实，我也只能是走一步看一步，希望悠悠的内心是快乐的！希望我不要被小困难蒙住发现悠可爱之处的双眼！

65

时间让我们看见很多

　　这周的悠悠有了不小的改变，每天都能练习几遍拉丁，以前只会在快上课的那天跳一遍，主要为了交视频作业，因为不交作业会被扣奖分，除此之外几乎不会在家自己练习。

　　兴趣是最好的老师，可是天然的兴趣还需要后天的收获来加强。我每天会在家里练习拉丁，虽然学拉丁对于我来说没有任何现实意义，可是我总是想跳好，也许是好学生的烙印太深，每次老师表扬我做得好的时候，我就更加认真，如果老师提出动作有问题时，我会特别认真地去纠正，我相信"功夫没有白费的"这句话。

　　因为要把腿收紧，昨天我脚踝骨上的皮肤磨破了，听老师说他们上学时，这是常有的事，如果身体不累、不疼、对自己不狠，说明功夫没有到位。

　　看到老师的动作那么赏心悦目，才体会到背后都是从小到大的汗水、泪水、血水组成的，真的很不容易！

　　悠悠在跳我在看的时候也是体会不到的，只有自己体验才知道，原来对身体的控制、力量的运用，节奏的把握是那么难，看起来基本步没多少，可是要跳好不是几年能做到的事情。

　　真希望悠悠能够在不断的练习中，在坚持中体验到拉丁的快乐，体会到掌控身体的快乐，体会到舞台的快乐，还有无数目光关注欣赏的快乐。

昨天我的拉丁舞课上完已快九点了，老师要等我们换完衣服，关上教室和公共区域的灯，收拾好楼上楼下，然后才能下班回家。一个小孩从小刻苦学拉丁，千锤百炼读了大学体育舞蹈专业，做了一名拉丁老师，自己平时上课之余，还要继续充电，累了一天，晚上回家后还要在微信群里回复诸多学生的视频作业，一个个看，一个个点评动作，有时几节课连续上，晚饭都没法吃。能够敬业，能够坚持真的很不简单，也很让人心疼，因为他们也是妈妈的孩子。

上完课，我走出教室去了水果店，买了些水果想给老师回家的路上吃，等我买完返回去的时候，他刚刚离开。因为不知道老师会从哪个方向回家，我只好把水果带回家了，想到在冬夜的冷风中正在行走的他，心中有些冷冷的感觉，我们都一门心思地关注自己，关注自己的孩子，这时的老师又有谁来关注，当音乐停止，教室熄灯，学生放学，此时老师的心又是在靠什么温暖？

我和悠悠来这里学跳舞有几个月了，在交往中，从不理解不适应，甚至有过不开心和担心，到慢慢了解拉丁舞，渐渐地了解老师，也越来越喜欢老师们，还常常很敬佩他们的工作热情，有的老师虽然没有教我们课，但是平日的交流也觉得他们很是可爱，几位都是二十多岁的年轻人，都对工作很认真，对学生很负责。有人说90后是不负责任的一代，自私、以自我为中心，我却看到他们充满了责任感和真诚。

拉丁舞就这样进入了我和悠悠的生活，跳拉丁不仅仅是报了一个培训班，而是带给我新的角度去理解生活，理解身边更多的人，发现更多的温情，体会更多的不容易，结识更多可爱的人，感知更多生活不同的样子。

66

包容是种了不起的爱

在悠悠的再三要求下，爸爸提前回家了，回家后悠悠还是要娇气些，没有和我单独在家有条理，总想试着改变"程序"。但是据悠悠自己说，爸爸回来后他的表现好点儿，在学校前两天没有做课堂作业，爸爸要回来那天他做了。

早上送悠悠，经过刚才洒完水的路面，有些地方的泥被水融化了，悠悠滑板车经过，第一次穿的白鞋瞬间被溅了很多泥点，悠悠说："妈妈，怎么办？"

我拿出纸巾帮他擦拭，让他以后注意避开这样的路，小心点儿就行了。

悠悠说："如果是爸爸，他会说：你为什么要乱跑呀？为什么要被泥弄脏鞋子呀？为什么不好好走路呀？而且可能会给我两脚。"

"爸爸没那么粗暴吧！"

"有，还会问很多问题。"

"他是希望你以后注意，所以多强调几遍。妈妈强调得太少，你以后会容易忘记。"

"妈妈，不是这样的，你不多说我会记得更清楚。"

"其实我是懒得说那么多话，雾霾太厉害了。"

其实有很多话是不必说的，可是我们愿意说，因为只有不断地重复才让我们安心，会认为多说才会被孩子记住，或许并不是这样。

"悠悠，我们每个人身上都会有这样那样不太完美的地方，比如你觉得爸爸啰唆，还有他有时动手，可是他的出发点是希望你好的，只是他小时候父母是这样对他的，所以他学会了这样的方法，尽管他不想打你，可是有时情绪控制不好还是打了，打完你，他也很后悔，我们多些包容。"

"我是在包容爸爸，没有怪过他，他小时候是不是很可怜？你为什么爱他？"

"因为爸爸很善良，对妈妈很好，他很爱你，也很爱我，所以我希望好好爱他。我们之间也相互包容，妈妈也有些缺点，爸爸和你也在包容我，包容是一种很了不起的爱。"

"我也很爱爸爸，也很爱你。"悠悠边说边接过书包，自己进学校了。

每次悠爸值班，爷爷都会主动请求送悠悠，我总是不同意，因为陪他上学的路上我们边说边走，运动加聊天的组合是非常难得的。

虽然这样我的早晨会紧张些，可是我愿意早起一点儿，送他走快点儿，得到这么好的和悠悠说话的机会。悠悠说人生太短了，他如此小就有这样的感叹，我这个四十多岁的人，更应该懂得珍惜了，珍惜和他相处的机会。

67

我

想写写我自己。每天都写，停不下来，但写的都是陪伴悠悠，一起成长的点滴。

这段时间情绪起落，有时觉得跌入谷底。真遇到不顺的事。委屈的事，又突然从谷底活过来，不是为了争口气，也不是为了和命运抗争，更不是和与我过不去的人一比高下，只是本能的心情好了起来，这是"小强"的本质吗？还是打不死的女版"小强"的内心，有个触底就会激发的按键？其实我也搞不懂自己。

对于想害我的人，与我过不去的人，我很少会去耿耿于怀，可能我的胸怀太小，没有那么大的空间，把这些人和事装进去；也可能我的能量不足，小到无法调出一小部分用来和别人斗气；抑或是因为我有些懒，计较那么多事情心会很累，我怕把自己累坏了，反正吃亏就吃吧，至少我还活着。

这么低的标准？对，就这么低的标准，我还活着，还好好的活着。有超好的食欲，有每晚都能洗的热水澡，有做饭时可听的音乐，有很好用的电饼铛，有离家近的单位，至于悠悠和悠爸更不用说了，这一切小小的获得感，都让我觉得生活很不错。

我没想过出国旅游，没想过去美容院美容，我的眼光短浅到只是家里、锅里，生活两点一线，重复循环而不觉得乏味。也许我是个无趣的人，但在心里，却觉得我是有趣的，简单的东西在我看来也是有生趣的。

我一直觉得自己很弱，特别需要人保护。比如夜里，我怕黑，我看不见任何东西，不敢走路，我需要人搀扶；比如在拥挤的环境里，我害怕，需要有人陪伴。可是胆小的我却总是在压力下慢慢忍耐，不急不躁，在无法改变的现实面前，接受世界的不完美，接受别人和我的不一样，接受别人不喜欢我，我依然爱自己，依然觉得生活冲我微微一笑。

每天晚上，我练几遍舞，走会儿路，把体重控制在我莫名其妙规定的标准里，这一切，都很令人满足。

现在，我的悠悠每天能正常上学，老师不打来电话诉苦，我有空能敲点文字，词语不优美，像白开水，哗哗地在键盘上流过，可是我仍愿意这样记录下来，不想加什么佐料，难怪苏东坡说："人间有味是清欢。"尽管，可以说得"文艺"些，我却下意识不愿意去那么"文艺"。

人的成长，就是不断地和生活和解，和自己和解，去体味生活中每一次赠予，也许受伤，也许失望，可是心底还是相信自己是可爱的，相信生活是有趣的，日子便是好的。

脆弱，从来都不是坚强的对立面；脆弱，是坚强的起搏器，因为自己感觉到快要碎了，所以把自己建筑得更为牢固。因为脆弱敏感，更知道要让自己冷静稳重，不可被情绪随意左右，在生活的波浪里，如定海神针般，动也不动，可能这根"神针"内部还有点疏松，但总算还定住，实属不易了。

每每悠悠提问我的年龄，我都感觉到自己老了，样子也越来越经不住看了，但我总会安慰自己：老了没关系，我还可爱。

其实，我也不知道在别人眼里我是否可爱，但我觉得自己可爱，似乎这样是我有点自恋了，年轻时都没有过这样的想法，却在奔向老年的时候有了，我想，对抗老去最好的办法不是美容，而是更爱自己吧！

　　我从来没小过，在儿童时期我懂事、自觉，学习没让家长操心，也从没有在父母面前撒过娇，一直都知道怎么做是对的，似乎没小过。

　　我从来没大过，在长大的过程中却一直像个小孩儿，与现实有些格格不入，却保持一些纯真，在我的心里每朵花都有表情，每滴雨都有心事，每天清晨小鸟都会说话，我相信世界总有美好，相信别人的真诚。

　　就是这样一个没小过、也没大过的我，异想天开地生活着，配着背景音乐的苦和甜，都会变得更有味道了。

68

这个秋天有点长

这个秋天有点长，在武汉也看到了久居树上的黄树叶。

这个秋天有点长，每日都在敲着文字把生活更细地咀嚼一番。

这个秋天有点长，悠悠的起落不定，我在每刻的陪伴中所思所想也拉长了。

这个秋天有点长，我经历了很多，喜忧把秋日浸泡得更浓了，对生命的思考，对死亡的恐惧和坦然，对自己的理解和接纳都有了不一样的定义。

这个秋天有点长，悠悠长高了，也成长了，让我也随之成长起来，把一个不想当妈的人，变成一个把"当妈妈"作为修行的人。

这个秋天有点长，长到到了十二月份我还没穿棉袄。

早上送悠悠去上课，悠悠说想要一个玩具，只需要29块钱，我同意了，我反问悠悠："妈妈这样满足你，会不会让你觉得不管表现如何都可以，反正妈妈不会处罚我？"

"我不会的，我会觉得妈妈这么好，我应该更好！"悠悠总是会说出让我舒服的话。

其实这段时间悠悠是有进步的，不过昨天又拿回来47分的数学试卷，试卷反面完全没做，他说考试时睡觉了，所以没有做，只靠正面的题得了47分。昨晚他很自觉把反面的题目都做了，这在以前很少有，以前都是考试结束了他就可以不做了。

　　我时常在思考爱和溺爱的区别，我时常也会担心接纳会变成溺爱，反思后却总觉得我不曾溺爱过悠悠，和我在一起，他所有事情都自理，有时还要他帮忙我做事，我愿意去信任他，信任他内心的美好，信任他能够慢慢努力好起来。

　　悠悠也曾经感叹妈妈不好当，温柔不失威严，感性不失理性，投入不陷入，陪伴不共生，爱而有边界，当妈还得有自己，真的是很难。

　　昨天上班还加班，我妈帮我带悠悠，我回到家的过程中，她多次质疑我做的事情：饺子时间煮长了，孩子吃的瓜子不好等等，很多都是在没弄清楚的时候，开口就指导加指责，我的语气也不太好，可能也让妈妈当时心里不好受了，其实我理解她只是希望我对悠悠更细心些。

　　晚上睡觉时我和悠悠说："妈妈今天对婆婆的态度有些不好，说话不是耐心解释，有点烦。"

　　"妈妈你以后会变成婆婆吗？"我听他这么说心里一紧，是呀，有一天我会变成我妈妈那样吗？不管孩子多大，就算四十多岁的中年人也被看成不懂事儿的小孩，总是觉得孩子方方面面没做好，总是想让孩子活在自己的呵护中。

　　"妈妈不会，因为妈妈现在都觉得你可以做好很多事儿。"

　　回答完，看得出来悠悠放心了。

　　我突然在想，我可以包容悠悠的各种顽皮，为什么对妈妈没有足够的包容，就算她质问，我也可以好好地回答，为什么只接纳孩子，对妈妈却有点斤斤计较，顿时我自责起来。

　　睡前，我的大脑突然告诉我："你也是个人呀，普通的人，不必对自己要求太高了。"好吧，借此理由我安然入睡吧。

　　我是妈妈，我也是妈妈的孩子！

69

一封信如何写

悠悠说要给老师写封信，让我找来彩色的纸给他，让我走出房间不要看他如何写。

好吧，正好我的碗还没洗，听音乐收拾厨房是我很爱好的一项家务。

一会儿，悠悠出来找订书钉，我很疑惑写信还要订书钉，头一次听说，不过我没有问他为什么，只是让他自己去找，问号和好奇暂时放在心里。

一会儿，悠悠出来了，彩色纸上画着小彩虹，问我好不好看。

一会儿，悠悠出来了，问"付出"的"付"怎么写。

一会儿，悠悠出来了，问"改作业"的"改"如何写。

一会儿，悠悠又问老师喜欢钱，画个钱可好？

一会儿，悠悠又说老师喜欢火腿肠，画个火腿肠怎么样？

一会儿，悠悠又说老师太操心，容易饿，画个面包充个饥。

这是在写信吗？这太挑战"写信"在我内心深处不容改变的形象了，这是画画？手工？还是写信？

后来悠悠拿出了完成后的信给我欣赏，紫色的信封，都是用订书钉做出来的，很别致，比胶水粘合的要新颖，但真的容易弄破手，钉子太多了。

"妈妈，要看一下里面的信吗？"

"那是你写给老师的，妈妈可以不看，那是你和老师之间的沟通。"

"好吧，那你不看吧。"

"虽然我不看，但我知道这信一定是封真诚而特别的信。"

"真的？为什么？"

"你的信里有文字有图画对吧？"

"是的。"

"而且你的文字和图画都透出你对老师的爱，也可以看出老师平时很爱你们，付出很多，你收到了这些爱，非常愿意表达出你的谢意。"

"对的，是这样。"

一封信要如何写？有称呼，有问候，有内容，有落款，这就是一封信。我没有这么教悠悠。

我们多年前看新闻都是报纸上的，新闻通过平面媒体用文字和少量的图片来传播。后来有了电视新闻报道，后来有了图文结合的网络媒体报道，后来我们不习惯只看有文字的东西，有文字、有图片还有配乐，信息以不同的维度传入大脑，更加有画面感。

悠悠写的这封信不也正是这样，有文字述说，有图片送小礼物，懂得老师的付出，观察到老师的爱好，体谅老师的不易，还亲手做的彩色信封，挺丰富的一封信，比我能想到的信要丰富百倍。

这就是一个能创造，情真意切的悠悠，在孩子身上我看到了成人所不及的鲜活，看到了我所不及的思维广阔。

一封信如何写？悠悠又给我上了一课。

70

做个好码吧

放弃午休，匆忙订票前往，充分利用中午的两小时看了《无名之辈》。

这个名字出现时就吸引了我，芸芸众生几人名留千秋，无名之辈就是你我平凡之人的最有代表性的标签了。

影院的放映厅算上我和悠爸一共四人，我在影院里哭得稀里哗啦，不知另外两位是否奇怪，可是我真就是哭得很伤心，哭得停不下来。

命运不会让任何一个人平淡地活着，不经受磨难和痛苦，人生一定会是杯白开水，无名之辈尽管知道自己平庸无能，挣扎在生活的最底层，仍然执着的、坚硬的、脆弱地活着，朝着自己最崇高的理想去努力奔跑，可能这种理想在别人的眼里一文不值，傻得不行，蠢到极点，可是在自己的眼里就是活着的意义，就是神圣不可侵犯的。

一个平凡的无名之辈可以什么都不是，像尘埃一样卑微，可在某一个人心里他就是天空，就是世界，就是孤岛上吹来的一阵和风，因为这丝暖意，让某个人坚定自己存在的价值，因为这片天空，另一个无名的生命挣脱现实的捆绑，自由的飞翔。

生活不是一个人帮助一个人，也不是一个人感动一个人，而是一个灵魂写进另一个灵魂，生命里没有天长地久，那融化脆弱和强硬的瞬间就是永恒，如果你珍藏了这个时刻，你就拥有了天长地久。

时间会改变容颜，会改变你我，会改变山盟海誓，会改变世界和宇

173

宙，可是如果你相信那个瞬间，那个温暖你的瞬间在发生时是真实的，就没有任何东西可改变，包括时间这个无所不能的家伙，也是无能为力的。

我也深知，时间一定可以让我们淡忘过去，忘记伤痛，忘记深情、忘记无眠的日日夜夜，就像是每个白天都会到来，每天都会夜色降临，不知不觉的自然地发生着。

尽管如此，不必慌张，那个瞬间不用靠大脑记忆存放，它融进了我们的每个细胞和血液，改变了从那时起的视角和观点，你经历过你就不是原来的你，就是全新的你，你的本身就是那个时间点的最好杰作，如此，又何必担心失去记忆，更无须紧张时间的冲洗。

此刻你的微笑里一定有另一个无名之辈的影子，你也许忘记了他的面庞，也许不太会用大脑想起，你甚至忘记了他存在过，其实他只是去了后台，隐藏了数据，你的整体已包括了他的成分，他的气息。

愿悠悠的天真里有我，愿悠爸的平静里有我，愿我的父母的安详表情里有我，愿朋友的微笑里有我。

愿我在后台工作时不是一个乱码和病毒。

71

成长的机会还是让给你吧

周六中午接悠悠放学，补习班的语文老师一见我连忙说："今天表现太棒了，上课注意听讲，作业也很认真，并且第一个完成，你回去怎么做的工作呀？"

意外和意料之中总是这么不经意地到来，悠悠常常让我坐过山车，上周是极差，这周是很好，下周又不知道是什么了。

每当这时，就会有高兴，却总是怀着一颗"不敢高兴太早"的心。

果不其然，下午回来做作业的状态明显要比上周差些了，效率低了。本来答应他买一个玩具和一个汉堡的要求，也被我狠心地取消了。

难道能量是守恒的，上午用了最好的状态，到下午就没指标了？

晚上跳舞，表现比上周好，得了三分奖励，上周不但没分，还罚了站。

拉丁舞课结束，开了家长会，公布了新的班级考核方法，年底要组织考核，考试不达80分的孩子，会被降到新生班去，如果超出100分的孩子可以升到更高的班上，如果在80至100这个区间的可继续留下原班，并且设立了明星班，十分优秀的学生可以进入明星班，学费全免，可是要求很高。

紧张呀，有压力呀！交钱学个舞蹈也是不能混的，如果不认真永远留在新生班，一直学基本步，想想都觉得浪费生命，而且班级的调整会造成上课时间的改变，有可能就无法坚持学下去了。

这个舞蹈培训机构如此的大胆，不只是盯着赚钱，而是让孩子们专注跳舞，认真地要求自己，我倒是挺喜欢，只是心里为悠悠捏一把汗。

"妈妈，我要努力进入明星班。"

"噢？那很好，只是你现在不具备条件，首先我们先做到不留级吧。"说完我觉得自己的语言就带着对悠悠不自信的信息，我应该说句加油的话，可是我觉得盲目的表扬和鼓励真的很没用，因为悠悠现在比暑假是退步了，所以近段时间我开始管他的动作了。

"妈妈，我好好练就是了。"

悠悠的好好练与我想的不一样，我想的是不把一个动作练习好不眠不休，他是每天能够练几遍就行。

悠爸说："悠悠不可能像你那么认真，不然早就不用我们操心了。"

是呀！至少天天能练习就是好的开始，更何况我八岁时是否能认真，我也记不清了，不能用四十岁的心智去要求八岁，不过也有别人家的孩子练什么都很认真呀，当然了，那毕竟是别人家的孩子，悠悠才是我家的，别人家离我很远，没关系。

周日一早，学习的状态仍旧不太好，我动手打人了！但与以前不同的是，我不是怒气冲天，不是情绪无法控制，不是快要气得心脏骤停，只是一种态度的表达和惩戒，当然也是有气愤在里面的。

以前打完他有点自责，这次我还好，不自责，对于不认真、不专心的态度，我最不能忍，所以也希望悠悠可以认真对待所做的事情。

看悠爸打悠悠，我是很反感的，可是换自己了就变得情有可原，我真是只准自己"放火"，不准别人"点灯"呀！以此看出，我对悠爸的不满也是有点太苛刻了，常常要反思、反省自己才对，所以早上约悠爸中午下班时间去看场电影，准备给他说一下我的歉意。在这个家庭中悠爸是"弱势"群体，他挨的批评不比悠悠少。

176

生活总是这样，你有时会觉得它是这个样子，有时又觉得它是另一种样子，有时觉得一切都不顺利，可是每天都不顺利成为常态，我又会觉得什么也都还不错。

一个周末，虽然历经"千辛万苦"和"跌宕起伏"，昨天悠悠早上终于完成了作业。我们去看了电影《憨豆先生》，去汉正街玩具城买了悠悠想要的乐高，去德华楼吃了包子，晚上去常去的餐厅吃饭，悠悠和餐厅的叔叔聊得很开心。因为是每周都去的餐厅，餐厅的客人很少，悠悠把这里当成聊天沟通的乐园，总有聊不完的话题，这也是他接触他人、了解他人、感知社会的好窗口。

爸爸常常说悠悠在这里吃饭总没吃到什么，可是我觉得他聊得开心比吃得开心更重要，天天学校、老师、同学，回家爸爸、妈妈，这样的生活太局限和无趣，他需要透透气。所以，每当我们吃完准备回家时，只要悠悠提出想再"聊"会儿，我都会同意。

这样一个周末，其实就是生活的简缩版，有现实的压力和任务、有什么都不管让快乐飞一会儿的解脱和放松，有彼此的理解、有相互的对抗，有触动和反思、有新觉察和认知，所以日子变得丰富起来。

人人都在说要成长，要心灵成长，没有一次次平静地对待生活的不确定就无法成长！

新的一周开始了，我亲爱的悠悠，你是否继续用你的顽皮让妈妈成长？还是干脆好好地学习，少些顽皮，让自己成长算了？

我是妈妈，比你年长这么多，成长的机会还是慷慨地让给你吧！我先慢点长，哈哈……

72

选个好时代相遇

秋天终于随着大雨降温的到来而结束了，路上铺满了湿哒哒的黄叶，仿佛秋天不曾来过，湿冷占据了人们所有的感受。

悠悠放学回来，爸爸清书包，发现才买的36色彩笔不见了，只带回来了几个"残兵伤员"，书包也被颜料染了，爸爸气不打一处来，一顿狂吼和"威胁"，吓得悠悠躲在厨房，把我当成"掩体"。

悠爸暴怒，语言自然是过激的，我没有批评他，走过去拍拍他肩膀，劝解他几句，安抚他的情绪，让他平静下来。

悠爸停止了发泄去卧室了，我和悠悠在厨房，边让悠悠帮忙，边说悠悠做得不应该。

"悠悠，以前铅笔老是带不回来，妈妈说让你把它们当自己的孩子，带出去了一定要原数带回，结果你都能每天带回来，彩笔也是你的孩子呀！"

"妈妈，以后我知道带回来了，明天我再去学校找找。"悠悠边说边用开水烫碗，把爸爸的碗一起烫好，把盛好的饭端上桌。

"爸爸来吃饭了。"悠悠热情地叫着爸爸，可以看出他希望快点修复好和爸爸的关系。

"知道了。"悠爸略带生气和僵硬的声音先到，人并没及时到。

过了片刻，还在厨房收拾的我听到悠爸说："儿子，这都是你给爸爸夹的鱼呀，这么多没刺的鱼块，你自己吃嘛。"

从悠爸此刻柔软的声音来看，他的气全消了，在他到达餐桌的瞬间，他被悠悠放在碗里的暖意融化了。

悠悠虽然有些迷糊，总弄脏衣裤，总有各种各样的麻烦让爸爸抓狂，可是悠悠也总能让人感受到他细腻的心思，感觉到他真诚的爱。

上次开家长会老师说这个年龄正是"嫌死狗"的阶段，我却从来没觉得，不是老师说，我都不记得这个说法了。

饭后悠悠非要爸爸陪他玩几分钟乐高，爸爸虽然答应了，因为和我在说话，迟迟没有起身。

"你这个老爸爸呀，你快点来陪我玩吧，我的时间本来都很少，别浪费了。"

悠悠每每对爸爸无奈时都会说"你这个老爸爸"，这称呼中有调侃、有责怪、有无可奈何、有恨铁不成钢，还有深情的爱，总之这是我听到过含义最丰富的称呼了。

父与子，真是一对矛盾体。

玩的时候像兄弟，有时爸爸也不会让儿子。

宠的时候像块玉，百般的呵护，诸多的不放心。

烦的时候像仇人，什么恶毒的话都不足以发泄完心里怨气。

好的时候两人躺在床上，拥抱着捂得汗流一同睡去。

近也近不得，远也远不得。

一会儿大哭大闹，一会儿活蹦乱跳。

一会儿轻言细语，一会儿"电闪雷鸣"。

一会儿"你是我的乖乖"，一会"我不当你爸爸"。

一会儿默不说话，一会儿两个趴在地上玩起沙。

有时我很羡慕他们父子俩，这种爱恨情仇相互缠绕"鸡尾酒"式的关系，真是妙不可言。

从小我就把讲故事和陪玩的活儿给悠爸，悠爸比我更爱孩子，他总能投入地和悠悠玩，孩子有很强大的感知系统，我不喜欢和小朋友玩，所以悠悠首选的玩伴就是爸爸，可能是我懒的原因，从来不想独占悠悠，总想让他与爸爸多亲近些，真希望他们能玩成好朋友，哪怕在青春期也可以做最好的朋友。

父子或者父女，这些情感都是原生家庭永远的话题，想到我和爸爸的父女关系，总会有些遗憾，爸爸是个严肃、严格的人，对孩子没有温情和爱的表达，虽然努力付出，一心盼望孩子好，但是从小我没在他面前撒过娇，很少得到表扬和鼓励，永远都是还不够好。

以前想起来会有几分抱怨，现在我慢慢人到中年，看到他浓密的头发变少了，皱纹增多了，他同龄的朋友们越来越多的人离去了，心里少了怨言，多了害怕，害怕有一天会失去他。

给爸爸买衣服，他总是烦我们乱花钱，请他出去吃饭，总啰唆不如家里做的实惠，整个就是做什么都不合他的意，怪怪的。

可是从去年他的生日开始，我变成请他的朋友们吃饭，一起来给他过生日，他高兴了，以前我最反感弄一大桌人吃饭，总觉得生日是自家人的事，大老远地喊别人过来，太麻烦别人。后来我才体会到人老了，总想找些朋友聊聊，既然让他高兴就做他喜欢的事儿，而不是我认为他应该喜欢的事。

他们有一个老朋友从80年就失去联系了，他们常常说起，我就托人去找，终于找到了，三十多年后再相聚，他们很高兴。

我父母这一代的人遭遇了很多坎坷，经历了物质匮乏挨饿的岁月，一辈子节约惯了，大吃大喝让他们觉得不踏实，他们坚信"细水才能长流"。

他们老了，来到了子女工作的城市，虽然比原来的小地方繁华热闹，可是周边只有见面打个招呼的邻居，没有可以从年轻聊到老年，知根知底的老朋友，曾经的记忆里有他们的青春，有他们的生活，有他们的全部，他们需要有人见证，需要有人分享，需要有人懂。

我父母这一代多数不会对孩子说"我爱你"，可是他们会对孙子们说，他们不用语言表达爱不是他们的错，是那个时代不流行，大家都不说。

我父母这一代给孩子起昵称一点不亲密，我的小名叫"丫头"，我都不觉得这是昵称，听起来像佣人似的，到现在我都耿耿于怀，而他们给悠悠起的小名叫"宝宝"，有时还会觉得"宝宝"显示不出爱意，直接叫"我的小乖"，看来他们是能够甜得发腻的，只是我遇见他们的时间点不对。

我慢慢明白，我的遗憾不是原生家庭的错，不是父母的错，而是时代和潮流的问题。

我慢慢明白，过去的无法改变，父母不能重新培训上岗，陪我们再重新长大，可是我来得及改变，我来得及为他们做点什么，也来得及给孩子做点什么。

我慢慢明白，所有的给予不是给你想给的，而是给对方想要的，如果你想让他快乐，你得懂他的快乐。

因为我觉得《无名之辈》很好看，昨晚打电话建议他们去看，老妈说："我不去电影院看，花钱看什么呀，电视这么多片子，看得完？"

"那也是。"

我没继续主张自己的建议，没有想办法说服他们，也没觉得他们不会生活，只是尊重便好。

73

心有不舍我已收到

最怕的来电是悠悠老师的，每当手机铃声响起，屏幕亮出的不是老师的来电，我的心都在谢谢老天。

中午，老师的电话来了，接电话那一刻的心情复杂极了。

老师说悠悠一上午哭了几次，有一次躲在门后面哭了不出来，还在教室地上爬，完全上不成课，问他为什么这样，他说："妈妈要出差了，我大闹不好好上学，妈妈不放心我就会不出差。"

老师做了很多工作，效果不明显，所以打电话给我，悠悠接了我的电话，我安抚他坚持上完下午的课。

对老师心怀歉意，一个孩子都闹成这样，一班六十个学生，老师累死也管不过来，真是遇到好的老师，能给悠悠这么多的包容。

真没想到一个星期的外出学习，会给悠悠造成这么大的波动。

虽然我知道他会想我留下，没想到他想用不好的表现让我取消出差计划，正因为这样我更应该坚决地出这次差。

我理解他对妈妈的不舍和想念，我理解他在家里和爸爸相处有些害怕，我告诉他我理解他心里是矛盾的，内心对妈妈不舍，不愿妈妈走，但理性上他很支持妈妈学习，因为希望妈妈越来越优秀，因为内心的纠结所以他也不知道如何来处理。

悠悠同意我的想法，但仍然有些难过，回到家他却被乐高积木吸引了更多的注意力，看来只有在学校才想妈妈呀。

他又提出不让我上晚上的拉丁课，让我陪他写作业、陪他玩，我把最难的生字部分陪他学完，还是坚持去上课了。

我告诉他妈妈是一个独立的人，虽然很爱自己的孩子，但有自己的生活，有自己的安排，我需要在儿子以外还有自己的爱好。

出门时悠悠并没有阻拦，只是问清楚接下来他还要做哪些作业，平静地让我离开。

我的悠悠虽然总会让我有点难应对，可是在他今天的表现里我看到了他内心的柔软，看到了他能明白事理，能够分清什么是心里的感受，什么是现实中的决定和承受，不舍是感觉，可是接纳妈妈必将外出的现实是需要理性的，尽管他还没有学会处理好自己的情绪，他只是需要一个成长的过程。

今天悠悠也向老师倾吐了心事，老师也和他做了沟通，让他在这次事情里更加明确，什么是妈妈的生活，他是妈妈爱的重心，但不是唯一，我相信他会慢慢接受。

其实在我小时候，何尝不是希望妈妈每天都陪在身边，妈妈走一会儿都会觉得心里空落落的，所以我完全明白他的感受，只是小时候的我没那么大的胆量，敢把这种情绪换成不好的表现，试图去阻止妈妈外出。

可爱的悠悠，你对妈妈的爱和不舍我已收到，谢谢你这么爱妈妈，你对妈妈的理解我也收到，谢谢你支持妈妈做自己想做的事情。

可爱的悠悠，妈妈相信总有一天，你会让自己平静下来，处理好自己的心情，安心地学习、跳舞，做自己喜欢做的事

可爱的悠悠，妈妈相信总有一天，你有自己的生活，独立坚韧不想被妈妈牵绊，自由地做自己应该做的事。

那时的我会像今天的你一样，心有不舍，却无条件地支持你做更好的自己，不牵绊，不控制，默默地相信和祝福。

74

守护我的人正在变老

明天是个特别的日子，悠爸的生日。

所以我请假休息一天，陪一下他。

确实有了悠悠后，大家关注点都在悠悠身上，我们彼此虽然尽量做到重视对方，可是时间精力比没有孩子之前投入的少多了，有时我也会提点悠爸的小意见，但也常常反思自己关注他太少了。

关于生日出去吃饭，悠爸说没有想去吃的地方，我也觉得没有什么特别吸引我的地方，要说吃东西除了甜食，我就想吃点饺子，其他的都很一般。

悠爸说："明天请你吃饺子吧！"

"没搞错吧，是你过生日吃我喜欢的？并且你又不喜欢吃。"

"我吃什么都行，你吃得高兴我就高兴。"

这么多年在一起，不管在家吃还是在外面吃都是按我的喜好决定，吃什么我说了算，他从来不反对我的意见，从来菜都要合我的胃口。

我就是这么的自私，就连悠悠也清楚妈妈喜欢吃什么，我总是那个享受在前的"中心人物"，所以体重总是不住地上升，还不服气地说："我又没吃什么，怎么还长胖呀！"

中午我才对悠爸说："好久没吃板栗了。"晚上到家就看见板栗和花生放在桌上了。

是否自私的人总能遇见无私的人？

是否粗心的人总能遇见细致的人？

我像孩子一样生活，总能得到悠悠和悠爸的照顾。

悠爸50岁了，我也得学会好好照顾他，遇见他时他才26岁，他爱运动，活力十足，二十四年间，看他一天天的慢慢变老，心里常常觉得不忍。

悠爸也说："以前你脸上很干净，一个小斑点也没有，我在想，你一定会保持好多年，可为了悠悠熬了那么多夜，现在也有那么多斑。"

"你嫌弃了？"

"没有，只觉得很心疼。"

有首歌唱道："我所想到最浪漫的事就是陪你一起变老。"

慢慢变老是怎样的心痛，看见一个生命从鲜活到衰老是何等的残酷，你不会嫌他，可是你会心痛他的今不如昔，你会心痛他在接受自己慢慢变老时的无奈和难过。

几年前，我突然发现悠爸的脖子皮肤松弛了，失去了往日的紧致，我当时就伤心地哭了，青春和活力就这样一点点被时间带走，我们无力阻拦。

悠悠一天天长大，我们一天天老去，在我和悠悠的心里悠爸是坚强的，是可以为我们随时服务的坚强后盾，可是我们不能这样剥削悠爸了，我和悠悠要更爱惜他！

守护我们的人正在变老，心疼他，就像妈妈一样照顾他，就像情侣一样关注理解他，就像朋友一样陪伴他！不管生命有多长，在经过的每一天，理解、包容、爱护他，让他感受到与我们在一起是舒服的。

我就这么点儿追求，境界不高，但我会努力，我会和悠悠一起努力！

祝悠爸生日快乐！永远可以为我们服务（说到底自私还是我的本色），哈哈……

75

疏　离

当我写下"疏离"这个题目时，心里是冰冷的，是呆板的，似旁观者与事件的隔离状态。

因为我打了悠悠，就在昨天早上，几天来不好好上课，作业没记完，回家告诉我说老师要求口述作业，我相信了，直到早上爸爸在家长群里看到其他家长在讨论家校联系本上的问题，我才知道，原来这几天同学们都把作业记在家校联系本上，"口述作业"都是悠悠自己安排的，"真有才呀"！

知道这些时，悠悠还没有起床，我只准备批评他没讲真话，我很少会用"说谎"这个词，这个词让我觉得很难受，我特别不愿意用在孩子身上，可能这种定性的语言太过绝对，不太考虑原因，所以就算要说我会用"没讲真话"来叙述，其实我不知道这两种表达别人听起来是否有区别，但是在我心里是有区别的，"没讲真话"聚焦的是这一件事，"说谎"更像是在否定一个人的品质。

悠悠起床后就开始问爸爸要糖吃，加上早餐没好好吃，我觉得不来点"狠"的不行了，于是我又打人了。

我的心里很恐惧，每打一次悠悠我都会有强烈的挫败感，为什么没有更好的办法解决事情，为什么非要以父母的强权来对待他呢，但这次我没有自责，可是当悠悠走出家门时，我的内心充满了苍凉的感觉，我觉得我把孩子推得更远了，我和他的联系一下断掉了，他是带着伤心走的，我没有安慰他。

早餐我自己也没吃好，甚至想要中午去学校再和他谈谈，让他心里好受些，可是我又狠狠心打消了念头，相信我的悠悠会自我调节这点小挫折，如果我去了传达的意思可能是怕他处理不好自己的情绪，后来听悠悠说，早上去上学没让老师看出他挨打了，一切都像什么事情没发生一样，悠悠很得意自己调节情绪的表现。

我也有力不从心的时候，用了所有的方法让他明白好好上学很重要，可是没有效果，所以只好用这个最不愿意用的招儿了。

晚上回来，悠悠是高兴的，我悬了一天的心才放下来，他说今天表现很不错，只是有两节课上课时出去上了厕所，而且在厕所里玩了一小会儿，因为教室太闷了。我的小悠悠说得这么详细，很真诚，其实他不说，谁也不知道他在厕所里玩，这么诚实地告诉妈妈，真的是很了不起。

悠悠从小都是敢于承担责任的孩子，从来都说真话，现在大了，有时可能因为怕爸妈不高兴，所以并不能做到事事以实相告。我能理解他，但还是希望他能把自己的事情都告诉我，不管好的坏的，不是怕他的品质变坏，而是害怕有一天，他遇到了重要的事情，不和父母说，自己又没具备相应的处理能力，在需要父母支撑的时候没有得到帮助。所以我努力地去保持开放的心态，让悠悠可以保持与我们的沟通，但愿这样在成长中可以帮到他。

这些想法我曾和悠悠说过，但打他的时候没有说这么多，写到这里，我突然想把这些文字念给他听，让他知道我真实的想法。

在我心里悠悠的品质特别好，我并不会担心他故意撒谎，在成长过程中，在生活的经历中，完全没撒过谎的人估计没有，我应该更冷静地看待，让悠悠知道我的想法。

今早，悠悠去上学，出门前我正在洗碗，悠悠穿好鞋说："我的小美妈，我们隔空击掌，隔空再拉个钩，我会好好上学的。"

悠悠还是以热情的方式对待妈妈，我却觉得我们之间总有点什么东西隔离着。

虽然，我没弄清楚原因，我强烈地意识到这种感觉令我害怕，令我难受和讨厌，我如果不想继续的话，我必须去阻止这种感觉的再次产生，一定不能再去切断爱的传达，用一个旁观者的冷漠状态去"管教"，出发点虽然是好的，但是我不能再用了。两天过去，心里都像是没长草的荒漠，干涸的心无法再和悠悠做情感的流动。

因为昨晚一大家人在一起过生日，和悠悠单独沟通的机会少。或许不需要说什么，悠悠什么道理都懂，只是从思想了解变成具体行为还有些距离。

今天放学回家，好好抱抱他，用拥抱这种最能感受到彼此爱意的身体语言，让我们的情感流动起来。

76

一起站在泥沼里

大雪节气的到来，武汉也应景地要下雪了，雨一直下，空气寒冷潮湿，冬季真的扎扎实实地到来了。

悠悠放学被留下，因为弄坏了老师的小铁夹，怕被爸爸打，丢到了厕所，老师发现了，他又去厕所用手捞，一下午在厕所"工作"，弄得厕所惨不忍睹，自己也别提多狼狈了。

虽然我的心情很不好，可是当悠爸去接悠悠，被告知要等待所有孩子接走后，老师有事情找。爸爸电话告诉我，我叮嘱他多大的事都不要打悠悠。

爸爸按捺住自己的性子，接悠悠回来了。

看起来悠悠弄坏了夹子，丢到厕所，掩盖了自己闯的祸，最后虽然说了真话，也是在老师发现以后。

"悠悠，我知道你不是故意弄坏夹子的。"

"是的。"

"弄坏以后你很害怕，怕老师批评，你一时不知道怎么办，所以把夹子丢到厕所了。"

"我不是怕老师批评，是怕爸爸知道了打我，老师知道了，我就告诉老师我丢到厕所了，我下午一直都在厕所里捞，后来捞到了。"

"要捞一下午吗？"

"不是，我在厕所里哭了四次。"

"是因为怕挨打吗？"

"我很后悔，可是又不能重新再做一次了，想起来我就哭一次。"

"我想当时你的内心真的很内疚，很后悔，很难过。不过这件事情很有意义，让我们清楚地看到如果做错了就勇于承认，掩盖是没有用的，不但会发现，而且又多了不说真话的错，错了改正，以后注意不再犯就好。"

"妈妈，我很难过。"

我一只手搂着他，一只手拿着锅铲炒菜，悠爸过来说今天一定要打一顿，不严加管教是不行的。吓得悠悠吃饭都不敢挨着爸爸旁边坐了。

晚饭后，我和悠悠单独去了房间，我俩好好聊聊。

悠悠坐在我面前的椅子上，我抱过他来，让他坐在我的腿上，悠悠的头趴在我的肩头，又哭了起来。

"妈妈，我想好好上课，可是老师会赶我出去，美术和音乐老师也会不让我上课，我很喜欢美术，上不成，我举手发言，老师总是不点我，点那个由妈妈陪伴上学的同学，我一点机会也没有。我很难过，同学们也不尊重我，不愿意和我玩。我想改变可是又不给我机会，我也管不住自己总要和岩岩玩。"

"妈妈知道你心里有很多难过，你很想好好的上学，可是在成长过程中你遇到了很多困难，也需要很大的勇气去面对，你很想上课发言，上喜欢的课，可是有时你的行为让老师上课受影响了，老师也没办法，只好请你出去，举手没有被老师点起来回答问题，有点失望很正常，班上学生太多，不可能机会都给我们一个人。我知道我的悠悠心里伤心，所以你今天做错了事情，妈妈并没有责怪，只是帮你梳理如何处理这件事的方法，希望你从中吸取教训，以后做好。"

确实我也理解老师，老师一般不会把学生轻易赶出教室，太闹腾了谁受得了呢？可是从悠悠对老师的需要来看，他希望自己如何做老师都留他在教室里，他也想好好发言。

"妈妈，能让爸爸以后不打我吗？想到打我，我的心都在发抖，今天求了半天老师，让老师叮嘱爸爸不打我，后来爸爸还是说等会儿打我。"

听悠爸说今天老师说悠悠放学前一直请求老师给爸爸说情，不要打他，可见悠悠心里有多害怕。

哪个做父母的想要去打自己的孩子呢？悠爸对悠悠真是宠爱有加，因此我还总批评他太过了，和我在一起我老使唤悠悠帮忙做事，照顾我，他们父子在一起，那悠悠就变成没有自理能力的儿童了。对于悠爸忍无可忍的打骂，我也是数落得很多，悠爸常说不管教以后怎么办。

我问悠悠，如果自己当爸爸了遇上这样的孩子如何是好？悠悠说要一直好好和他说，没改变就再好好说。

好吧，一直好好说，不听也好好说，那我们就来试试。

悠爸也很着急，这种现状不改变，在学校一天完全都没学到任何东西，而且也影响了老师的上课，商量了一下，悠爸决定去陪读。可是班主任没同意，班上的孩子多，教室坐不下，而且本来现在有个孩子妈妈在陪读，再去一个大人肯定对孩子和老师都有影响，而且学校也不会同意。

悠爸说："我明知道老师会拒绝，可是还是厚着脸皮给老师说好话，但学校有学校的规矩，也不能为难老师。"

悠悠以前认为陪读是件很丢人的事情，说一定不会让我们去陪读。可是今天他说有时自己管不住自己，很想让爸爸去，让我们每天打一个电话求老师，说教室里有座位可以坐得下。可见孩子也是想改变现状，希望借助大人的力量帮忙约束自己。

"悠悠，老师不让父母去陪读说明两个问题，一是老师认为你是一个本质很好的孩子，并且有能力自己管住自己，所以你不需要父母的陪读，陪读是下下策。二是学校有学校的规定，我们不能随便去改变，我们要遵守并且要体谅，没有规则，学校不就乱套了。这个世界上有很多事情是不由我们说了算的。"

悠悠反复说了好几遍让我们求老师，最终不再纠结这个事情了。

晚上我的拉丁课，我把他带去了。他在我教室的对面房间自己练习，练习一会儿就跑去前台玩了，后来又练了一会儿，虽然没有一直扎实的练，但自觉性有了很大的提高。一个孩子终究是孩子，不可能要求他勤奋刻苦到争分夺秒的地步，就算现在的我也没做到，我练习时也老喜欢调音乐，其实也在偷懒休息。

昨晚的拉丁课老师表扬了我，老师说我是能够每一次课都能把动作跳熟的同学。我的记忆力很差，可是课后的每天练习确实能让我这个差记性记住动作。回家后悠悠让我跳给他看。我跳了，悠悠跑去告诉爸爸："爸爸，你看妈妈，每天练习，进步好大呀！"

我的悠悠很会鼓励人，不但口头表扬，还不断地给我竖起大拇指。

这样一个冬夜，我在人生的低谷，我的悠悠也被困在成长中的泥沼，我可以哭诉，我可以抱怨，我可以指责他的不懂事，每天面对生活的不如意，我努力当妈多不容易，我却不想向悠悠讨要我付出他该给的回馈，不想让他觉得愧对于我。悠悠曾说过他学习不好给我丢脸了，我从来没这么认为过，只是希望他慢慢懂得规划自己的未来，为自己将来的生活去做准备。

这样一个冬夜，悠悠也可以不练舞蹈，因为他的心情也很糟，弄坏了老师的心情，做了一下午的"掏粪工"，弄得包干厕所卫生的四年级学生对他气愤至极，恨不得打他。各种各样的难题一起袭来，他也很迷茫，也很心慌，也不知道如何处理。他此刻最想的是有人能理解他，爸爸不要打他。

这样一个冬夜，我们仍在跳舞，生活有磨难，我们仍热爱生活，生活有痛苦，我们不打乱自己的脚步，一切如常。

　　这样一个冬夜，我搂着悠悠好好说话，悠悠把委屈、困惑、伤心、恐惧都拿出让妈妈看见，妈妈仔细听着，一一收下，真的明白一个孩子有多么的不容易，真的感受到他在厕所的一下午有多狼狈，多难堪，多么的后悔。

　　所谓的陪伴，不是陪写作业，不是陪上培优班，不是陪看动画片，而是我能懂你，我一直都在你身边，静静地爱你，明白你内心的感受，见证你成长的全过程。我能看到你的脆弱，接纳你的恐惧，并愿意陪你从不勇敢变勇敢，陪你从不完美变成更好，陪你慢慢地进步，还要陪你突如其来的退步，然后陪你站在泥沼里，想办法突围，不是我站在岸上告诉你走遍天涯都通用的大道理。

　　这样一个冬夜，我没有了前两天的"疏离"感，我和悠悠在一起。悠悠是我天真的孩子，我还是他心中那个能理解他的妈。

77

原来我才是"小孩儿"

晚餐聊天，让悠悠说说在他心中的爸爸妈妈是怎样的。

"可爱、懂事的小孩儿。"悠悠脱口而出。

"悠悠这是说我吗？小孩儿吗？"对于最后落脚到"小孩子"，我很疑惑。

"对，可爱、积极上进的小孩儿。"悠悠肯定地说。

"那爸爸呢？"

"幽默、暴力的爸爸。"

我很好奇，悠悠心里为什么我是小孩儿，怎么可能在他心里是这样的形象呢？

"在你心里，妈妈多大？"

"三岁。"

"比你还小吗？你八岁我才三岁。"

"对，就是这么小，这么幼稚。"

"为什么我会是这么小呢？"

"不知道，就是一种感觉。"回答得真是无懈可击。

虽然不理解悠悠的想法从何而来，但我的心里倒是几分高兴，至少不是一个中老年妇女，虽然太小了一点，总比老了好。

睡前在床上，悠悠突然聊起寒假的安排。

"妈妈，如果我期末考试100分可以去挖宝石吗？"我曾和他提起过山东昌乐出蓝宝石，悠悠一直想自己去挖。

"寒假的时候，那里冬天冰天雪地的，挖不成，暑假我们去试试。"

"那儿有北极熊吗？"

我被雷到了，确实北极熊生活的地方冰天雪地，可这个"冰天雪地"一出现就会被问到"北极熊"，远远超过了我大脑所能接受联想信息的范围。

悠悠真的很可爱，脑洞也真的很大。

早上送他去学校的路上，小区保安看见悠悠，说悠悠长高了，感叹他们来这儿上班时，悠悠还抱在怀里不会走。悠悠问我是怎样抱他，他双手担着做出样子让我看，为了说明得更清晰，我把雨伞假装成孩子，抱给他看。那一刻真把我带回到了悠悠的小时候，仿佛就在昨天，他还是要我抱着出来散步的孩子。

悠悠和我相伴过马路，在斑马线上走到一半时，悠悠突然说："我每天在变，世界每天也在变。"

"噢？是吗？你变成什么样子了，世界变成什么样子了？"

"我越来越大，越来越好了，世界越变越伟大了。"

我的悠悠总会说出一些让我惊奇的话语，在这些语言里可以看到他的思考。

"世界哪些方面让你觉得伟大？"

"世界越来越发达，现在都做出真正的钢铁侠了，不是电影上的，是真的很智能的，人们真的很有智慧……"悠悠就钢铁侠的智能创造部分又讲了很多内容，太多的信息我都记不清了。

"悠悠，如果你是爸爸，你有一个孩子像你一样，你喜欢他吗？"

"喜欢，我会很喜欢他。"

"怎么和我一样，我也很喜欢你。"

　　"妈妈，有一天我很有智慧，研究科技，我们国家会很强大，谁敢侵略我们国家，我们就用高科技把他打出去。"看来悠悠深知科技力量的重要性，也深知落后就要挨打的道理，还知道要用智慧保卫国家。

　　在孩子眼里的世界，在孩子眼里的我们，在孩子眼里所经过的日子，有可能完全和大人不一样。

　　在我眼里他是小孩儿，在他眼里我是小孩儿。

　　他会觉得我幼稚，可能他认为简单至极的道理我就是听不懂，理解不了，说不通，不能接受，有时还发脾气来解决问题，他曾说过"你怎么又耍小孩儿脾气呀"。

　　在他眼里，世界每天在变伟大，在我眼里似乎没有放进"世界"，我更多的注意力放在了一日三餐，放在了家庭琐事，忘了看看世界变成什么样，也切断了世界与自己的连接，所以"冰天雪地"不会让我想到北极熊，自己的成长，我也想不到世界的变化。

　　当他说出我幼稚时，我是相信的，没觉得他乱说，角度不同，对一个人的感受和理解都会不同，很高兴悠悠能保持自己的思考，保持自己的角度，没有让自己的思维定格在父母就是大人的框架里，他有自己的观察和体验，他得出了自己的结论和观点。喜欢这样的你，就像你喜欢自己一样。

　　快下雪了，你最大的愿望是来场"货真价实"的大雪，愿你美梦成真！陪你去玩雪！

78

钻石童心

"小甜心是什么意思？"

"对可爱的人的昵称。你在哪儿听到这个称呼？"

"我们同学的爸爸这么叫他女儿的。"

"噢，他很喜欢他的孩子。"

"妈妈，我叫你小甜心，好吧！"

"甜心是叫孩子和自己喜欢的女朋友的，不是叫父母的。"悠爸进入了我和悠悠的对话。

"我就想叫妈妈甜心。"悠悠坚持自己可以用这个称呼。

"行吧，你想叫就可以。"在我心里并没有太多的禁忌，他今天这么想，明天说不定又换了其他的，我收到他的爱就好。

关于我是"小孩儿"的问题，我再次和悠悠进行了探讨，他说觉得我是"小孩儿"不是因为我处理事情幼稚，只是他心里把我当小"毛毛"（武汉方言对小宝宝的叫法），感觉我很可怜，很可爱所以觉得我是小孩儿。而他有时觉得爸爸是小孩儿是因为爸爸控制不住自己的脾气，像小孩儿一样。

悠悠说："妈妈，如果可以重新选家人的话，我选你当我的女儿，我当你爸爸，你小时候太可怜了，你要十支笔我就给你买二十支，你要一本书我就给你买几箱子书，你要一个洋娃娃我就给你买很多洋娃娃。"

"我前几天在德华楼吃汤包，看到商场里很多蓝宝石，我想买，就是想送给你，以后我有钱了给你买钻石。"

悠悠总是想给我买些礼物，似乎我这个"小孩儿"什么都缺少，特别缺少礼物，所以他只要有机会就会想我送礼物，当然对自己想要的东西也尽量争取满足的机会。

关于宝石和钻石，这几天老是放不下这个话题。

"妈妈，我去野外挖到钻石了，送你和爸爸各一颗，送给数学老师一颗，她没有戒指，给她做成钻戒，送给语文老师一颗做成耳环。我可不能忘记了这两位老师，等我长大了我要好好感谢她们。"

"如果挖不到呢？"

"我长大赚钱，买给她们。"

"老师有戒指，只是没戴。"

"没有，只要有肯定都戴了，就是没有，反正我要买给她们。"

真是个好孩子，知道感恩老师，对老师像对家人一样的亲切，虽然成绩暂时不太好，但是，能接受爱并能付出爱的孩子，是不可多得的好孩子。

这几天武汉非常寒冷，应该是冬季最冷的日子，昨晚陪他上完拉丁课，一下车，冷风迎面吹来，我不禁说声："好冷呀！"只见悠悠迅速脱下棉袄，把我吓一跳："你干吗？这么冷你脱衣服干吗？"

"妈妈，给你穿！"

"为什么给我穿？"

"你刚才不是说冷吗？我不穿，给你穿，不然把你冻坏了。"

说完把袄子塞给我就往家里冲去。

我的小悠悠，真是个了不起的男子汉，平时和我一起购物，总是帮我提重物，我说一声冷，赶紧脱了衣服给我穿，昨晚的温度已是冰点，他却穿着单薄的衣服自己跑回家。

一个小孩儿的心如何长成这般的温暖，用父母般的胸怀去温暖妈妈，把妈妈当孩子，把老师当家人，不是平时说说哄老师的话让老师开心，而是计划着长大以后如何回馈老师，不是随便送个礼物感谢，而是发现老师缺少什么就送什么。

钻石是悠悠心中最贵重的东西，他想有朝一日有能力送给最亲爱的人，而在我眼里，他那颗童真、温柔的心才是无价之宝，比钻石更通透、更珍贵、更能折射温暖。

悠悠这颗童心是童心中的钻石。

79

逆流的清泉

　　周六，和悠悠独自在家，悠悠一天表现还不错，到了晚上写点生字总是静不下心来，看他一天天长大，认的字那么少，心里开始怪他不专心，自然开始批评他不认真。从认字说起，说到上课，说到学校，说到一系列他制造出来的难题，连音乐美术这样好玩的课也会在教室外度过，我很是不理解。

　　"妈妈，我很喜欢美术，可是老师会让我出去，不让我上课。音乐、英语、美术这三个老师都是暴躁性格。"

　　"那他们一见你就这样？不是你先没好好上课他们才这样？"

　　"妈妈，我知道有我的错，可是有时他们也会发很大的脾气，推我出教室，有时会拉我出教室，还说你给我出去！然后我只有出去，就在厕所里待着。"

　　我的心里一下就揪起来了。

　　"为什么这些事情发生的时候不告诉妈妈？妈妈和你说过很多次，无论发生什么事情一定要说出来，我们一起想办法，不然妈妈如何能够了解，如何去帮你一起想办法呢？"

　　"我不想和你说，怕你和班主任说了，班主任找他们一说，他们会更生气，会发更大的火怎么办？"

　　"妈妈会注意方法，而且如果你觉得不能说，我也可以听你的，但是你不能不告诉妈妈。"

　　我的心里很受伤，为悠悠受伤，如果是我小时候被老师拉扯，被老师吼出教室，我肯定不敢上学了，心里会接受不了。

　　我的悠悠，挨批评的他在教室外游荡，只有厕所可以收留这颗被赶出教室的心，只有厕所是悠悠舔舐伤口的疗伤地，悠悠是怎么一步步走过来的，而且这个过程仍在继续。

　　除了心痛，我也很怪悠悠，为什么把自己弄到这样的境地？为什么不能做个普通的孩子，该听课好好听，在学校普普通通，每天都能平和地度过，非要把自己弄成了老师不待见的学生，会成为赶出教室的孩子？

　　这种责怪我也表达给悠悠，悠悠也没多说什么，去给我倒洗脚水，让我洗脚，他知道妈妈伤心了，想照顾妈妈，可是我真希望他知道妈妈是因为他受伤而心疼。

　　躺在床上，悠悠说："妈妈，我试试周一上学好好上课。"

　　"不管什么时候都要做一个让人尊重的人，用自己的表现和实力……"

　　"妈妈，我好困，我要睡……"我教育的语言长而无味，悠悠已困得不行，实在抵挡不住困意，连话都没说完就睡着了。

　　悠悠每天的日子真的很难过，可是我也明白我替代不了，真希望他能有什么说什么，不要怕老师责怪，让妈妈知道他在学校的状况，一个小孩在学校也要考虑这么复杂，我很难过。

　　我相信老师不管脾气好不好，都不会真的去针对他，肯定他总是不好好上课让老师很心烦，所以不让他在教室里，可是我真的好希望老师让他出教室时，能好好地说，不要当着全班大叫"你给我出去！"

　　我无法去要求老师或者改变老师，甚至对这种做法我很有意见，很想和班主任说，但考虑悠悠不想把"事情闹大"的想法，我也不敢轻举妄动。

我的悠悠教会我了很多，不是所有事情都要说出来，也许越说越麻烦，不是所有的委屈都要让别人一起承担，自己去面对也是一种好的选择，多少个放学回来悠悠一声"一天心情还不错"，都是我快乐的源泉，他的承担让我有了片愉快的小天空。

父母不要以为只有自己为孩子承受了生活的重压，其实孩子也在以另外的形式撑起父母的天空，不论是用好的学习为父母争光，还是放弃自己的想法做个乖孩子讨父母欢心，或者是忍受了别人一拳没还手是不想给父母找麻烦，他们肩上扛得一点也不少。

俗话说"水往下流"，以此形容父母对子女无私的付出、给予和奉献，谁会去想水也会回转逆流，孩子一样在滋养呵护着父母，不管是出于他们对爱的回报，还是出于自己的弱小，对于他们所做的努力我们不能视而不见，这条细细逆流的清泉应该被看见。

愿悠悠能够慢慢调整自己，让自己境况好起来，除了祝福和向他学习，我没有更好的办法，人生是他的，我无法替代，就算能替代，八岁的我又能如何，可能比悠悠还差很多，幸好是悠悠不是我，不然我处理得更糟。

今天又是新一周的开始，出门时我们拥抱，愿这个星期悠悠可以顺利度过。

80

磨 针

"双十二"，悠悠的拉丁舞学校做活动，男生交一年拉丁学费可以送一年，还可以送杯子、舞蹈服，很划算。

悠悠周六上课就让我交钱，我没有交，只说等爸爸回来商量，昨天他自己和爸爸谈起这件事儿。

"你觉得这样很划算吗？这是营销陷阱，你被老师洗脑了，你好几次都不想学了，我根本都没指望你能跳下去，现在又要一下报两年，你以为你家是印钞票的？你不跳这个钱就拿不回来了，就白浪费了。"

"爸爸，老师没给我洗脑，没提过这件事儿，是总台有杯子放在那儿，我自己看到的，交一年送一年真的是福利，很划算，我真的会好好跳，一直跳十年，不会浪费的。"

"你是个笨蛋吗？万一这学校不办了呢？就像我才办一张洗车卡没用几次洗车店就关门了！"

眼看就要到上拉丁课的时间了，我急着收拾东西出发，边喊悠爸快点换好衣服去开车。

"我不去，你们自己走去。"

"爸爸，你等会去接我吗？"悠悠边换鞋边问。

"不接，你们自己回来。"显然爸爸生气了。

我带着悠悠出门后就狂奔，因为留出的是坐车所需的路程时间，现在改走路去了，时间不够会迟到的，为了不迟到我们只好一路跑步前行。

作为孩子他觉得这样交学费很划算，而且还有礼品送他也很喜欢。

爸爸觉得现在不可能预测那么远的事情，悠悠是否能坚持还是个问号。

都很有道理，悠爸有些激动，我也说希望一家人商量事情平和的对话，理性沟通，可是因为之前悠悠说过一遍，再提他就很生气了，弄得我还单独走路送孩子，当时心里有点儿不舒服，但是没有说什么。

等悠悠开始上课了，我也平静下来了，生活都不容易，悠爸管钱也是得给我们把个关，想想他还在生气就主动打电话给他，邀请他来接我们，让他不要生气，悠悠想交学费是好事儿，至少证明他现在愿意学，虽然学得也不是很好，这是个过程，有话好好说。

悠爸按时来接我们了，只是悠悠因为动作做不会被留下来了，一遍遍地重跳，自己都晕了，定点转不知道转哪去了，幸好悠爸不在场不然正好作为证据，证明悠悠坚持不下去了。

晚上我没出去走路，虽然体重增加了，却不想去，只想懒懒地在家吃花生。

早上四点我就醒来了，很冷，是被子不够厚还是心里冷我也说不上来，在被子上我又加上了一床被子，也好久没暖和起来。

我一直无法再次入睡，生活的各种烦乱和不如意向我袭来，工作的，生活的，悠悠的，我没有太多的物质需求，也无权力欲望，只想要平和地活在自己的世界中，可是生活还是扔了一把"虱子"给我，一个"虱子"咬不死我，就来一把"虱子"烦我。

很多事情我都不敢告诉我爸妈，包括我和悠悠的现状，问起时，我说一切还好，就这样我妈也时常会为了我工作上的委屈和悠悠成绩不好而操心得失眠，我再一说那就更糟了，她会每天把自己的焦虑向我述说，我还得安慰他们。

我没自己想的那么坚强和超脱，也不是一潭激不起涟漪的死水，我会伤心难受，也会有退缩和逃避的想法，我总在体会理解别人的想法，我努力控制情绪，理性的处理事情，有时也想任由自己的个性"飞"一会儿，可是唯有平和，唯有稳定，唯有一切还好，才能让敏感的悠悠平稳。

当我写到这行字的时候，突然想到前面所写过的文字，要做"定海神针"，针自然是要磨出来的，能定住海的神针当然是磨得更厉害、更久了。

也可能老天知道我在记录，怕我没素材，怕我记的没新鲜事，每天变着花样给我提供素材、提供考验，谢谢了，生活赠送的写作福利！我真不需要写这么多了！

81

隆冬时节偶现晴天

排列规整的书本，全部带回的"铅笔孩子"、尺子和橡皮，叠放成小块儿的围脖和没穿的衣服，看到如此井井有条的书包，我被惊艳到了。

这是怎样神奇的一天？

书包出奇的整洁，老师没有赶他出教室，他说心情很不错。

班级要表演节目，有四个同学主动举手，其中包括悠悠，他报名表演拉丁舞，获得了老师的批准。

放学一到家，主动要做晚餐，把剩米饭加水放进微波炉，洗青菜、蘑菇、辣椒，切葱蒜，准备就绪，开始炒菜。

炒了红椒猪肚和菜薹，自己调味，掌握火候，起锅装盘，整个过程全由悠悠自己操作，我只负责拍照和录像，如此看来，我这个家庭厨师怕是快要下岗了。

悠悠做起菜来有模有样，看不出来是生手，样子很是可爱，菜味确实不错，开始有些惧怕油会溅出来，后来勇敢地克服了恐惧，动作也娴熟起来。

每个惊喜到来的时候，我都有些猝不及防，今天来得太猛烈了，一下像是懂事了，我深知在惊喜面前不能骄傲，养娃如出海航行，没有一帆风顺，只有"风云变幻"，晴天还是风雨，心中一个信念：保持航向。

是什么让这一天如此安然，是什么让悠悠可以有心情安心上学？是什么让他做着饭还哼着歌？问他，他说：就是要说话算数。

"说话算数"说了一万遍了，到底是哪一遍能算数？我心里是没数的，一万遍没算数不等于永远不算数。一万遍没算数，考验的不是说者的诚意，而是听者的信任，永远相信就对了，唯有相信才能有机会看到你相信的东西出现。

如果你相信孩子他会做饭，给他机会，他真的会做饭；如果你相信孩子他会成长，他真的在慢慢长大；如果你相信他的内在有无限的能量，他总有一天会挖掘出来。

如果你相信爱情，总会遇上你所向往的美好；如果你相信有一个人会单纯的爱你，你就会遇上这样纯纯的人；如果你相信，这个世界没有那么冷酷，你将会遇上温暖。

信任，不是你相信一次，信任是无数次的失望后，仍然坚定地去相信无数次。

信任，不是你相信已发生的事情，信任是旁人都以为不会发生的事情，你能耐心地等待到来的那一刻。

信任，不是你看见闪光点相信他是优秀的，信任是你看不见光亮的时候，你心里希望的火焰继续燃烧。

信任，不只是你信任世界、信任他人，更是你相信自己心底的那个执着的声音。

信任不是盲目，不是自以为是，信任归根到底是心怀美好。在美好的目光里，在美好的胸怀里，不如意不是定论，是过程；坏的不是缺点，只是不够完美；还没到达不是结论，只是告诉我们一切还有机会，我们还有很多前行的空间。

82

我很重要

昨晚，我自私地把自己的烦恼交给了我妈，拉她和我一块不开心。

近段时间工作上的烦恼和悠悠的在校表现我都没跟她说，因为妈妈是个爱操心的人，有点事情就很焦虑，她年纪大了，想少告诉她一些事情，让她心里平静些，可是妈妈敏感又爱打听。

这几日想隔离她打听的信息源，我很少主动和她联系，晚上她打电话过来了，还是绕不开悠悠的话题，一开口就是让我要教悠悠好好学习，要告诉他要好好学，让悠悠不要跳拉丁舞了，只好好学习，就是因为跳舞压力大，所以没心思好好学习，我一听头都大了。

我失去了耐心，我明确地说："我最不愿意听到这些没用的话。"我的语言很具杀伤力，妈妈说她是一片好心，我还说最不想听。

好心自然是好心，全天下哪个母亲会教导孩子说：孩子你不要好好学。

好心自然是好心，跳舞关学习什么事情，怎么是跳舞跳出压力了呢？

我妈的好心在我这儿变成了无用的啰唆和排解自己焦虑的通道，我拒收了。

我不领情，妈妈觉得很委屈，说我说话难听。

我似乎就是想要这么难听的说话，其实还有更坏的，一直控制不告诉她我工作上的不顺心，我一烦都说给她听了，我知道她听了会好多晚上睡不着觉，我还是说了，说是没控制住说的，其实是专门说的。

我想要她知道我也是几面受敌，不堪重负，实在不想再听任何无意义的啰唆，实在不想再听指导，实在不想听她说为了悠悠心里有多难过，悠悠让她操碎了心。

我不想在自己努力保持平衡的状态下，还要去安慰妈妈，我不想自己在心里难过的时候，还要随时小心保持好对妈妈的态度，我不想听到烦躁的语气。

我不想听妈妈问我："悠悠这样将来咋办呀？"像世界末日来临，一长串的唉声叹气，把我拉得很低。

我只想忙完一天的事情，有一个小时在小区走走路散散心，看看月亮，听听音乐，我只想在空点的时间心无旁骛地练一下拉丁舞，我只想妈妈和我聊天时候说点不指导、不责怪、不把焦虑抛给我的话，我只想和我说话的人声音柔和，语气平缓。

当我听到妈妈说："你们现在管不了悠悠了，你们不要见他，我和你爸来管，说不定还管得住，我们只是不会辅导作业。"

用父母与子女的分离状态吓孩子是教育的方式？想想我都觉得可怕，虽然妈妈在想办法，但这办法确实让我很震惊。

妈妈生了我和妹妹两个女儿，我们从小都很听话，学习没让他们费过心，他们所有的经验没有对付淘气男生的，如何他们就能管得住？

"你们他不怕，不代表我们他不怕，见不着你们他就怕了。"

这方法听得我这个大人都感觉到怕了，推说要睡觉了，挂了电话。

平静后，我觉得自己对妈妈的语气有些差了，害她操心加伤心。她一定认为她的一片好心我全当驴肝肺了。

我为什么不能保持平静呢？

我为什么要去主动打破这种隔离信息的状态呢？

我是有意的，对吗？当我有压力，又接收到从妈妈那里涌来的新压力时，我拉她一块"下水"，为什么不能担当，自己挺住，要把不好的一切展现在她的面前，我挺坏的，我这个乖孩子居然这么坏了。

我真得反思一下。

妈妈在最后几句说："其实也没什么，悠悠大了就会好的……"

空洞的安慰语言，让我感觉不到一点支持和鼓舞，知道她是为了宽慰我而说的，她没有这么想。

父母和孩子之间的相处真的不容易，人与人之间的理解真的不容易，被理解和被深深的理解是罕见之物。

不知道在孩子眼里我是不是也是这样，不能够理解他。

我们都擅长讲道理，都乐于指导别人，当自己心情不好，面对困难的时候，我们需要的不是道理，甚至特别讨厌谁讲道理，我们想要的是你懂我，懂我的感受，懂我的情绪，懂我为什么会如此的有压力，如此难过，更重要的是你要看见我的努力，看见我正在怎么样地去面对压力，解决困难。

睡前，我向悠爸说了自己晚上对妈妈态度不好，很自责，悠爸说："在我眼里你很了不起，你真的很坚强，做得很好。"

一下觉得心里好受多了，原来我期待的不只是理解还有肯定。

被"看见"很重要，人不想淹没在说教里，因为说教里只有那个说的人是真实"存在"的人、对的人、权威的人，恰恰没有"自己"的存在，而只有被看见才有"我"的存在，被肯定才有正向的"我"的存在。

也许，人想要的并不多，只是想感觉到对于你来说"我很重要"，这个"你"可能是父母、孩子、伴侣、恋人，也可能是这个世界。

可是妈妈老了，我不能再强求她符合我的需要，我应该更懂她才是。

83

世上本无"渣"，何必苦榨之

晚餐继续由悠悠炒菜，动作也越来越熟练，问他在学校情况如何，一切尚可，只是被英语老师"请"出了教室。

还不错，之前是美术、音乐、英语三个有点"暴脾气"的老师都开赶，现在剩一位老师了，也是一种进步，鼓励悠悠争取下次英语课的时候留在教室。

昨晚有我的拉丁课，天气很冷，我裹得厚厚的像个大笨熊，光是换上薄的上课衣服都折腾了好几分钟，之前还得意自己今年冬天不怕冷，没想到天气突变，温度降下来我比谁都穿得厚实，还把头包起来只留两只眼睛在外面，走在大街上少有我这种打扮的，像来自南极。

我可能真的老了，以前也穿厚衣服，可是穿了厚衣服我不会觉得冷，现在穿得厚厚的还是冷得受不了，其实温度也只是在零度附近徘徊。

不管我脸上有没有皱纹，我都是70后，不管我心里有没有住着小孩，我都察觉到渐渐老去的迹象，不管我有没有准备，衰老都会按时地到来。以前没有这些感觉时，我觉得自己不怕老，可现在我却生出些恐惧，不是怕没有了美貌，是怕离死亡越来越近。虽然年纪不是死亡唯一考虑的标准，意外时常会出其不意地到来，可是年纪的增长却是一步步向死亡走去，死亡最可怕的不是生命的终结，而是与重要的人分离。

下课回到家，家里很安静，悠悠和悠爸都睡着了。

我有点累了，在餐桌前坐下喝杯水，对面墙上挂着悠悠做饭时用的小号围裙，嫩绿的，上面有小兔在跳舞，两个小袖笼装在围裙的口袋里，很是可爱。

我突然很想念悠悠。

悠悠就在几步远的房间里睡觉，随时可以进去看到他，可是我居然坐在这儿想念他，"想念"这个词，我以为只会发生在不能相见的人之间，未曾想到近在咫尺，日日相见，三小时前我们还一起吃晚餐，滔滔不绝的说话，这会儿居然会"睹物思人"。

悠悠在家吵闹时，我真想清静一下，让他快快长大从我身边飞走，这会儿安静了，又感觉到心里少了点什么，没有悠悠大说大笑的家好冷清，我想要的清静仿佛变成了冰冷，想念成了这冰冷的唯一解药，这一刻，我才明白我有多么需要他，生活中有他，有如此的他是多么的让人舒服。

当我用"舒服"来形容我现在的生活时，一定会让人觉得用词有误，其实没有，有人无辣不欢，有人沾一点辣就痛苦万分，有人吃臭豆腐舒服，有人一闻到就跑，有人吃芥末呛得眼泪流也说"过瘾"。

舒服是身心平稳安逸，舒服也是艰难的乐在其中，舒服是无忧无虑，舒服也是各种焦虑后的释然，舒服是现实正好如己所愿，舒服也是与生活的和解与适应。

如果我是20岁或者30岁，我对生活的看法态度可能与现在不一样，对生活的感触也会少很多，那样年轻的我是执着有冲劲儿的，个性鲜明，相信生活可以自己来改变。40岁的我，少了鲜明，多了韧劲儿；少了冲劲，多了包容，个性依然却温柔了许多。

或者每个年龄段的我都是一个可爱的我，但我感谢上天安排我在这个年纪与童年的悠悠相遇，让我感受到同在一屋的"想念"，感受到"痛苦不堪"中的"舒服"。

　　每一次相遇都是上天最好的安排，每一段情感都是可贵的生活积淀，不管你遇上了所谓的"学渣"还是"渣男"，你都在这段关系里体会到不一样的生活滋味，都在这段关系里学会成长，都在他的身上看见从未发现的自己，听到自己内心的声音。我用了"所谓的"，因为所有的标签都是世俗的评价标准所得，如果抛开功利，抛开得失，抛开规则，只是用人与人之间的感受来体味，心与心之间互动来觉察，这世界会少了很多"渣渣"。

　　"渣"百度搜出的解释是"提出精华或汁流后剩的东西"，世界上没有生物生来就是渣，都有精华和饱满的汁液，不要一边吮吸精华一边说他们是"渣"，享受他们的精华却全然不知，还要给他们贴上一个"渣"的标签。当标签贴上时，你推卸了责任，失去了自己，你以被害者的姿态指责命运的不公，让你遇上"渣"毁了人生，是你把自己"弄伤"了。

　　世上本无"渣"，何必苦榨之。

84

日子用来慢慢过

阳光很好，虽然还是有些寒冷。每当失望和失落接踵而来，我总会在一夜之后感觉好了许多了，是睡眠修复了受伤的心，还是早晨的阳光照进了失望的阴影，还是我把伤痛丢在了黑夜里？

早上听到《爱的海洋》有不同的感觉，"身在他乡，志在远方……我并不像他们想象的那样脆弱，我只需要一盏灯，你的爱让我坚强。"

我一直觉得自己很脆弱，但似乎没有我想的那么脆弱。受委屈，我应该哭的时候我没有哭，喜剧应该笑的时候我哭得止不住，我的节奏总有点不合常规，我总有点特别，有点儿"不靠谱"。

就是这样一个不靠谱、不常规的我，深知面对压力、挫折和逆转的艰难，也才更能理解悠悠改变中的困难重重。父母教育孩子要排除万难好好表现，被误解用行动去证明，落后了要奋力直追，成绩好了要戒骄戒躁，但是自己经历时，一不如意就会抱怨，会颓废沮丧，会一蹶不振，会找个"替罪羊"发泄，仿佛所有教育给孩子的正能量，父母都可以不做到。

我发现我的心底也有这样的小迹象，想找个"替罪羊"出出气，找悠悠不行，找悠爸也不合适，身边的朋友不行，父母也不行，昨晚我居然在悠悠不认真改舞蹈动作时，伤心地踢了柜子一脚，好在我用力部位得当，自己没有受伤，柜子也安然无恙。

睡觉前我听诗、听歌消化了所有的情绪，困意十足地睡了。

所有挫折的到来是要提醒我什么？是要向现实妥协，要改变自己的方向，要更理解悠悠，还要更坚定自己？

我的处境和悠悠很相似，我想可以让我更能共情，也更理解自己和孩子。

我似乎已经不需要谁来和我分担具体的事情，只需要静静的就好，柔和地说话就好，这也许是悠悠此时的需要。

做心理咨询要学会共情，可能有很多方法，我却认为自身的体验非常重要，共情不是会说话，而是会体味。

如此看来，经历是一个心理咨询师很宝贵的资源，经历也是当妈妈很宝贵的蕴藏，我之所以成为现在的我，就是生活中无数经历的融汇，可能是一个瞬间的温暖，可能是一段时光的冷却，可能是数年的历练，还有我对这些经历的感受和认识，化学反应成了现在的我。

得失未必是表面上展露给别人的荣辱，恰是内心深处的阴晴。

得失未必是现实中的利益盈亏，恰是精神能量的强弱。

我以为我会生气睡不着，我睡着了。

我以为我早上不想早起做饭了，悠爸说去外面吃不做了，我一口拒绝，早餐快速做好。

我以为我今天想休息不上班了，结果我梳洗完毕直奔单位。

我以为我今天不想写东西，可是我还是忍不住打开文档，熟练地敲击键盘。

一切如常，不是我坚强了，而是在无数次的小失意、小不快时，我尽量不打破常态，用常态与现实共处，当遇上强度加大的风雨，我习惯地保持节奏，没有随意打乱步伐。

我的不快其实去了昨晚的梦中，我想那些梦境展现了我压抑的焦虑和担心，我知道我不是对现实"无感"，而是在用不同的方式转化，我得照顾好自己。

　　悠悠的改变并没有太大的起色，悠爸有点失望。昨晚家里不太平，一早，悠爸提出不让悠悠上学，让他在家教几天，我没有同意，我坚持让他去学校，不打破常规，给他时间，慢慢来。

　　我认为悠悠有进步，只是没有一步到位，悠爸认为如此下去悠悠没前途，我坚信悠悠会好起来。

　　生气时不要恶语相伤，失望时不要如临大敌，世界末日没那么快到来，人生是用来慢慢过的，不要用预测击碎了梦想。

85

无用之有用

我在家练习拉丁，常被悠悠表扬，前天悠悠练习时我指出他的不足，悠悠终于生气了，拉下平日的"情面"，曝光了"真相"。

"妈妈，你知不知道，我每次说你跳得好，都是鼓励你，其实你跳得一点儿也不好，你是你们班上最差的，不要以为我说你好是真的，你跳得实在太差了，一点进步也没有。"

"噢，是吗？我跳得这么差，看来要更努力了。"

昨天晚饭前，悠悠又说："妈妈，你跳的伦巴一点韵味也没有，只是做动作，我给你做一下。"

只见悠悠做出陶醉状，表情和动作和谐统一，全部沉浸于音乐的感觉，让我自愧不如，其实他还没有学伦巴，动作不一定对，可是他知道舞蹈应该带入情感，要有表现力，而不是身体的简单运动。

晚上的拉丁课结束，回到家，悠悠正在洗澡，还没睡。

"妈妈，今天老师又表扬你了吧。"

"没有，还跳错了一个动作，其他同学都很努力，动作掌握得都很好。"

"妈妈，我告诉你一个秘诀，跳舞要会听音乐。"

"怎么听？"

"要用心去聆听。"

"'聆听'，这个词用得很准确。"

"你要感觉到这个音乐是从你心里流出来的，不管它是否在播放，它的节拍和感觉都在你心里，你要理解音乐中的情感、情绪。"

"音乐有情绪？"

"对，有的是高兴的，有的是悲伤的，你要把情感跳出来。"

悠悠给我上了很好的一课。

当我们成年人天天记动作的时候，忘记了自己在跳舞，舞蹈是身体的诗歌，流淌的是心灵的音符，情感和情绪的展现才是舞蹈的核心，如果只有动作充其量也就是广播体操。

每天上拉丁课，音乐一响起本能地去想下一个动作是什么，说实话很少听音乐是什么，音乐成了和我们不相关的事情，也许是动作太不熟的原因，像是抽不出空来管音乐这档事，音乐的节拍归音乐，自己的舞动按自己的拍子来，完全两张皮，想想挺可乐，老师也时常说："你们在干什么？"碍于我们年纪大不好意思把我们批评得太厉害。

悠悠一个小朋友，常规来说，本来应是专注记动作，他却是动作大概完成，不精细得做到位，小组合记得也不熟练，多一个少一个的动作也常有，可是他能够发现妈妈跳舞没情感的表达，告诉我音乐要用心聆听，我很受打击，也很佩服他小小年纪却懂得舞蹈的意义。

人们常常专注某一项事情，执着某个细节，忘了出发时的目的，也忘了事情本来的面貌，更多的精力集中去做可做的，关注实在的，忽视了看不见摸不着的，以及看起来无用的。

小学生要练字，字太乱，高考得分低。

小学生要阅读，不然高考阅读拿不到分。

小学生要摘抄优美词句，不然高考作文得不到高分。

似乎没有了高考，小学生可以不用读书、写作和练字。

读书要读有用的书，写作要写最有意义的事，锻炼要雷打不动的坚持，严重雾霾在大街上跑步的人不是少数，人们到底要什么？

所有的事情都要有一个实际的目的，才会有意义，这个目的有时恰恰不是事情本身的意义。读书是通过文字获得他人的思想，是一种思想的沟通，不是为了高考；写作是通过文字展现自己的内心，是一种表达，不是为了得分；锻炼是通过坚持达到健康的目的，不是为了坚持而坚持；舞蹈是浓缩自己的心情在一段旋律里，在音乐里绽放自己，不只为了把动作完成。

我妈妈曾说："你这次学费用完了不要再交钱了，拉丁学一下就行了，你又不干这个，学了有什么用？"而我却觉得对我很有用。

没有了"情感"的动作，舞蹈没有了灵魂，没有了"旋律"的生活，日子也黯然失色，没有了"无用"的渲染，有用的事情便失去了其中的滋味。

给那些"无用"的内容多些关注，让"无用"之笔装点一下干瘪的"有用"世界！

86

不改变也是一种接纳

因为之前业务的关系，加了很多微信好友，这几天朋友圈出现了更多的朋友圈信息，各种各样的分享突然让我感觉无法承受这种满满的"拥堵"，无奈只有把新加入的好友设置了"不看他的朋友圈"。

并不是因为讨厌，只是因为不习惯，原来的朋友圈里还留着一些卖家具和卖衣服的"好友"，每日也会晒各种新装和新品，我却没去主动删除他们。

不想动原来的模式，只习惯一切如常，适应不了新鲜的多样性增加？我是抑郁了吗？一点改变都会让我不舒服。

我想我不只是抑郁了，还是老了，不想交新朋友，对别人的生活没有半点好奇心，不想知道外面的世界，心里只能装下几个人。

我想不只是这种现象证明我老了，还有一种现象也可能证明我老了：当拉丁老师说12月31日成人班要参加演出时，大家都第一时间关心穿什么衣服，我立马想知道跳哪支舞？我会不会？

我失去了一个年轻女性的爱美之心，其实同学里还有比我大的，她们依然很追求美，严格地说我失去了追求美的动力，和生活的激情。

每天去练拉丁，我就一套运动装，没有因为跳舞特意挑选衣服，总觉得跳得不好，打扮得太专业更不好意思，低调点才配得上自己笨拙的舞姿。

每次出门我都不想穿麻烦的衣服，也是一套运动装加一双肩包，如果穿裙子，还要配丝袜，配高跟鞋，想想都不利落，所以我好多裙子几年都没穿过一次。

想想这些习惯似乎也不是从现在才有的，多年都是这样。

我喜欢一家餐厅，从悠悠小的时候就开始在那儿家庭聚餐，几年没换过地方，餐厅经理、主厨、工作人员都成为我们的朋友。

我喜欢一个品牌的衣服，几年基本就买它，一次买几件，就可以好久不买。

我喜欢芝士蛋糕，只要吃蛋糕我就选芝士，百吃不厌。

我喜欢一种运动鞋，十年来就只认这一种。

这么一说，似乎我有点儿病了，"逃避选择"症？

不想选择，只按固定模式运行，变化和做挑选我都成功地躲避掉，不用思考，不用费心，不用难以决定，一条道走到黑，不管还有没有别的道。

希望不是我老了，只是我的内存太小，只容下这么大的量，微信朋友圈里的人很少，我害怕听到别人说自己朋友圈里有几百人，光是听，我都觉得把我的内存给用完了。

知道自己的内存小，就少存点东西吧，过自己觉得舒服的日子，我很少发朋友圈，也很少看别人发的朋友圈，偶尔给朋友点赞多是出于礼貌，拿出手机我想到的是想听音乐，没有太多想和别人交流的愿望。

不管是老了还是因为自己的心理空间太小，接受这样的自己吧，没必要改变，过得舒服是重要标准，因为可以供自己选择和任性的事并不多，想任性就任性吧！也许这才是成熟的表现，不改变自己的"不变"才是真正地接纳自我。

87

这份想念您可知道

园博园里的自然博物馆有很多动物的标本，一眼看到，我就想起了唐兆子老师。

唐老师，曾是武汉大学标本馆的馆长，在标本馆里有很多他亲手做的动物标本，动物标本惟妙惟肖，在我心里他是位艺术家。

唐老师，走了四年了，当时我正在新疆，正从乌鲁木齐去伊犁的路上，我一路痛哭，却无法见唐老师最后一面。

之后通过报道得知唐老师的骨灰存放在殡仪馆，我去找过，没找到，工作人员说可能是临时存放估计已取走了，后来，我又找人打听也没打听到他安葬在哪里。

于是，今生我再也见不到唐老师了。

现在只要想起他，总会想要流泪。有种残酷，是不辞而别的离开，也是生死不能相见的阻隔，更是我想念你，你却不知道，我如此地想要告诉你：你真的很重要，而你永远无法听到。

自然博物馆里，大大的空间，充满了死亡的气息，加之灯光昏暗，还有对唐老师的思念，我头痛难忍。

一个个标本，一块块动物化石，曾经都是鲜活的生命，在大自然里充满生机和活力，如今，它们有筋骨，有皮毛，只是没有了生命，它们用死亡述说着物种的进化，残酷的优胜劣汰，还有大自然的丰富多样性和生命的绚丽。

死亡的意义不是一个生命体从诞生走向消失过程的证明，而是用死亡展现生命的繁衍生息的强大自然力。

孩子们在馆里参观觉得很有意思，悠悠说："这里真是无奇不有！"我却想快速逃离。馆里的氛围压得我透不过气来，似乎我即将成为这些失去生命的标本中的一员。

唐老师走了，很多人都会一一从我们身边离开，有一天我们也会离开。馆里孩子们兴奋的叫声，表达着无法掩盖的旺盛的生命力无处不在，他们无忧无虑不会思考生命的去向，也不会触景生情想起这些动物离开的那一瞬的悲伤，我很羡慕他们。

唐老师的笑容、语调、叫我名字的声音，都还浮现在我的脑海里，那么的慈祥，那么的温和，充满深情。

想起我曾在他去世时写过一篇文章，找出来放在这里，纪念一下这位我深深喜欢的老师。

一个人来到另一个人的生命里，都是有意义的，都会在生命里留下印迹，可能在你的微笑里，可能在你的眼神里，可能在你对一个标本的注视里。

用一生热爱大自然，留阳光笑容在人间
——老师节怀念唐兆子老师

9月10日又一个教师节来临了，在这样的日子里总会想起自己的老师和很多有关老师的故事，而今年的教师节我想要和大家分享一位老师的故事，讲述一位可敬的老师在我心中留下的温暖瞬间。

今年8月16日，我正享受着公休假的愉快旅行，在从新疆伊犁驶向乌鲁木齐的车上，收到一位朋友的信息，是发表于当天的一则新闻：《标本大师唐兆子传奇人生谢幕》——"14日，著名的动物标本学家、

武汉大学教授、66岁的唐兆子因肝癌医治无效与世长辞。标本唐家族痛失一位尊长，业内憾失一位巨匠！……"我顿时泪如雨下，模糊得已看不清后面的文字，7月份还与他通过电话，约在8月底去看标本，没想到唐老师怎么就这么去了？

唐老师是武汉大学的动物专家、标本大师，是我忘年交的老朋友，也是我们单位今年2月份春雷讲堂的讲座老师，我所的学员和民警听过他的课、喜欢他的课，却不知道他来讲课背后的故事，让我感动的细节随着思念浮现在我的脑海。

邀约唐老师来讲课的时间是4月份，因为2月份的老师到了月底突然不能来了，眼看2月份就要结束，时间紧迫，临时调整别的老师来讲课，既不礼貌，也会打乱老师的日程安排，于是着急犯难的我找到唐老师当救兵，唐老师一口答应，解了我燃眉之急。

讲座的前一天，我提前约定第二天早上去接唐老师的时间，唐老师坚持不让我接，他说：你孩子小，早上要很早来接，太麻烦，我自己开车来方便，也少给单位添麻烦。

第二天讲座是九点半开始，唐老师八点钟就到了单位里，他说一定不能迟到，所以预留了一个小时的堵车时间。

唐老师的车里，他带来了三样标本，一只大熊猫、一只啄木鸟、一只鸭嘴兽。我高兴地去帮着把那只身体庞大的大熊猫先请下来，不想没那么容易，这只庞大的家伙有一百多斤，只好请男同事一起搬上了警车送到管理区的报告厅楼下，由三个学员搬上讲台。我不禁问唐老师：这么重、这么大，您一个人从标本馆楼上搬上车的吗？唐老师说："是的，时间太早，其他同志还没上班。"我埋怨唐老师不应该一个人搬这么重的标本来，唐老师却说："你们的学员看标本的机会不多，带当然就带珍贵的。"唐老师六十多岁了，并且从2006年就患了肝癌。

讲堂上，他精彩的讲座内容，让学员们听得津津有味，下课后学员在回队的路上还在向唐老师提问，对唐老师依依不舍。

课后已到中午，留他吃完午饭再走，唐老师却说要赶回学校食堂吃饭，回家收拾一下，下午还要去医院做检查。原来他的肝上又长了一个十四厘米的肿瘤，需要进行介入检查和治疗。一位肝癌患者肝上又重新长了肿瘤，这真是一个可怕的消息，尽管这样他还是在几天前同意来讲课。我后悔地说："早知道这样，不应该请您来的！"他说："没关系，朋友就是要帮助解决难题的。"

给唐老师课酬，他坚持不要，他说是老朋友应该免费讲课，我说每位老师都有，这样他才收下，刚装进口袋他突然又拿出来说："可不要因为是朋友你就多给我呀！"我说："都是领导批准的，没有因为是朋友搞特殊化，并且课酬太少，基本上只是老师的路费而已。"这样说完他才放了心。

后来我去医院看望唐老师，临走时的挥手告别，没想到成为今生的永别，那句"再见"让我们永远无法相见。大师的远离，让人痛心，各大媒体都报道了他去世的消息，湖北日报发表评论文章《大师远去，精神不能远离》中写道：

当大师离去，最令人叹惋的，是越来越崇尚物质的现实生活中，由他们所代表的执着、坚韧的美好信念，睿智、谦逊的美好品德，从此又缺失了一份。大师的事业需要传承，他们将所有心血倾注于科研、毕生奋斗不息、育人育心的精神更需要传承。这位淡泊名利的学界巨擘，生前四处奔波，每年参与数十场科普活动，担任多所小学的科普老师，弯腰为小学生们讲解动物和生态保护知识，生命最后几个月还在神农架为首批科普学硕士上科普课，究竟是为了什么？

因为对中国科普现状的清醒认识和紧迫感，因为一位科学家肩上强烈的责任感。

这就是唐兆子教授始终如一的坚持，直到最后一息。此刻，天空虽然没有飞鸟的痕迹，但我们知道，光辉的翅膀已经飞过。

唐老师走了，他博学智慧的语言、他阳光温暖的笑容、他宽广的胸襟，他富有感情的声音、他坚强乐观的态度，都深深留在我们记忆里。身怀绝技的他，一生传播的不仅仅是关于动物的科学知识，还有对自然、对生命的态度，让与他接触的每个人感受到人与大自然、人与人之间的美好。

唐老师去了，除了悲伤、不舍和追忆，还留给我们太多思考，我们的职业是警察，却也是特殊的教师，在我们与学员的交流、教育、管理中我们会在他们的心里留下些什么？他们会从我们的行为、表情、语言、人生态度中体味出什么？当他们多年后想起在强戒所的两年时光时，就算我们无法让他们每个人心中都充满阳光，是否也可以因为我们的停留，让他们的人生旅途中拥有阳光的味道！

♥一样的生活，不同的质感♥

普通的生活

普通的父母和孩子

我们不必完美

只需用心感受生活不一样的质感

88

用色彩把时光默在纸上

蹲在石凳旁，铺开纸张，手握彩笔，画着对面山坡上的亭子，有树，有花，有落叶。

在园博园里，悠悠按照自己的想法写生，没有画夹等专业装备，只有一颗被美景吸引的童心。

来往行人都投来打探的目光，虽无一人赞美，却都想看个究竟，对于一个八岁大的孩子来说，悠悠的画没受过专业训练，一定不会让人惊叹，我却很是得意，当美景出现在我们面前时，除了感叹、欣赏，自觉地把它画下来，没有固定的手法，没有一定要画得像的目标，按照自己眼中的景，把心中的美表达出来，详略不是由构图决定，是目光的焦点决定，浓淡不是实物本身决定，而是来自手中的彩笔渲染，这是真正的欣赏与沉醉。

悠悠一直很喜欢画画，到现在我仍然没有送他去专门学习画画，他总在家里捏橡皮泥，画东画西，剪剪裁裁，我始终没有限制过他，没给他定过标准。

前几日，他用橡皮泥做羊肉串，一根牙签上串上好几个彩色小球，他想把它用一个东西装起来，我建议他做一个盘子，或者一个动物、植物作为这几串肉串的托盘，悠悠奇思妙想，把四串"肉串"做成了超人的四肢，又加上了很多装饰做成了一个超人，从"肉串"到"超人"跳跃的思维，创意真奇妙的不可思议。

小时候的悠悠喜欢自己制作果盘，把各种色彩的水果搭配，形状也发挥想象，将水果变成生动可爱的造型。一盘菜需要装点，一盘水果需要色彩，一个"肉串"变成一个"超人"，给老师的一封信变成一个小画册，遇到美景来个写生，在悠悠的生活里处处有美，处处可以创造美，每种东西可以变成与原来不一样新的美。

我不知道美的教育是什么，但我不认为教画画技法就是美的教育。记得读过蒋勋先生的一本书——《美就是竞争力》，"一树的桐花纷纷飘落，生命的美便在眼前。"

生活中我们大多的时候讲实用，觉得无须去讲究美不美，似乎只有美术馆里的展览才是真正讲美和艺术的地方。

生活中我们大多的时候讲效率，觉得无须为一朵花、一处景，一地的落叶而停留，似乎只有产生价值的地方才能分配时间，不然就是浪费生命。

我少年时期学画，并且就读了美术专业，可是毕业后至少有二十年没有写生过，没有把时间用色彩"浪费"在画纸上，似乎我的时间都用在了有用的地方，如今回望不知道时间去了哪里，如果我一直画画，如果这二十年来我一直保持如孩子般收藏的目光，可能做个画册已是绰绰有余，当时光流逝至少我还有可以回忆的画面。

89

让孩子留在教室里

医院永远是排着长长的队，医院里我和悠爸又耗去了几个小时。

近期，经常头疼头晕，我也懒了许多，路也不坚持走了，书也很少看了，只知道吃东西，体重也是抑制不住的增加。

前天还哭了一场，因为悠爸说我和年轻时差不多，没啥进步，不算温柔。我很伤心，觉得一切的努力全无意义，我居然像个孩子一样沮丧，不论悠爸如何解释我都不相信，不相信他可以看见我的优点和进步。

我想起悠悠，当父母对他的进步没有反应，或者只聚焦他的不足时，他的心情大概和我一样，那种不被肯定的感觉力大无比，仿佛可以摧毁自己所有的动力，覆盖所有的意义。

被肯定有多重要？我都四十多岁的人了都如此看重，何况一个八岁的孩子。

每一点进步很小，可是也要把这点进步看得足够大，用放大镜般的目光放大进步，也是在放大信心。

悠悠从昨晚就不想上学了，特别是不想上美术了，他说美术老师用手臂勒他的脖子，让他出教室，他一直觉得脖子很难受，他很喜欢上美术课却被老师赶出教室，他只能在厕所里玩，再回到教室他只能躲在课桌下，不敢让美术老师看见，怕又被赶。

悠悠说完美术课的遭遇，我拥抱了他，我想当他走出教室走向唯一的可去之地——厕所时，他的心情有多难过，在厕所里的时光有多么无可奈何。

悠悠不想让我们告诉班主任，怕美术老师知道他说出来更生气，所以他不想上今天的美术课，也不想去学校了。

反复做工作，悠悠还是去了学校，我们答应他不去上美术课，他也答应我们可以和班主任沟通。在他心里语文、数学、生命老师是他最爱的老师，可以信任。

我对老师的吼叫和勒脖子很有意见，仍然反复劝悠悠改变自己，好好遵守课堂纪律，不让老师发怒，这样才能改变自己的处境，也引导他去理解老师不是有意这样对学生，可是事情发生了，悠悠不能理解老师的推搡和吼叫。

这样的事情发生了很多次了，我一直没有正面和老师或者班主任沟通，一是悠悠不让说，怕老师知道变本加厉，二是，我希望悠悠可以自己改变，自己创造好的环境，现在看来效果并不太好。

老师可以不喜欢一个学生，不喜欢一个学生的某种行为，却应该"用心"把他留在教室里，不是"用力"推他走出自己的教室。

悠悠是个可爱的孩子，我一直坚持我的看法，但是我不能强求别人发现他的可爱，然后去爱他。

生活中很多事情也是如此，我们可以爱我们所爱的，却不能让别人与我们一样的去爱，重要的是我们不能够因他人而影响了自己的感受，也不能因为自己爱而去攻击别人不爱是错的。

爱是情感，可以各自选择，行为和事情的处理却要遵守规则和规范。

90

早起的鸟儿有饼吃

"这粉丝这么长，怎么不剪一下？"

"时间太紧，没有提前泡发，直接下锅了，长了多咬几口不就行了。"我很不高兴地回答悠爸。

"唉，是好长呀！"悠悠一边从汤里往碗里捞粉丝，一边嫌弃粉丝太长，和他爸一唱一和。

"光吃不做的人还都挺会挑毛病，明天早上我不做了，你们做我来边吃边挑刺。"我居然有点小怒气，撂挑子不干了，以此看来我确实不够温柔，算不上任劳任怨。

"好，明天早上我来做。"悠悠高兴地把这早餐的活儿给接过去了，吃完放下碗就去做准备了。

洗干净了黄瓜、鸡蛋，发酵了一团面，为早上可以快速做好早餐提前做准备，还特意让我给他定了闹钟，六点十分，比他平时要早起四十分钟。

早上闹钟响了，居然没闹醒没睡够的悠悠，悠爸准备自己做早餐让悠悠多睡会儿，我不同意，让他叫醒悠悠，问一下是否能做早餐，不能不经同意就把悠悠做早餐的机会给剥夺了，提前一晚就做了准备，岂不白费了。

第一次叫醒悠悠他说自己做早餐，迷迷糊糊地边说边睡着了。

第二次再叫，悠悠抵住睡意和寒冷穿上衣服，快速起床进入厨房。

擀面做葱油饼，清炒黄瓜，煮鸡蛋，热银耳汤，动作麻利，统筹安排，七点不到我们就吃到由悠悠做的早餐了。

饼做得非常好，面和得柔软，外焦里软，咸淡适中，黄瓜炒得很爽口，一个小朋友能把面粉做成饼，能把菜炒出来，而且如此迅速，我挺佩服他的，想想我初中时都不敢用火柴，比他差多了。

愿意少睡一会儿为大家准备一顿早餐，自己要上学还愿意做给爸爸妈妈吃，在享受食物的同时更多的我在享受悠悠的爱。

我很得意他会做饭，饼子一口气吃了好几块，这种满足感可能比考100分更得意。

生活中，一般的人会觉得孩子的任务是学习，做饭多没出息呀！把孩子送进国学课堂去学《弟子规》，学二十四孝的故事，所有的道理都是在背诵，却很少为家人真正的做什么。

很多道理我们都懂，但少有实践，不以善小而不为，多少美好的想法我们都没有付出行动。

多少感恩教育的讲座、视频，让我们感恩回馈我们的父母，我们看时激动，看完不动，又接着把这些道理讲给我们的孩子，其实有何意义呢？

悠悠今天一定很困，也许这会儿有可能在教室里打瞌睡，如果我的妈妈知道一定会责怪我，可是我很喜欢这样的早餐，也很喜欢做出这份早餐的小厨师。小厨师真的很棒！

我也很棒！感谢自己不是个好妈妈，敢于撂挑子。不撂挑子，有能力的人、有想法的人没机会接挑子呀！所以做妈妈不用"完美"，只用"美"就可以了。

91

自我疗愈

送了悠悠返回单位上班的路上，遇见一个哭泣的小孩，可能两岁的样子，穿着一条秋裤和一件毛衣站在一个广告公司的门口哭着要妈妈，房间里很黑，我喊了一下没有人答应，看来这个小孩的妈妈出门了，走的时候孩子可能还在睡，等孩子醒了就不见妈妈了，门没有锁，也无人照看，这个妈妈可真大胆。

我把他带进屋，安慰他妈妈会回来，让他去拿自己的衣服我帮他穿上，他虽然小却很懂事，因为我说的是"衣服"，我没有说"裤子"，所以他拿来了棉袄，帮他穿好棉袄又让他去拿棉裤，他又拿来棉裤，坐在椅子上很乖地让我帮他穿好。

我安慰他妈妈马上回来，让他自己先找个玩具玩，他很乖地找来一个变形金刚，在桌子上玩起来，再没有问一句"妈妈"，也没有再哭了。

安静而信任一个陌生人，这样一个小孩让我很吃惊。

眼看回单位上班的时间很紧张了，一个女士骑着电动车在门口停下，一进来不友好地对着我说："你要干吗？"我说明了原因，她说去送老大上学了，没想到老二这么早就醒了。

我匆匆往单位赶，冷风一吹鼻涕直流，摸口袋里的纸才发现，所有的纸都给小朋友擦眼泪了。

幸好小朋友的妈妈回来得早，我上班没迟到，不然得扣钱了。虽然急着回单位上班，但也做好了上班迟到、一直陪孩子等到家人回来的准备。

我能体会到他不见妈妈和家人时的恐惧，那么小一定害怕极了。

我小时候也会有这样的情景，我提着自己的鞋子站在门口大哭，妈妈让爸爸照看我，爸爸看我睡了便出去了，等我醒来找不到父母只有大哭了。直到现在我心里依然会浮现出这样的情景，孩子大哭总会很牵动我的心，孩子哭喊着要妈妈的声音总是让我很揪心。

表面上看起来，我们会去帮助一些人，或者做一些看起来的"好事"，实际上是为了自己的需要。如果我发现这个小孩在哭了，为了上班我没有理会又离开了，我的心里会不安，虽然素不相识，但是他流泪伤心的样子一定会在我的脑海里留下印迹。

每个人心里都会有很多情结，当我们安慰别人时，也许是在抚慰自己；当我们拥抱对方时，也许我们在温暖自己；当我理解他人时，也是在宽恕自己。

需要帮助的不是他人，是帮助他人的自己，善良可能是心底的柔软，可能是心底里需要治疗的伤，也可能是等待宽恕的过往。

善良包含的悲悯是对他人的，更是对自己的。

善良是情感的传递，更是自我的疗愈。

92

举班牌的小朋友

悠悠成为放学举班牌的小朋友，这是对表现好的同学的肯定，是表现好的奖励，是表现好的荣耀，好久我都不敢想会有这样的机会降临了，只有在开学的那段时间悠悠有这样的机会。这让接他放学的爸爸高兴，并为他拍照，没想到没有预演和预告，这让人高兴的事毫无征兆地来了。

问悠悠今天表现为什么这么好，他说："我用一节课的时间好好玩了一下，然后觉得没什么好玩的，就好好上了后面的课了。"

未曾想过，悠悠也有玩得不想玩的时候，他总是会带给人意想不到的事情，出乎意料是悠悠的常态。

第二天早上悠悠说："妈妈，今天我的表现一定又超好，班牌可能又是我举了，不过我想给其他同学留点机会，说不定是别人举，但是我的表现可以达到举班牌那么棒。"

"这个想法很棒！把机会留给别人，表现棒不是为了举班牌，是你可以随时做到那么棒。"

我不知道悠悠的想法是怎么来的，但我很喜欢，当然这也有给自己留余地的想法，就算这样也很好，努力进取好，张弛有度也很好。

可是不等表现见分晓，老师的电话就到了，请不要担心，不是淘气惹了祸，是早上去了吐了两次，老师联系我带他去医院。

见到悠悠，他第一句话是："谢谢妈妈赶来接我。"

多体谅妈妈的悠悠呀，妈妈关心询问的话还没来得及说，就被他的体贴给融化了。

"妈妈，我不能上课了，咱们回家学习吧。"

"你感觉如何？"

"没精神，胃还有点难受。"

"看场电影吧，等下午不难受了我们再学。"

悠悠很意外，我也很意外。

"有时我很想理解你，让你学好也玩好，但是也有担心。"

"你担心把我宠坏了，不会的，我会更自觉的。"

悠悠总能猜中我的心思，也能对症下药解除我心中的担忧。我确实有时很担心，当我担心的时候，我想如果我是小孩会怎么想。在我难受时，我不希望妈妈还让我学习。似乎学习是不能调整的，学习是最重要的，哪怕生病也要学习，所以我陪悠悠去看了《蜘蛛侠》。

我是一个对自己某些方面比较严格的人，但是也是一个随着感觉走的人，我不愿意别人强制安排干什么，只喜欢自己自觉做什么，所以我几乎不想强迫悠悠做，更多地想让他自己选择。

悠悠想去看L老师了，虽然L老师已有一年多没带他了。L老师是个非常柔和的年轻人，对孩子很有耐心，悠悠喜欢他。悠悠特别的重感情，对曾带过他的老师都心怀感谢和喜爱，因为喜欢Z老师而去报补习班；因为喜欢L老师，耽误了一年的学拉丁舞的时间，就等着L老师在我们附近开班能教他，最终没等到才在今年夏天找了K老师学拉丁。

新的拉丁舞老师K老师，比较严格，悠悠开始不太适应，经过磨合和了解，我发现悠悠对K老师很关心，老师很瘦，悠悠总担心他没吃好，因为在晚饭时间里总是几个班连续上课，晚饭基本没时间吃，有时吃点饼子之类的对付一下，所以胃常常会出现状况，有两次疼得不能上课了，悠悠几乎每次去上课都会关注当天老师的晚饭吃了没有。

有时我们去上课的时间很紧张了，他还非要我去买个面包给老师带去，悠悠总是特别关心人，似乎每个老师都是他的家人，不论是饭吃了没有，病好了没有，还是晚上回去赶不赶得上末班车他都要记挂着。

他暂时不是老师带的学生中最认真，表现最好的，但他一定是心中最有老师的学生。

拉丁课的表现好，老师给大家准备了糖，悠悠说他拿了七颗，他不想拿太多怕下一节课的小朋友们会没有了。他还拿了一颗给做卫生的奶奶，奶奶专门找到我说："你的儿子，真是有心呀，说我辛苦了，送我一颗糖，是他表现好换来的，这糖我没吃就甜到心里了。"

这个奶奶在总台和我站着说话时，悠悠又看到总台坐着的L老师在吃很辣的冒菜，配了很小一碗饭，他说饭太少了，吃这么辣会流鼻血的。

后来他说要做五个饼送给老师，三个给K老师，二个给L老师，因为L老师是女生吃得少一点儿。晚上临睡说要把面发了。

学习知识重要，但是一个孩子心中有他人，有温情更重要。与悠悠在一起，你会觉得他的小胸怀真的很温暖，他想到的事，他一定会去做，他想要表达的关心，就会直接地表达。这样真好，我小时候似乎没关心过这么多人，学习好，老师对我也很好，我却没想过老师的生活细节，更没管我老师的胖瘦。

如今成年人了，有些关心也并非觉得都合适表达，有些想做的事想想又会打消念头，其实世界还是这个世界，只是看它的角度不同，顾虑多了，便不如孩子们自然，也做不到像他们一样真性情了。

人真的可以简单一点，有爱就表达，有想法就去做，不要那样爱惜自己想象的"羽毛"，没谁会在意它，就算别人有不同的看法，又能伤害自己的什么呢？不去理会就好，人越来越大，却不如孩子们生活得透彻，也许通透便是说的他们的状态。我们努力成熟，努力让自己复杂起来，考虑周全起来，等老了又要活得通透，最终回归儿童的状态。少想，遵从自己的内心去做，像孩子一般单纯而透明。

93

我们没理由高高在上

"我就要你严格地管我，把我管好。"

晚上九点，走在雨里，我提着三个包，很重，悠悠要拿，每一个都很重，不忍心把他累着了。

"妈妈，你必须给我两个包，不然我就生气了。"于是，在路上我们开始抢着拿包，最后悠悠硬抢了两个，看他那么小拿这么重的东西真是不忍心。

走了一段路了，他明显地走不动了。

"你一定累得走不动了，快点给妈妈。"

"我不是走不动了，只是站一会儿，想个问题。"

小悠真会找借口。

"不如我们分段进行，你拿两个包走一段，我再走下一段，交替进行，这样我们可以分担。"

悠悠同意了，如果不是累坏了，他不会同意的。

悠悠边走边说："妈妈我今天给你兑的礼物你喜欢吗？"

悠悠用他跳舞的积分给我兑换了一对发卡，是一对红色小熊的发卡，他递给我时我就直接卡在头发了上。

"我很喜欢，谢谢你三次积分都给我换了礼物。"

"你卡在头发上很漂亮，我很爱你，总想送给你很多礼物，只是我没有钱，只能靠这点积分换了。"

"下次给自己换吧。"估计这个世界上最喜欢给我送礼物的非悠悠莫属了。

"妈妈，听老师说，以后礼物里还会增加书，一本书要200分，还会有心理学的书，我想攒够了送给你。"

悠悠是个想事情非常周全的孩子，总能把别人的需要装在自己的心里，总会考虑到别人的需要，虽然现在字认得比别人少些，但是他心中的温暖我相信比一般的小孩更多。

晚上十点，我们还忙着包装给老师的新年礼物，悠悠说要给老师送杯子、送糖，我们把杯子和糖放在一起，还用了奥特曼的贴纸精细地美化了一番，这都是悠悠喜欢的元素，他高兴得不想睡觉，想着要送给老师一份特别的礼物他都兴奋。

晚上十点半，悠悠很少这么晚睡，他睡前说："妈妈你一定要甜蜜地生活，以后我读博士得奖学金，我省着用，多的都给你，你想要什么我都给你买。"

躺在我身边，悠悠说："妈妈我很想念我小时候可以每天被抱着的感觉，也想念吃奶的感觉。"

我相信有一天我的悠悠赚钱了会买很多礼物给妈妈，其实为人父母不用等到孩子长大的那一天，不用等到孩子有能力了来孝敬的那一天，不用等自己付出有回报才觉得值得，不然就觉得养了一个"不孝子"，一个"白眼狼"。

我们在养育孩子的一路上，孩子不断用他们的爱包容父母，用他们的爱滋润父母，尽管有淘气顽皮的时候，有让我们生气着急操心的时候，可是在那个小小的胸怀里他像父母一样在呵护着我们。我们一路上在陪他们走，他们也在陪我们，我们在支持他们，他们也在支持我们，我们在全心全意地对他好，他们也在用尽全力对我们，只是他们的现实能力比我们弱罢了。

　　需要回馈的爱不是无条件的爱，悠悠的爱从来没有原因，问他为什么要对妈妈这么好，他会回答："不为什么。"

　　"妈妈，如果有来生，我想做你的儿子，如果做不成我就做你的爸爸，你就每次考零蛋也没关系，我把你养着，我也不打你。"

　　"我不想当个没能力的人，爸爸还是努力把我培养成为一个很有用的人吧。"悠悠听我这么说笑起来。

　　也许孩子想表达的是，不论你是怎么样的人，只要是我的小孩儿，我都会好好爱你，哪怕考零蛋也爱你，这也许就是无条件的爱吧，只是作为成年人的我们不接受罢了。

94

我有另一扇窗

"妈妈，我很伤心，今天老师没有收我的礼物我都哭了，老师说如果每个人都送给她，她的礼物就太多搬不动了。"

一份礼物，一份心意，从计划送礼物，到挑选礼物，再到精心包装礼物，悠悠投入了很多情感，当老师退还时，他很伤心。

尽管老师还回赠了他一份小礼物，他仍然觉得难受，他觉得老师没有收到他的心意。

不收礼物的老师，爱着悠悠的老师，真的很难得，可是在悠悠的心里似乎有些不近人情。

其实老师也挺难做的，收吧，家长会觉得老师收礼物，会对每个孩子不公平对待，没有师德；不收吧，孩子小小的心意被拒绝，又会让孩子受伤，真难办。

如果我是老师要如何处理？其实没好办法，真希望有个额度的限制，比如送老师的礼物不超过十块钱，这样又可以避免老师收大礼，又可以给孩子们一个表达的机会。

不过我相信什么都不收也是一个好的方法。孩子们一定会在成长的过程中遇到类似的情况，也许一份礼物，也许一份感情，都可能会被拒绝，不管是因为什么原因都和自己的愿望不一样，接受现实并处理自己的情绪也是孩子们要学习的必修课。

"悠悠，等你长大了回来看老师，表达你的感谢更好，永远记住老师对你的好。"

"妈妈，那时老师会收我的礼物吗？"

"会的，会高兴地收下。"

"那为什么呢？"

"因为老师会很高兴他的学生回来看她。"

"那时我上班了有钱了，我要买好的礼物。"

"你不是要送老师钻石吗？"

"是的。"

"长大了记得实现。"

真想看到悠悠实现这个愿望的一天，很佩服他真敢想。我对于老师也就是送送花，请吃饭，送点茶叶牛奶什么的，每年教师节不忘发个问候的短信，可是悠悠却敢想送钻石，希望他愿望早点实现。

我们在成年人的世界里，用价钱、用价值、用各种风俗、习惯、大家的共识左右我们的行为，如果一个孩子说送老师钻石家长一定觉得这完全不靠谱，可是我觉得很好，当一个人想表达他心中爱的时候，他愿意用他内心觉得最好的东西去表达，这里只有情感的表达，没有是否合理的衡量，我特别为有这样的孩子而骄傲。

有很多事情，用常规的目光觉得不合常理，觉得毫无道理，可是在那个萌生这个念头的心里就是那么自然。悠爸总说我想问题有些简单，把现实中的事情想得太美好，太纯洁。可是我觉得我眼里的世界没有那么多的冷酷和不堪，不是我没有经历过，不是没看过现实的黑暗和残酷，可是我相信总有美好存在，相信在人的心里面有纯纯的东西存在。

我遇上过很多好的老师，悠悠也遇上过很多好老师，我会时常想念我的沙盘邱老师，虽然我们很难见面，但是总会在不经意中想起，我们相处的时间并不多，可是我能感觉到老师对我理解，能在老师那儿有种被支持的感觉。

我很想念我的中专班主任邓老师，我毕业25年了，我一直会想念她，她长居上海，25年来一直保持联系。

我很想念我的唐老师，尽管阴阳阻隔总有让我想起他的无数场景。

还有很多我喜欢的老师们，张老师，李老师，赵老师……

我们走过彼此生命，也许一直有你的消息，也许已失去联系，可是在我们的心里，在我们的脸上都留下了存在过的痕迹，不论那些老师、那些人是怎么地经过我们的生命，那个人都是组成今日"我"的元素。

我的自信大都是老师给的，记得郑老师说："心理咨询工作不是一个有光环的工作，你很有潜质，你要能够沉下心来去做，去坚持。"这句话激励着我，不论在什么时候都没把这句叮嘱忘掉，多年来我仍然保持对心理学的热爱。

这么多年来不管做了什么案例，成功与否，自己的技术成熟与否，在这句话里，在心理学里我最大的收获是成为一个不太糟糕的母亲。

看起来悠悠现在的成绩不太好，各方面没那么让人省心，可是我看到了一个充满潜力和善良的悠悠，感受到他的同理心，感受到他对人的温暖，我能有这样的视角得益于心理学的学习，给了我不同的一面窗，还给了我一个正确的努力方向。

95

对错和理解都很重要

近来身体方面出了点小状况，所以好多天没有记录了，这期间发生了很多事情，大脑也经历了颠覆、重组、平静的过程。

悠悠在学校被高年级的孩子打了耳光，送他去学校，等候进校门的时候，正好那个孩子站在他旁边。

"妈妈，这个同学在厕所打了我耳光。"悠悠指着这个孩子说。

"这个哥哥，你打了这个弟弟耳光吗？"

"是打了，可是因为他说我什么班级展示不好，我很生气，所以才打的。"那个孩子强调悠悠错在先。

"他比你小，是弟弟，你是大哥哥，他说错话了你好好讲道理，让他明白。"

"我说他了，他又不听我的。"

"那你告诉他的老师，让老师批评他。你看如果你在家做错事儿了，爸妈也不会打你耳光对不对？"

"我爸就喜欢打我耳光，还用手敲我的头。"这孩子边说边做出他爸敲打的动作。

说了这两句校门开了，孩子们都奔向学校。

我随即给悠悠的班主任打电话告诉了这件事儿，因为马上要上课说得很简短。

这之后的两天，悠悠一直怪我没有批评这个学生，还和他笑着说话，心里很难过，我也觉得因为事发突然，而且想到这个孩子的错应该由他的老师和家长教育，我只能在悠悠说的时候做个简单的核实，并不能直接去训这孩子一顿，所以态度很柔和，没想到悠悠觉得我没有保护到他，并且说这两天上厕所这孩子还冲他做鬼脸。

我也反思了自己，是不是做法有问题，而且两天过去悠悠的老师那边也没有什么反应，被同年级的孩子打了没有被欺负的感觉，可是被高年级的同学打了而且是打了耳光，以大欺小，很多霸凌的事件不就是如此吗？我确实没有足够重视这件事情，也没有去理解悠悠的感受。

我批评悠悠这件事情发生的时候没有及时和爸爸妈妈说，他说和老师说了，而且他说他不知道他的名字，也不知道是哪个班的，所以想说了也没用，希望能忘记，让这件事情能过去。听了我心很疼，要不是送他去学校，而且正好这孩子站在他旁边的队伍里，这件事情可能我会一直不知道。

两天后，我发短信给悠悠的班主任，一是说明高年级欺负低年级，二是抽耳光，我认为这件事情不是普通孩子之间的小摩擦，而是一种欺负霸凌的行为，想到涉及高年级的学生，由悠悠的班主任出面去找那个年级的班主任协商处理，怕老师之间的关系不好处理，恐怕让班主任为难，我想直接反映给校长，不知道是否合适，因为我不知道学校里的管理运作方式，问班主任如何做比较合适。

班主任没有直接回复我的问题，约我们放学时谈，说事情已调查清楚了。

放学悠爸去接悠悠，没想到班主任、语文老师、还有一个不知名的学校的另一个老师，可能是搞点管理工作的老师，三人反而把悠爸严肃批评了一顿。

她们批评的大意：1. 那个高年级的孩子学习很好，他说没有打耳光，也没有打悠悠，只是拉了一下他的袖子。2. 有很多证人证明这个学生说的是实话。3. 悠悠在学校得到很好的保护，让老师很伤心我们说他受欺负了。4. 悠悠的妈妈不该去找学生，这是对老师极大的不信任，而且这个孩子在老师面前哭着说自己没打，可是看家长批评他只好承认。

爸爸回来很生气，怪我不应该发短信，这么不信任老师，最后，孩子受欺负了还把家长批评一顿。

我真没想到会这样，事情怎么会变成这样？我要打电话找老师，悠爸阻拦，怕惹得老师不高兴，悠悠以后的日子不好过，而我坚持真理。

通过电话我给老师讲了自己的观点：1. 对于这件事情，我没有想去自己找那个孩子进行批评，是偶然这个孩子出现，悠悠当时说了，我作为母亲，不可能一声不吭当没听见，只是询问了一下，而且一分钟不到就给老师通报了情况。2. 如果不信任老师，我想自己处理，我会选择放学时找他家长接他的时候来告诉他的家长，让家长管他，我不会选择上学进校门只有一分钟不到的时间说两句话。3. 这个孩子不管学习好不好，可是这件事情上说了假话，我全程微笑着和他说话，他还在老师面前哭诉被迫说打了悠悠，显然是撒谎，如果老师不信我可以当面和他对质。4. 这件事情必须有个处理，他不管打了哪儿，都是打人了，悠悠说他班级展示不好不对，悠悠可以向他说对不起，他动手打人就该道歉。

我没想到这个老师嘴里优秀的孩子会为了掩饰自己错误可以这样说假话，我没想到老师会因为一个孩子学习好就相信他说的一切，我没想到老师为了维护学校的形象，居然把焦点聚在我们做家长的行为上面，不去想如何处理和预防类似的事情再发生。

我不相信老师可以找到很多证人，因为事情过去很久，而且在上厕所的时间，厕所各个班级都有，谁又能看到还记得这么久呢，当时到底哪些孩子在上厕所，老师又如何调查得清楚呢？我对老师的行为说实话很失望，他们居然不相信我这个大人，更不相信小的孩子悠悠，只相信这个高年级的孩子，理由是学习好。

我也和老师说了，孩子因为想掩饰会说谎，不一定是品质坏，不是只有成绩差的孩子说谎，好孩子怕老师对他失望也可能，但很显然老师不会这么认为。

通完话后，我也慢慢平静了，老师们可能也有很多要求，如果出现了学校的霸凌行为，对他们一定会有处罚，他们也不希望这样的事情发生在自己的学校，而且这个学习好的孩子他们不相信他会动手。也许只是不愿意自己的工作出错，也许只是愿意相信是孩子们是普通的摩擦，所以感觉我们家长有些太挑剔，老师也说现在一个孩子看得很珍贵。

其实悠悠在几个月前，脸被一个孩子咬伤了，老师要让对方家长过来陪着一起看病，给我们道歉，我都说不用，只是说让那个咬悠悠的孩子第二天问问悠悠，关心一下，让他们这样和好就行。悠悠脸上的瘀青一个多星期才慢慢消，我这个当妈的不是不心疼，可是人家父母也不想让自己儿子去咬人呀，我让人家家长来赔礼真没必要，孩子之间打打闹闹常有的事儿，互相理解就好，因为同班孩子不涉及欺负的感觉，所以一切都好说。可是这次是高年级的学生，所以我才会对事情有了不同的看法。

可能悠悠平时在学校已经很让老师心烦了，我这个做家长的如此认死理，把这件事情定义为了老师们最怕的性质，老师对我们有想法也属正常，虽然我不赞同，但我能理解，虽然我在此间也受了委屈可是我还是能和老师坦诚相见，也还是信任老师的出发点并没有问题，只是站的角度的不同，观点我们并不一致，我深深地体会到，做一个学习不好的学生难，做一个老师难，做一个家长难，大家都不容易。

这件事情后，老师让那个高年级的学生向悠悠道歉，悠悠也原谅他了，悠悠说："过去的事情就过去吧，胸怀坦荡之人不计旧仇。"悠悠很了不起，有胸怀，有气度。当我面对那个高年级的孩子，虽然他打了悠悠，我声调柔和地和他说话，会用哥哥和弟弟的称呼去解读他们之间的关系，会和他说道理，会听他说他爸爸如何敲他的脑袋，全程没有愤怒、指责，我的行为没有刻意用理智的控制，只是一种母性的自然流露。虽然悠悠怪我没替他出气，虽然这个孩子为了自保歪曲了我的形象，我并不怪他，也非常理解他，他平时学习好，他的心里也怕老师因此对他的印象变坏了。我的悠悠心胸的宽度让我也很骄傲。

　　事情过去了，我仍然像往常一样，悠悠有什么需要和老师主动沟通，没有因此和老师故意疏远和心存嫌隙。

　　在意外、生气、反思中，我感受到自己的成长，不以一件事情去认定一个人，不以观点不一致怀疑诚意，不以角度不同而对立，纵然自己有委屈，也能想到对方也可能正觉得自己很委屈，大家的委屈都真实的存在，大家的不容易都真实的存在，相互理解，才能让自己好过，也让别人好过。

　　做一个孩子的家长这么难，那么做六十个孩子的老师更加的难了。

　　世界上的事情有对错，但有时对错不是解决事情的唯一办法，相互理解才是解决好问题非常重要的途径。

96

和侠客在一起的滋味

因为多天没动笔，太多值得记的事情都没在第一时间写下来，但这件事我一定要补记一下，虽然我知道不可能完整呈现当时的一切。

因为一些事情悠爸冲我发了脾气，当然可能是我先激怒了他，我记不起导火索了，但我记得当时"火"很大。

事后，我和悠爸仍然在说话，但是只是说要说的，没有多的交流，也没有道歉，悠悠感受到我们这两人的别扭，老催爸爸道歉，我们在外面吃饭，返回的途中，悠悠开始教育起爸爸了。

"爸爸，你知不知道，妈妈很娇气。"

"我觉得妈妈不娇气呀。"

"妈妈她其实很娇气，很脆弱，她从小缺乏爱，她的爸爸从来没有拥抱过她，她学习成绩好也会被打，她没有玩具，从小到大就只一个娃娃，她的爸爸和妈妈没有说过一次'我爱你'这句话。你真是的，为什么还要吼妈妈，她最怕别人大声说话，她喜欢别人温柔的说话。"

"还不是你弄坏了我的心情，我才那样的。"

"我弄坏了你的心情？你冲我来呀，为什么要冲妈妈发脾气呢？"

"我冲你发脾气，你又会说'怕你打我'之类的话。"

"没关系，你以后发怒了冲我来，想打就打，都发我身上，不要对妈妈不温柔。我给你争取了一次妈妈原谅你的机会，这个机会是我反复做妈妈的工作才得来的，你一定要好好对妈妈，下次再惹妈妈生气我也帮不了你了。"

我的悠悠小时候的愿望是当侠客，和他在一起有被侠客保护的感觉，他是个很细腻的孩子，很怕爸爸打和吼他，可是为了让妈妈过得开心，英勇地让爸爸把脾气都冲着他来，真是侠胆柔情呀！

我被悠悠的这种气势感动了，不光是因为他护着我，还有他对自己妈妈成长经历的感同身受，他的同理心，他看似不懂事的样子却有一颗关怀别人的心。

悠爸被悠悠的这段话深深地打动了，悠悠睡着后，他对我说："你这儿子养着有用，他在洗澡间里对我说，一定要对妈妈温柔甜蜜些，要好好爱妈妈，珍惜和妈妈在一起的机会。没想到他这么的懂事。"

悠悠总是很真诚地对人，纯纯的、可爱的。

悠悠总是玩心很大，马马虎虎地对待学习。

近期要不就想着如何设计一个钢铁侠的战衣，要不就想着如何利用寒假拍电影，还有就是想着去挖宝石，就是不想认字，常常和我讲条件不让我报听写。

我也有不耐烦的时候，也会数落他，总觉得八岁了还这么爱玩，一点也不能把心放在学习上，批评他时，他最关心的是我还爱不爱他。

总是问我是否对他有信心，在他心里妈妈就应该是对他有信心的，不管他的行为是否给妈妈信心。我告诉悠悠，对他的信心是觉得他有很好的潜力，但他需要努力去挖掘藏。

是呀，信心是什么？信心是互动的结果，信心不是天生长出来的，信心是我对你有信心，而你也增加我的信心，不断把信心的雪球滚得更大。信心真不是自己萌芽自己生长的，而是要靠双方不断灌溉施肥，共同培育的。

97
迫不及待

今年的最后一天，我和悠悠用自己的舞蹈做一个年终小结，我们所在的舞蹈培训学校的年终会演在一个大型商业体里进行。我和悠悠所在的拉丁班都有节目。

他表演恰恰，我表演伦巴。

悠悠一直都说真不想去表演，因为他害怕跳错。下午演出，上午的时候他还在家说不想上台，尽管他说不想去，担心出错，可是一边又兴奋地问会穿什么衣服表演，头发要梳成什么样子的，需不需要化妆。

我一直安慰他："你5岁就上台跳过舞，跳得很棒，你是一个特别有舞台感觉的人，你一定会跳得很出色。"然后悠悠就开始让我讲述当时上台的细节，百听不厌。

这种讲述在慢慢打着底，悠悠慢慢地酝酿着上台前的情绪，时间很快来到了一年的最后一天，来到了登上舞台最后的倒计时。

带妆彩排，悠悠跳完后走下舞台对我说："妈妈，上台一点都不可怕，一点都不紧张。"

"看吧，悠悠就是一个喜欢舞台的人，在舞台上不紧张、能够很好展现自己！"

悠悠特别高兴。

正式的演出开始了，悠悠的节目是第29个，我的节目是第11个，等待上台的时间过得特别慢。

我们的舞蹈用的是《往后余生》的音乐，曾经是我反复循环听的一首歌，以此作为一年的结尾，真的很有意义，没想到在这一年我学了拉丁，也没想到还能走上舞台，好多年没有上台表演过舞蹈了，想想距离上一次恐怕有十几年了。当我站在聚光灯下，我觉得我就是世界的中心。我跳得不好，只学了几个月的时间，也只是完成了动作而已，好在余生可以一直练习下去。

悠悠提前三个节目去候场，这几天下雪非常冷，他的演出服很漂亮，但是个露胸装，很单薄，外面穿着棉袄，他早早地把棉袄脱掉，准备上台，他脱掉我给他穿上，还有两个节目他又脱，我又给他穿，还有一个节目了，他继续脱，我继续穿，后来他激动地不穿了，我只有把他用袄子裹起来。

"妈妈，我都等不及了！我好想上去呀！"

终于迎来了他走上舞台的那一刻，他迫不及待地走上台，满脸笑容，高兴地表演着，很用力，状态很好。平时没表情，不用力，还要我反复提醒，没想到这一次不用我提醒，在聚光灯下，悠悠自信而快乐地起舞。

"妈妈，我好高兴呀，上台的感觉真好，一点儿都不怕，一点也不紧张！"悠悠兴奋地走下台，完成了他的演出。

爱上舞台，享受众人聚焦的目光，享受舞台上绽放的自己，用最好的表现表达自己快乐的心情，悠悠感受到了舞台的魅力，感受到了藏于自己身体里的动力，这就是我们参加演出的意义，这是一种很棒的体验，一次次体验也是搭建自信的基石，真希望有更多的机会让他去经历、去享受。

考级、比赛、演出，对于跳舞的人来说，我觉得很重要，参加这些并不只是为了某种里程碑的纪录，在我眼里，生活中需要不断出现机会、压力和动力，为了准备比赛、演出、考级，人会在某个阶段全力投入，这种压力和动力会化解训练中的乏味，这种克服压力控制自我的过程会是自信心最好地打磨，在不同的场合的展现会让孩子发现自己的魅力，当然在一次次的磨炼中也会遇到失败和挫折，那也是人生不可少的课程。

期待下一次的舞台，我和悠悠约定，明年的会演争取有我们俩人的节目。

98

角色不等于特权

"妈妈，我想和你谈谈心，我在学校也遭受了很多挫折。"悠悠停下手中的笔，不想做作业，想和我聊聊。

"你还不抱我一下。"悠悠翘着嘴巴说。

"来，我们抱着说。"

"我们的语文老师被同学们气哭了很多次，估计也有十几次吧。"

"语文老师被气哭和你有关系？"

"没有，她也受了很多委屈。"

"噢，这样呀！"

"同学们笑我这么大了还流口水，笑话我，嫌弃我，有个同学还说要我用奶瓶堵住嘴。"

"因为你的过敏性鼻炎导致鼻塞所以流口水，并不是你不讲卫生，也不是你故意，你可以告诉他们。"

"他们不听，只是笑。"

"嘲笑别人的病，嘲笑别人的缺陷或者缺点都是在损害自己的修养。看过嗝嗝老师的电影吧！"

"看过，你怎么知道的，你那次不是没看吗？"

"我听你给我讲过她的故事，她不停地打嗝，她如何应对别人的嫌弃和嘲笑？"

"她成了一个很优秀的老师。"

　　"每个人身上都有不完美的地方，接纳这个不完美，也接纳别人的不完美，我们不去笑别人，也不怕别人笑，流口水又不是什么大不了的事情，比打嗝强很多，你说呢？"

　　"妈妈，我告诉你，嗝嗝老师那个电影还有很多好玩的……"

　　悠悠开始与我探讨电影了，没再去说他的难过了。

　　其实悠悠很讨厌同学们笑话他，虽然知道怎么去应对，心里还是想和妈妈说说，我讲的道理他都懂，只是想得到妈妈的支持，也想让妈妈了解一下他此时的心境。

　　孩子的心总是宽阔的，一会沉浸在受挫的委屈中，一会又可以把思维开进一部看过的电影，心情顿时好起来，津津有味地讲述着片中好玩的情节。我们大人很难这样，化解一个坏心情的时间比孩子长很多，是太认真了吗？还是有些宠着自己、任情绪奔跑，还是失去了自我的定位，全部进行程序化？一件事情发生了是应该生气的，我们就生气，似乎不是自己说了算，是习惯性的不开心，其实事情本身不算什么，我们放大了其意义。

　　孩子们简单，快乐也来得更容易些，孩子们易受挫，可是他们选择及时述说迅速排解。

　　悠爸说，最近悠悠总会在放学时说"好想妈妈，好想抱抱妈妈"。

　　悠悠也会和我表达他很爱妈妈，都不知道如何爱了。

　　我想这些话透出的是与妈妈的交流沟通比较好，他曾说过妈妈是他最好的朋友，我很高兴能成为他的朋友。

　　在做心理咨询时，我们说过太多愿意和别人平等交流，像朋友一样沟通的话，可是真正的修炼不是在咨询中，而是在生活中。那个和你本来陌生的人你可以不急不慢地面对他的经历，因为确实无关你的真实生活，他只是一个来访者，你可以客观冷静，而面对自己的孩子，要平等沟通，要真诚的理解，确实不容易，如果这个孩子一切按部就班倒是不难的，事事听劝，懂道理，你会比较容易理解沟通；如果这个孩子有自己的思想，恰好与常规的不太一样，你的道理他未必都可以懂，也未必都能去做，要理解真的不简单。

与悠悠的相处中，我不断地在做着母子分离的工作，面对我们各自是独立的生命体这一课题，虽然我是妈妈，我不能强迫他，不能去替代他生活，生活是他自己的，人生是他自己的。我时常怀疑我这样做是不是对的，可是我的直觉告诉我，不管是谁和谁的相处，只要是人和人相处，就要彼此感到舒服才可以算好的模式，如果我每天唠叨他，每天烦躁，我们的生活会很糟。

悠悠前两天说，他看书上写："人生也是一种游戏。"是呀，游戏有游戏的规则，不管我们是不是母子，是不是有血缘关系，我们都要在这个规则里，不可能因为我是妈妈，我生了他，因为母亲这个角色我可以例外。

角色不等于特权。

99

镜子　前路

　　我的腰很疼，几个月前我写过一篇《站着说话腰不疼》，因为我没"站着说话"，所以我的腰真的很疼了。

　　昨晚的拉丁课，恰恰的基本步让我没用过的肌肉扭得像麻花，我提了很多问题问老师，从脚趾到脚踝，从胯到腰，从胸口到后背，旁边的同学说："你是不是要写篇论文了？"

　　我像个孩子，生怕自己的动作不对，怕自己在家练习，会离正确的动作越来越远。一边跳一边老心里琢磨：这动作是怎么来的？哪儿使的劲？从人体结构来说，人会把肋骨与胯分成两部分吗？肋骨不是一块吗？要分成两个部分的感觉是什么在起作用？人的重量在哪条腿？老师说在后面腿上，我为什么前面的腿也会有一部分呢？

　　边跳边思考，也许是我想多了，仅一个原地换重心的步子，一下子就产生了很多的问题。

　　老师很耐心地回答了我的问题，没有笑话我的愚笨。

　　别的同学没问题说明都能理解了，而我的问题越多，说明我的动作每个地方都是不确定、不明白的。

　　好在我是一个不怕人笑我笨，最怕别人以为我聪明的人。我像小学生一样，问老师最简单的问题，在那一刻我忘记我四十多岁了，而我的老师只有二十多岁。

　　老师在下课小结时，说让大家回去都多思考一下动作，但不要想得太刻板，有时动作是塑造一种感觉，其实肋骨分不成两块。

走在路上，我时常停下来回忆上课时某一个动作的要点，我也会在过马路等红灯时，去不知不觉地动几下脚，我没太想路人如何看我的这种行为，我完全活在自己的思考中。

我有点着魔了，我不知道我有多喜爱拉丁，或者称不上喜欢，热爱就更不用提了，没有悠悠去学拉丁，我也许这一生都不会突然走进拉丁教室，拿出时间去学，哪怕觉得非常好看，也只是欣赏别人跳的罢了。

因为悠悠，拉丁走进了我的生活，因为拉丁我又做回了小学生。

我都这个年纪了，老师的一个小表扬我也会很高兴，老师的一个批评我也会下决心改掉小毛病，老师每教一个内容，我总想做好、做标准，尽管我的身体没那么听我的话，我就拿老师的一句话鼓励自己——"傻子天天跳，也能跳好！"

我知道这句话不是全对，但至少说明努力和反复练习是舞蹈不可以缺少的东西，当我不能去左右别的因素时，努力是最容易去做，也是最难坚持去做的。拉丁是上天派来锻炼我毅力的，尽管几个月下来我的身材没有什么变化，小腹还有很多肥肉，可是我感觉到自己又回到了"好学生"的状态。

我很感谢我的拉丁老师，说实话因为是男性，他的教学并不如女老师那么细致，没有更多地去重复动作要点，可是他给了我很重要的东西，他不断地在强调态度，不断地强调舞蹈的感觉，不断地启发每个人去发现自己，他会对年纪大的人说："如果你是20岁，我会建议你去走专业道路。"他会对节拍有问题的同学说："你是同学们中身体最端正的，拍子要跟上。"他会对手位有问题的说："你的胯很好，可是手位要打直些。"他会对初学者说："你来的时间不长，但是你基本把动作都记住了，很不错。"老师鼓励大家的话语非常用心，也指出了努力的方向。他还对大家说："贾俊很刻苦。"这一句刻苦让我知道，每一分努力都会在你的身体散发出来，没人告诉老师我是否在家练习过，可是老师看见了我的努力，说明积累磨炼都是进步的基石，我找到自己学习的途径，唯有刻苦！

当然，老师也会大声说："你们跳得好辣眼睛呀！"

每个人在他的提醒鼓励下都变得更认真，每个人在教室那面镜子里都找到自己的美，在老师的眼睛里找到未来越跳越好的希望。每个人的进步都越来越明显。

好的老师是一面镜子，这面镜子让你不仅看到现在的你，还让你看到未来无数的可能性，看清前路。

前路是什么，是美好的愿望，是一种概率事件，在途中有老师的映射，你知道如何提高成功的概率。

前路是什么，是可以不用管的概念，在途中有老师的映射，你更加了解自己。

前路是什么，可以当成无用的期许，因为在途中你会认识很多同行的人，经历一些没走过的路，发现不曾认识的自己，这些收获已足矣。

100

生活高于艺术

那一盘炒包菜，随着砰的一声刺耳响声，和我的坏情绪一起冲向了地面，我的愤怒如同挣脱笼子的野兽，碎了一地的盘子瓷片和狼藉不堪的餐厅让我定住了。

悠悠过来安慰我，我却不想让他说话。

因为下午拉丁考核有一个即兴发挥的环节，悠悠一直在纠结，紧张考试，怕老师笑他自创的舞蹈，怕同学们笑。从前一天开始到摔盘子的前一刻，我一直都在告诉他，按自己的想法跳，老师鼓励大家发挥自己的潜力和想象，不要在意同学们如何看，沉浸在音乐的情绪里。

反复说了一百遍，反复问了一百遍，我觉得他完全可以听懂，可是，他最后又加上一句，怕老师说不能这样跳，老师批评怎么办？

上节课堂上家长和学生一起听老师对这次考核的说明，我和悠悠都在听，而且一天下来为此解释了无数次，最终还要以此作为问题，我终于管不住自己了，去破坏了一个盘子。

我的情绪只是暂时定住，他们开始吃饭，我吃不下，我坐了很久，悠悠去写作业了，我一人坐在餐桌前开始流泪，哭了很久。

好久没有哭了，有时很难受但哭不出来，哭有时也是个奢侈的事，孩子们真好，想哭就可以哭。

我以为是因为悠悠反复问我而生气发怒，后来边哭边发现了我心底那种愤怒不是直接来源于悠悠，他只是个"导火索"，也是"最后一根稻草"。

我心里浮现了上午妈妈来家里说的话，"悠悠成绩不好可怎么办？""管得太松，为什么不告诉他学习不好是不行的""以后住我家我和你爸管，你们不管，可能就好了。""哪有这样的孩子！"

我的心里又浮现早上悠爸的话"你的耐心好，为什么没把他教好，成绩还不是差得要死！""讲了半天搞不懂，为什么不能吼他，就是个笨蛋。"

上午我在家里练舞，想让悠爸看看我做得是否到位，他一直不离开餐厅的座位，只是瞄了几眼，不愿意到我旁边来。前一天我想和他说这一年我有很多不如意，好在我还有写作和拉丁，他没有接我想说的话，给的回复是"你把工作看得太重了"。

当我妈说那些否定悠悠的话时，我告诉她悠悠今年有进步，数学从几分考到了及格并且考出过八十几分，他不怕做数学题了，认字少但也有进步了。

当悠爸说悠悠笨，吼他时，我说不要因为没听懂而吼他，不要因为现在成绩不好，在餐桌上说："学习不好最终就要去坐牢！"学习不好可以帮助，但不能这么定义他的未来。

悠悠所有的不好都是我没教好，如果有进步那就是大家说的"开窍就好了"。

我很累，我除了要教悠悠学习，还要面对他的起伏不定的学校生活，与老师沟通，督促他跳舞，解决他和爸爸的关系，我还要去劝说周围的家人去相信他会好起来。去接受他的现状是一个慢慢变化的过程，当悠悠一直在胆怯，一直在害怕老师和同学如何看待他想表演的舞蹈时，虽然当时不知道为什么愤怒，但从我眼泪中尝出了一些味道，我在为他失去勇气伤心，因为他的胆怯而失望，因为他的不自信，对家人对他的质疑而愤怒，悠悠从小就是一个大方的孩子，是一个敢于在众人面前表现自己的孩子，如今却显得胆小和怯懦。

我也因为自己在这个过程中的压力而崩溃，也因为自身没得到关心而孤独，我是我，我不仅仅是悠悠的妈妈，我需要支持关心，我更需要鼓励。

悠爸安慰我说没有怪我，只是有时生气时的气话，也没有不关注我，只是因为当时悠悠在手机上看动画片，怕有些浮窗会弹出不适合孩子的画面，所以要坐在旁边监管一下。

虽然只是几句话我的心里感觉好多了，我迅速吃了饭，洗了把脸，和悠悠一起去拉丁课看他的考核。

在即兴表演时，只见悠悠扭头看着玻璃外的我和悠爸，不知道在说着什么，脸涨得红红的，我只好把门打开一条小缝问他怎么了，他说："妈妈我不敢跳，我怕！"我很坚定地说："你请老师给你一段音乐，你准备好了，放开跳！"然后我关上了门。

音乐响了，悠悠开始旋转，跟随音乐起舞，他转了很多圈，可是从前到后他有一只手始终放在肚子上没有动过，只有一只手在做动作，他一定紧张坏了，那只手在保护着自己，没有用开放的状态去跳，不想一下把自己都投向这个场合。

结束了，悠悠说他很紧张，还是很害怕，让我不要怪他。

我告诉他第一次能这样很不错了，每个人都会紧张，只是我们要慢慢学会控制自己的紧张，以后会越来越好，他比其他同学都棒，全班只有他一个人即兴表演了自创的舞蹈，其他同学只做了一两个老师平时教的动作，而且没有人用音乐。

悠悠又去问了考核的老师，老师说："我们发现了你的潜力，你很会转圈，圈转得很好！"

晚上悠悠睡了，悠爸说："现在是不是开始懂事了，知道害怕了，以前不这样呀？"

"因为考核对他有压力，而自创的舞蹈又有风险，所以他会很在意，才如此患得患失，如果是我们也会很紧张，也会很难做到尽情地发挥。"

"那是，让我在老师面前跳一段，我小时候肯定不敢。"

"就是现在，你也未必可以展现得出来。"

"那是，悠悠还是不错的。"

早上送悠悠走在路上，我又和悠悠谈到了这个话题。

"悠悠，昨晚又细想了一下你的自创舞蹈，真的很棒，我和爸爸都觉得如果是我们恐怕都不敢大胆地表演，而你最终克服了紧张，表现了自己，不但超过了同学，最主要战胜了自己。"

"真的吗？可是我觉得没跳好。"

"人都是在一次次的锻炼中进步的，你会越来越好的！你有很大的潜力，一定要用力挖哟！"

悠悠高兴地脱了外套，只穿件毛衣跑在寒风中，所有的行人都穿着大衣、羽绒服，路上很多送孩子的家长都在和孩子指着悠悠说："你看他穿得好少呀！"

人总有特别之处，也总有不完美之处，生活创造了一个个小事件去磨炼，也给了一个个挑战去让人征服，每个挑战都是成长的机会，只是我们看不到那是机会，只看出那是寒风，那是考核、那是即兴表演，忽略了那是适应性训练、那是心理素质训练，那是自我认知的构建。

101

该死的拉丁我居然敢跳你

站着看书，我下意识地轻轻扭动身体，身上的肌肉都在酸痛。

"该死的拉丁，我居然敢跳你"大脑里蹦出这句话来，把自己吓一跳，对拉丁怎么能这么粗鲁呢？

似乎这句不友好的话里，有对拉丁导致疼痛的抱怨，有对拉丁难度预估不足的遗憾，有对自己不了解就去跳拉丁的不解，还有"明知山有虎偏不信他邪"的斗志，更有对自己"大无畏"精神的自我满足。

从八月到现在五个多月的时间，一直没觉察出拉丁的"怪异"。自从上周学了恰恰的"升级版"，老师开始要求身体的对抗性，我才体会到拉丁如此的折磨人。身上每个地方都要拧巴着来，就像搅麻花一般，胸口上面一段对着前方，胸口以下对着旁边，腿又扭回来对着前方，一个身体分成几段，那后背没用过的肌肉，全部给调动起来，做着"分头行动"对着干的动作。反正没一个动作是轻松做到的，也没一个动作是顺着来的，整个身体都在较劲，真是自找苦吃，真想问一句这是谁发明的？可以这么的"变态"，让身体完全处在"非常态"，真是太有才了。

老师说："如果你们跳完很舒服那就没跳对，如果跳完你觉得不舒服那就对了"，这算不算"自虐"？谁会想到，看起来那么美的拉丁是这样跳出来的？如果我早猜到一定不跳，真的一定不跳！

可是上了这贼船，我还就不想下来了，我就不相信我会被吓回去。

265

想想才跳的时候，我的手也不对，重心也不对，身体也松，腿也夹不紧，基本上没什么是对的，现在不对的也在慢慢减少，虽然跳得不好，老师对我的认真也偶尔给点儿肯定。老师说傻子能跳好，我就当傻子，看看自己能不能跳好。尽管我们这些大人不如小朋友跳得那么好，学得也很慢，可是我们身高体重都比他们的大，更难控制呀，所以不能觉得不好意思，不能觉得我们不如小孩。

就算不如孩子们，我们不还有刻苦认真可以拿来垫底吗?

新一年的目标就是坚持跳!

三年的目标也是坚持跳!

而且我这一辈子一定要走进一次赛场，一定要和悠悠参加一次亲子组的比赛和表演，虽然无用，我再怎么跳也没有舞蹈的前途，可是理想就是拿来实现的。三年的目标一定要实现。目标很远还有三年，可是每一天很现实，每一天我就练习一小时，每天坚持，不看远方，只看脚下，只做到每天一小时。

我总怪自己是一个不能坚持的人，总喜欢懒散，可是我就喜欢找点需要坚持的事情做一做。

武汉每天不一样，我想我每年不一样!看似每天重复，但无数次的重复一定会有不同的结果!会从量变到质变。

我刚看到一篇文章写到"相信时间的力量"，很有感触，我不但相信时间的力量，还相信"死磕"的力量!

如果有一天我坚持不下去了，再来看看今天写的话。

♥ 孩子的滋养让父母成长 ♥

最爱你的人是孩子
因为孩子的滋养
父母变得更完整
父母的成长是从向孩子学习爱开始的

102

谁是谁的儿女

　　话说摔盘子事件后，我对失控的自己并没有太多的责怪，对那个盘子也没有心疼，对悠悠也没有说"对不起"，却对悠悠当时的一句话充满了好奇。

　　当我摔了盘子，坐在桌前流着眼泪不吃饭时，悠悠来劝我吃饭，我让他去做作业不要管我，他去写了一小会儿作业，又来劝我。

　　"妈妈，你不吃饭我心里很不好受，我把你当儿女看，你不好，我怎么有心情写作业呢？"

　　第二天早上我专门与悠悠讨论了这个话题。

　　"悠悠，你怎么想到把妈妈当儿女看？"

　　"不知道，我的心里就自然地把你当儿女看，就是像对孩子一样去心疼你，你不好我就会很难过，你不吃饭我就很想劝你吃饭。"

　　想起前晚陪他睡觉，说起爱吃的东西，他说他爱吃饺子，爱吃很多东西，然后又说："妈妈我最爱吃的你一定猜不到，我爱吃妈妈，我想把妈妈吃到肚子里，每天都和我在一起。"

　　悠悠是一个有独立思想的孩子，他很少去"服从"我的什么意见，他会讲很多自己的理由让我接受他的观点，所以他显得有些不听大人的话，学习上也总让我操心，心里总期待他早点开窍，可是就是这样一个在我心里没太开窍的孩子，把我当儿女看。只听说过"医者父母心"，第一次知道孩子也有"父母心"。

他的爱没有理由，他说过不为什么就是爱妈妈，因为他是妈妈生出来的，他现在又说不为什么就把我当儿女看，因为心里自然有那种感觉。

我很感动他这么说，在成年人的心里都住着一个没长大的小孩，这个小孩也需要被人看见、需要被理解、需要被爱，悠悠一直看见我内在的小孩，他一直试图去理解并安慰她，悠悠想给小孩一只大熊，悠悠想抱抱她，悠想温和地对她说话，悠悠想让她想买什么就买什么，悠悠想用自己仅有的积分兑换礼物给她，想弥补这个小孩所有的遗憾。

我一直以为我有一个温暖的怀抱给悠悠，想让他幸福，想给他无条件的爱。

我一直以为我在努力做一个好妈妈，去理解接纳悠悠，我觉得我很用心。

我一直以为做儿女的比做父母幸福，没想到当我听到悠悠说把我当儿女看的时候，我才知道，父母和儿女的关系本来就是平行的关系，没有谁比谁努力，也没有谁比谁幸福，只是父母活在自己的思维模式里，没有去感受到亲子关系里真正的幸福。

我说"我在努力"，悠悠说"只是自然"，我很惭愧，所有的关系当用得着"努力"的时候，就是在用理性去处理关系，就是在用客观标准衡量关系，关系需要"努力"和"经营"时，其实已经开始偏离航向，离情感的主题更远了。

情感不就应该是自然而然的吗？爱不就是应该不知道为什么，心里却又生出的一种甜蜜吗？

对比起来，孩子的爱，纯粹而深刻；成人的爱，现实而自以为是。

"情不知所起，一往而深"，才是爱的最好注解。

父母应该向孩子们好好学习如何爱。

103

艺术是种"病"

　　明天就是我阴历的生日了，从小到大父母都是给我过阴历生日，能记住阴历生日的人才是真爱，寻找阴历生日在每年的哪天是要专门查找的，不像阳历生日容易记起。

　　妈妈说生日就在家里吃饭，她来做饭，不出去吃饭了，我不想让她费劲，还是执意出去吃饭。生日的那晚正好有一节拉丁课，我想想只有放弃上课了，生日一年就这一天，而拉丁课一周都有两次机会。

　　可是我又犯病了，犯了"不知道为什么"的病。

　　昨晚有拉丁课，是复习伦巴的基本步，说是复习其实是重新学，"提高版"的基本步完全和之前的"划动作"不同，各个部位肌肉的调动和配合，身体的控制和挤压，节奏韵律的分配和身体的重心转换，没有哪一个细节是可以忽视的，而且一边学我的脑袋一边出现很多要问的问题，老师讲一个细节，我就想要确定一下我不能确定的内容，希望我能够正确理解老师表达的知识点。是不是舞蹈用"知识点"很怪异，像一个书呆子一样，其实我不是书呆子，我看的书少，而且我上学时除了认真听课，完成老师布置的作业，其他的一道题也不多做，我把"听讲"和"理解"看得很重要，基本上不放过老师说的任何一句话。

　　当老师在讲原地律动挤压时，我说看起来是从上往下挤对吗？老师说："这是我以后准备讲的，你总是快半拍，既然你问了我就讲一下。"

我常常会想到一个动作的原理，想要搞清楚每个动作的来龙去脉，把问题分解得很细，于是常常会提很多的问题。

我的身体不一定能做出来，也不一定可以完全按脑袋想的去做，但是我想让我的脑袋理解是正确的，知道是怎么做，身体不会就去练习，肌肉不会就去练习，不到位就去练习，但我知道要往哪儿去练，而且不会练错，这样我才安心，这样我才不会慌张。

下课时，老师说下节课要复习恰恰的另两个基本步。

好重要呀！我心里感叹了一句，可是我还是和老师请了下节课的假，老师问："是出差吗？"我说："是过生日。"当我说出口的时候，我感觉这个理由好没有力量。

走在回家的路上，下着雨夹雪，等待过马路的红绿灯的空当，我还做了两遍原地换重心，我旁若无人。通过斑马线时，放着音乐的手机正好唱道："来不及认真地年轻过，就认真地老去，又一次和你擦肩而过一毫米的距离。"

这个大马路的斑马线很长，仿佛我不是从一个路口走去另一个路口，而是从年轻走向老去，属于我的时间和东西更少了。

确实我没有认真地年轻过，在我年轻的时候，我大量的业余时间是看电视和散步，每天看很长时间的电视，很少读书，多是看些杂志，没有运动，没有学点儿什么，甚至没有吃早餐的地方，自己也不愿意为自己做点吃的，35岁前我没有孩子，大把的时间不知道去了哪里，结果就匆匆忙忙地来到四十多岁的年龄，真的是很敷衍地度过了年轻的时光。

飞逝的时间不会为谁停留，也不会为谁放慢脚步，就像歌中唱的"没认真地年轻过，就认真地老去"，生日对于我来说更像是时间的提醒，想到的不是"生日快乐"，而是"人生很快"！

边走边思考，我突然越来越不忍心缺席下周的拉丁课了，我不想错过老师讲的任何细节，尽管我知道就算错过也会在以后的课程里复习到，尽管我还有很多拉丁课的机会，可是我想要上课的想法从暗到明，从弱到强，占据了我的心里。

生日的聚餐不能少，生日请妈妈吃饭感谢妈妈是必须的，可是吃饭的地方可以调到近些的地方，吃饭的时间可以尽量提前，控制在一个半小时以内，我吃完就可直奔拉丁课堂，虽然我这个主角有可能先离开餐厅，可是那好过不吃饭，也好过不上拉丁课。

"生日快乐"，我不想只是一句空空的祝福，我想收获自己内心真正的快乐，如果我坐在餐厅里吃着美食，心里却想着老师又讲了很多细节而我没有听到，我的心会不踏实，会不快乐，做自己想做的事儿，把自己认为重要的事都兼顾才是快乐。

我也许是犯病了，"乖学生"的病，把每个知识点看得很重要，把老师讲的每句话当"金句"。

我也许是犯病了，"取舍困难"的病，不想丢掉任何一个觉得重要的事情，坚持我认为重要的事就是重要的。

我也许是犯病了，把"无用"当意义，拉丁不能吃喝，不能谋生，甚至会花去很多学费，可是我认为它很有意义，比晋升、比加薪更让我心动。

我也许是犯病了，在别人眼里，在我妈眼里，都觉得我病得不轻，可是我想要这么"病"着老去，认真而自由地老去。

不要用别人的标准和定义决定自己的事情，自己定义就很好。人渴望理解，但理解不是必需品，包括"认可"也不是，自己好才是真的好，因为，自我的接纳才是真正地接纳。

早上送悠悠上学，早到了十分钟，悠悠穿着雨衣站在路边等待，突然开始做拉丁的动作，"妈妈，你看我的方形步没有滑动。""真的呀！"我很开心，不是因为他改掉了方形步滑动的小问题，而是在等待的空隙，拉丁跑出来在他身体里穿行，那不是一个简单的动作，他的心里一定响起某个旋律，他的身体是有节奏的，在等待的十分钟里他感受的不是等候大门开启的焦急，不是在雨中站立的时间难熬，而是有背景音乐的闲暇早晨。有雨，有时间，有舞蹈，有和妈妈相处的记忆。

艺术不就是拿来点缀生活的吗？艺术不就是让生活的枯燥变成美感的吗？如果生活因平淡而无味，因艰辛而苦涩，就像是一块满是破洞的大布，那么艺术便是在破洞处织补出一朵花的彩线，他阻止不了破洞却可以让生活美好起来。

写到这儿，终于搞清楚了我的"病"，原来这"病"是被艺术吸引的"病"！

104

棉 花 糖

小区的门口有家幼儿园，时常会有很多培训机构在放学时发放宣传单，今天却来了个卖棉花糖的。

悠悠很喜欢棉花糖，准确地说只要是糖他都喜欢。吃糖太多对孩子不好，况且他的过敏严重，加了各种添加剂的糖更是对他有害，我不想给他买糖吃，却总是抵不住他的恳求，没有严格控制，导致他身上的湿疹也越来越多了。

当我的目光落在这一朵朵白色的棉花糖上，却被粘住了。

我停下来问正在制作的老头："老师傅，这里面除了白糖还加了其他东西没有？"

"没有，加什么都做不成这样了。"

虽然我对他的回答没那么相信，但是我的心里已经决定想要买一个了。

我知道如果悠悠在这里，他一定想买一个，不知道他是喜欢它的甜，还是像云朵一样的模样。这种对棉花糖的爱也传染给了我，虽然我没吃过，也没打算尝一口，可是我的本能让我付钱并且迅速选了一个。

拿着棉花糖走回家，心里有点小兴奋，还给它拍了个照片，想到悠悠回来一进家门看见它一定很高兴，我的心里也幸福满满的。

我是不赞成吃小贩卖的东西，也不想让他吃糖，可是他的爱好在此，也不能永远的控制，有时也该体谅一下他的心情。

我一直爱吃甜食，我自己不控制，还讨厌别人说少吃点儿，我喜欢自己说少吃点，想必悠悠也是如此。

孩子不是机器，什么都要按科学、按程序的正确"饲养"，有些小小的愿望可以满足，糖可以吃，妈妈也可以主动买，频率和量加以控制就好。

悠悠回家看到棉花糖不断地感谢我，还说如果下次再遇上一定要再买一个，我答应了他，不是敷衍，是真的答应了他。

妈妈不是机器，什么都是正确的模式，都是以正确的规则和命令为宗旨，应该主动给小孩一点满足，哪怕这个愿望不那么健康，其实又不是毒药，吃一次也无妨。

真是不巧，买完棉花糖，天就下雨，似乎还要下雪，而且一看就知道不是一天两天能完的事，看来近期再买棉花糖的承诺要延期了，希望等天好的时候，做棉花糖的老头再来一次，也让我实现一下对悠悠的诺言。

买棉花糖的愿望虽小，可是那是悠悠的快乐，满足他的承诺只是一句话，只是三块钱，却是做妈妈的真诚所在。

从小到大我都没有如此盼望过棉花糖的到来，今天却开始在心里祈祷能早些遇见它。

小时候我在商店看到一个小钱包想买，妈妈不愿意给我买，正在和妈妈纠缠时，来了一个隔壁的李爷爷，他帮我买下来，一个小猴的蓝色钱包，至今我都还记得。在大人眼里看起来不正确、没必要的愿望对于孩子来说却是心中浓浓的向往，小孩不是大人的缩小版，不是没长大的大人，就是儿童，就是有属于他们的需求，不能用大人的标准来评判。

愿白如云朵的棉花糖，蓬松而轻盈地盛开在悠悠的记忆里，甜蜜而绵长。

105

快乐按键在哪里

记得农历生日的都是真爱，我的家人都是过农历生日，除了两个小可爱过阳历。

生日就这么到来了，看见祝福的话语居然没有什么感觉了，似乎都离真实生活很远，不可能永远年轻，不可能永远快乐，不可能永远健康，我所能确定的是一直在变老。

曾经和悠爸探讨过一个问题，如果有机会返回童年或者少年，是否愿意回去？他想回去，可我不想。

过去的这一岁对我有很多考验，有些不如意超出了想象，有些发生的事情直击我对世界的看法，尽管是这样，我仍然愿意过我现在的生活。我很庆幸这些事情发生在这个年龄，如果是在年轻的时候，对我的影响会更大。

悠悠前天说单元考试考了95分，我很高兴，非常想亲眼目睹一下。

可是他说老师没有发试卷，我让他请老师拍张照给我，他说他会找老师要回来。

昨天仍然没有带回试卷，他说老师没有给他，还说老师不相信他会考这么高，感觉他是抄的，他说他没有抄。

"那是不是你的什么动作让老师误会了？"

"我往窗外瞄了一眼。"

"难怪，这个动作让老师误会了，之前你的最高分是八十多分，突然进步到九十多分，老师有点不相信也很正常，幸福来得太突然，那以后怎么让老师确信你真的可以考这么高呢？"

"我哪儿都不看，而且每次都考这么高，老师就会相信了。"

"所以我相信你说的话，你是不甘落后的人。"

悠悠其实什么道理都很明白，他在心里也特别想要考高分，也在努力，我相信他是积极向上的，至于抄不抄，不是我考虑的问题。退一万步真的发生了老师说的那样情况，他改变了以前考白卷都无所谓的状态，至少想要往高分考也是很值得肯定的，况且我不认为他会抄，因为一路从几分开始考过来，我对分数没有刻板的要求，他不会为了几分去抄。

下周就要放假了，孩子们要写出一学期的收获、不足和期望。

"本学期我的进步：上课认真听讲，听老师的话，学习有进步，遵守纪律。我的不足：学习不够踏实，做作业不专注。我的期待：考一百分，成为学习好的学生，当一名学霸。"

悠悠的总结是他自己独立完成的，我觉得写得很到位，他的期待我也很期待。

而我对自己的期待又是什么呢？看着不断流逝的时光，看到自己一路走来没留下什么足迹，我一时找不到自己的期待，也找不到自己的目标。

父母希望孩子能够树立正确的目标，并且为了实现目标而努力，可是自己的内心却充满了茫然和困惑，有太多的时间只想懒散不想努力，或者觉得努力不一定有结果，或者觉得努力得到的那个东西最终也未必是自己想要的，于是就让自己没有目标也不用努力了，于是把所有人要努力的道理都教给孩子。

小朋友们真是了不起，我心里有的目标我是不敢说出来的，因为有些目标要实现很难，要付出很多，放在心里想想，如果实现就很好，如果路途艰辛就知难而退了，自己也无须自责，不需要向任何人交代。所以悠悠敢说自己的期待是"学霸"，我不敢说我的目标是什么，到这一刻我都不敢说，所以那些目标成了空想，所以到了四十三岁一无所成，甚至连个豪言壮语都没说过。悠悠很勇敢，他不但想了，还敢写在纸上，敢交给老师，并且敢于贴在他的成绩报告册上，为他勇敢表达自己的目标点赞。

生日如平常一样，就像无数个日子一样平淡无奇，还可能是收获失望的一天，收不到祝福会失望，收到祝福觉得都不会实现也失望，没有礼物失望，礼物不是自己想要的失望，收到想要的礼物却没有兴奋感也失望。

比较起来我更愿意过别人的生日，心里会很轻松，很高兴，不会想自己走过的日子，也不会想未来日子如何去过，只是选个礼物、吃吃饭，热热闹闹地就过了。

当然这个生日我也有欣慰的地方。

悠悠说："妈妈生日我要少让你生气。"

昨晚躺在床上他说："妈妈能给我买20块钱一个的橡皮吗？我想要两块，而且明天早上就想要。"

我说："没问题。"

"妈妈对我好舍得呀，你真的好爱我呀，二十块钱那么贵都愿意给我买。"悠悠不断地重复着对我的赞美和感谢。

答应他时，我觉得二十块钱买两块橡皮还真有点贵呀，但是没说出来，直接答应了。早上在文具店买到这两块悠悠梦寐以求的橡皮时，只用了一块五毛钱，我却收获了整晚的那么多赞扬。

我就是这么怪，生活得有些挑剔，可能很多有关钱的东西我没兴趣，也刺激不到我的多巴胺分泌，可是一些温馨的话就会触动了我的快乐按钮。

106

咨询"尸"曝光记

昨天生日拉丁课我还是去上了，动作做得不好，有很多毛病，下课走在路上心情倒是不错。

一进门，悠悠在哭，爸爸在劝，我的心情一下就从愉悦状态平静下来。

悠悠哭诉爸爸不陪他，说爸爸总是在陪妈妈，我这不才进屋吗？怎么两个人居然为这个在生气呢？

悠悠哭得很委屈，述说着自己没人陪的苦恼，还要求爸爸给他道歉，还要求以后24小时中的20小时爸爸要陪他，长篇大论后已快十点钟，为了让他快点去睡，我让爸爸给悠悠道个歉。

歉道了，可是悠悠认为很不真心，没有诚意，一点也不能让他平静心情。

我又让爸爸扮成悠悠，我来演示如何真诚的道歉，悠悠说应该这样，而且被我们的表演逗笑了，我以为这样一来就可以结束战斗了，结果爸爸照做却仍然不能过关，而且悠悠越来越气，又哭了起来。

本来是我的生日，回来就遇这场景，还哄不好他，我开始不高兴了，小声对悠悠说："有台阶就下，别等到爸爸失去耐心最后把你打一顿才好。"

"打就打！"悠悠本来无力地趴在桌子上，一听我的话，一下子像打了鸡血一样坐起来，眼睛瞪得大大的，这种表情让我心里一紧，我很少看到他这样，几乎是没有，一种反抗的、愤怒的、大无畏的劲头从他小小的身躯冲出来。

"好吧，爸爸的24小时都给你，以后由爸爸辅导你的作业，或者我干脆搬出去住，你和爸爸生活，我一分钟也不要，我也落得轻松，今天是我生日，爱我的悠悠去面包店没有给我买块蛋糕，回来也不顾妈妈的心情，一直发脾气，我也很难过。"

"好好好，我不要爸爸陪了，让他全陪你。"

"我不需要你这样不情愿地让爸爸陪我，而且我也从来没有让爸爸不陪你只陪我，况且这个家庭是三个成员，大家要互相照顾，不能只关注一个人的需要，除了陪你，这个家里还有许多事情要商量，就算爸爸和我说话也多是有关你的话题，如果你还不满意那只有照我的方法，我搬走吧！"

"你看看，你又把妈妈弄生气了吧，快点去和妈妈道歉！"悠悠听了爸爸的话从我背后抱着我。

"妈妈，我不是不让爸爸陪你，今天我让爸爸陪我两分钟，他不陪而且态度很不耐烦，像很讨厌我，很不喜欢我一样，这种事情发生了很多次，我平时都放在心里没说出来，今天引爆了，实在忍不住了才说出来，有时候爸爸对我不耐烦，我心里不好受就到学校去发泄。爸爸说话从来不听我的建议，他觉得小孩什么都不懂，他一说让我不玩了，就马上把客厅的灯关了，还说不关就打。"悠悠哭得更伤心了。

原来悠悠的心结是爸爸不陪他时，还用不耐烦的态度拒绝他，他从爸爸的态度中感觉到的是讨厌，他觉得爸爸不尊重他，不听他的想法和建议；和爸爸意见不同时，爸爸武断地采取措施，强制他服从，他的心里压抑了很多对爸爸的不满，本来想不说出来，最后积累多了就爆发了。

我把他话里表达的不被尊重，无奈，感觉不被爱，对强制行为的愤怒，都一条条梳理出来，悠悠认可我的分析，为了今后我们相处可以更加的融洽，我建议我们三个人都说出自己希望他人改善的行为，和自己在以后可以调整的地方，共同努力。

悠悠说他希望爸爸能够耐心对他，自己也尽量自觉遵守时间约定。爸爸表示以前没有体会小孩的感受，以后要注意有话好好说。

悠悠最后抱着我说："妈妈，对不起。"心情也平和多了，和爸爸去洗澡了。

一场战斗持续了两小时，从最初的"莫名其妙""故意找茬"到最后"核心问题"的显露和解决，悠悠内心的苦恼、愤怒、压抑、冲突慢慢展现出来，一个小朋友很多次的忍耐到最后集中爆发，足以看见他在生活中弱势的地位，没有话语权，没有自主权，没有这些也就算了，还没有好的态度对待他，让他感觉到身为一个小孩不被尊重，不被理解，不被重视。

如果这些话单独放在那里，父母一定觉得比窦娥还冤，好吃的好喝的，穿的用的样样满足，照顾无微不至，只差没含在口里了，可是他感受不到，绝对是不知好歹。

我脑袋里当时就出现了一早的画面：我刚顺手拿了桌上蛋卷的碎屑放嘴里，悠悠立马教训我："为什么一早不吃饭就吃零食，吃这么多甜食会得糖尿病的，你怎么不管住自己的嘴呀！"

这种教训的口气真让人受不了，可是这不就是我们经常说的话吗？他只是复制了一下，用在我身上就有点受不了了。

我的大脑意识到这一点，没有本能地去攻击他不"礼貌"的口气，只是说："你看妈妈都忘记这事了，看见了就吃，谢谢你提醒我。"

为了孩子好，大人可以教训，可以不讲方法，可以拿着真理的大旗愤怒地冲向儿女，只因为你是我的孩子，只因为我是你妈，只因为我一切都是为了你好。

所以我们在孩子的眼里没有了温情，没有了礼貌，没有了尊重，失去了风度，失去了宽容，失去了微笑，也渐渐没有了温度。

他们反抗不了就积压情绪，他们改变不了父母就去学校排解压抑，他们的眼泪我们觉得太矫情，山区的孩子生活那么苦也不挑剔父母，城市的孩子吃饱喝足，还如此的不知足。

马斯洛理论把需求分成生理需求、安全需求、爱和归属感、尊重和自我实现。这五种需要像阶梯一样从低到高，按层次逐级递升，但这种次序不是完全固定的，每种需要都会在我们的生活中渴望被满足，父母不能把孩子的需要看成最简单的物质层次的需要，他们一样想要获得爱和尊重，希望自己有价值感的在家庭存在。

马斯洛的理论我学了很久，从来没有放在孩子身上想一想，心理学的理论只是理论，不拿来生活中应用，或者只有当自己做咨询时对来访者用，那这个咨询师真的是个咨询"尸"，没有血肉，只有理论和技术，没有温度，只有程序和道理。

好的咨询师应该在生活这个道场里修炼，好的咨询技术是忘记了概念和技巧，在生活中缓缓流动着接纳包容的态度，自然释放出让人舒服的温度，做一个安全、温暖、接纳的容器。

107

谁动了艺术的鲜活

很累，躺在床上又睡不着，白天的场景一幕幕地在脑海里重复，信息量很多，还有点乱。

上午在当拉丁明星班选拔比赛的家长评委，三十多个孩子参加比赛，我这个门外汉的家长评委却是好好学习和反思了一把。

很多孩子跳得很认真，力量速度也有，动作也很熟练，可是仔细看他们的动作却有很多基础动作的小毛病，比如脚没有外八打开，手位不到位，有的孩子会跳好几支舞的组合，却不知道每个动作的名称，有的每个动作跳得都不清晰。

有个小男孩，可能八、九岁的样子，也会跳好几支舞，可是不论是准备动作还是跳舞的时候，都不能挺拔的站立，全程一种无力、不自信的感觉让人看不出舞蹈在他身上的作用。

有一个十几岁的女生，前来比赛，穿着毛衣牛仔裤，没有穿拉丁服装，我没有给她打分，对一次重要的选拔，对于在众人面前的表演可以如此随意，没有对舞蹈的尊重，没有对观众的尊重，不管跳得怎么样，在我心里都是零分。

有一个小孩的袜子破了个大洞，脚趾露了出来，站在几个选手中格外的显眼，如果我是那个小女孩我会觉得有点难堪，不知道她是否在意，我在想，她妈妈为什么不帮她织补一下，至少可以让她更自信些。

舞蹈如果只是动作的完成，和广播操无异，如果舞蹈不能带来美感和自我的愉悦，那么舞蹈怎么能称作是身体的诗歌？如果舞蹈可以不在意基本功，不在意每个动作的严格规范，那么舞蹈又何必区分舞种，直接叫自由舞动好了。如果一个人自己都不尊重舞蹈，又怎么能获得观众的尊重和他人的认可？

从孩子们的身上我看到了老师的不同风格，看到了老师关注的重点不同，有的急于求成，学生看起来会好几支舞，基本功不扎实，有的老师教出来的孩子，每一个动作都很规范，但会得舞少，基本功到位。

从孩子们的身上我看到了家长对舞蹈重视的程度，不穿舞蹈服，穿露出脚趾的袜子，孩子的头发乱乱的，有的随便扎着，都没有盘起来，当父母无视这些细节时，也在给孩子传递对舞蹈不尊重的态度，一种对比赛、对评委、观众无视的态度，也许这不是他们有意为之，却是他们内心真实的流露。

在考试科目中有一项是即兴发挥，分数很高，要求是按照老师给的音乐即兴跳一段舞，最好不是拉丁，孩子们有站着不动的，有跳拉丁小组合的，有把学的现代舞随着音乐跳出来的，稍好的是年龄最小的跳了《小猫喵喵》，似乎有点自己的动作，但整个过程都没有移动过地方，待在原地，整个比赛就看到一个孩子跳了自己想跳的动作，没有套路，随歌起舞。

孩子们的即兴发挥到哪儿去了？只能按照学过的跳，只能在学习过的框架里跳，已经忘了跟随音乐可以自由起舞，忘记了自己可以奔放、可以流淌、可以柔软、可以刚毅，这是舞蹈教育的成果还是悲哀呢？

悠悠在家里偶尔会自己随着音乐乱跳，我们也会一起乱跳，还会一家三口分头带领跳出自己的动作，悠悠总会创造出自己动作来，一会儿天上一会儿地上，把客厅的地板用自己的衣裤擦干净了。

当我看到孩子们在即兴发挥环节任由音乐放完，没有动一下的时候，我的心里为悠悠感到庆幸，所幸他还没有失去自我舞动的能力。

108

世上无难事　只因你没做

　　下午，悠悠的拉丁课秋季班结束，最后一节是公开课，形式很特别，让父母和孩子一起学动作，让孩子当老师教父母跳舞，让家长体会到孩子学习舞蹈中的困难。

　　父母太难教，有的孩子都发脾气了，听说大点孩子的班上每个孩子都发火了，感觉父母太笨，悠悠这个班上只有一个孩子着急上火，其他孩子都还比较耐心。父母展示所学的动作，跳得好的还奖励一个水杯，我占了点儿小便宜，因为自己上了拉丁课所以跳得比别的家长好点儿，收获了这个奖品，心里却在想如果我没学，今天在这里展示又会是怎么样？当悠悠看到的不是我较好的表现而是手足无措，笨手笨脚的样子，他会怎么想？在那一刻我很感谢自己学了拉丁，才有了这一刻悠悠以我为荣，当然如果我没学，跳地不好他也许会笑我，并不会怪我，可是我的心里一定很难受，也许当他在学不会时，我就算接纳不责怪，他的心里一样也很难受，一样特别希望自己为妈妈争光。

　　父母与孩子的换位思考常常会有人说，但常人难得事事去换位想，家长似乎觉得小朋友都是万能的，什么都应该一学就会，也觉得他们学不会时吼吼他们没关系，谁让他们那么笨，没想到自己比他们还笨，一起学三遍动作，孩子们会了，家长们都完全没概念。

　　为什么孩子在我们眼里那么不用功，那么迟钝，而我们还比他们差，不但不自知，还要站在高处去训斥呢？我们的特权是哪儿来的？就因为他们借由我们的身体来到这个世界？还是他们暂时需要我们养活，所以我们是大爷？真的好惭愧。

悠悠这一期拿到了全勤奖和优秀学员奖，他很高兴，要求我奖励他吃一个汉堡，在买汉堡时他说要给K老师买一个，因为老师没有吃晚饭。

"现在老师可能下班了，等我们买了送过去也许遇不到他。"

"你快点呀，老师对我那么好，我不能不感谢，我一定要感谢，他都没吃晚饭，胃都饿坏了。"似乎所有老师的健康他都要负责。

"那我先联系一下老师，确定他没下班我们就买。"

联系上老师，老师已经下班了。悠悠很失望，"下次我一定要买束花送给老师，下次你上课时我一起来。"

老师在最后的总结里，对悠悠的希望是2019年跳到全班最好，要参加比赛。这个目标对于悠悠来说不轻松，特别是不用功的情况下很难达到，因为他班上的同学们都很认真。

这个目标不知道是否能激发悠悠的斗志，反正把我激发了，似乎这个目标是给我定的，我一定要好好地练习，我也跳好，不能让2019年白过，愿悠悠与我一起并肩奋斗。

有时我有点怀疑自己是不是当妈的，什么都能先想到自己，老师的要求一来，想到的不是如何让悠悠完成，而是我要如何做，好像我是悠悠的同学，不能看他一人进步，我一定不能落后。

当然，悠悠也有自己的打算，在放学的路上和我谈心，说大的目标要化成每天小的练习。

原来，当妈其实也可以偷点懒、省点心，少讲点儿大道理，自己和孩子都清静。

109

放松是一种生活技能

东北三省、北京、天津，第一天悠悠考完期末考试，第二天我们一家三口就踏上了旅程。

玩冰雪是悠悠的最爱，我这怕冷的妈只有硬着头皮在冬天挺向北方。

途中我们用一天时间玩互换角色的游戏，让悠悠当爸爸，我和悠爸当孩子，游戏从我们踏出宾馆开始，整个一天的天津之行都由悠悠这位"家长"带领。

悠悠这位小家长，服务周到，态度超好，每个景点都主动给我们拍照，还帮忙设计好姿势，照得不满意反复照，照到我们满意为止。

中途我也假装要买一些不好的东西吃，悠悠耐心地劝阻，我说我走不动了，悠悠就说"我来扶你"，想想我们遇到这些状况时首先会说："这才走了几步就走不动了？"一脸的烦躁和不耐烦，自己都觉得与悠悠有差距了。

有两次我们在选择路线上做出了错误的判断，还有的事情没做好，悠悠的第一反应不是责怪，而是来帮助我们，让我对悠悠这个小伙子刮目相看。

晚上回到宾馆，三人家庭会议，大家总结了自己一天的感受。

悠悠的感受是"孩子们"很可爱，角色互换的游戏很好玩。

我的感受是，作为父母我们的态度没有悠悠好，我们平时遇事喜欢责怪孩子，而悠悠是想办法去帮助解决残局，当悠悠这么做的时候，"孩子"虽然没有被批评，但是自己心里已经很自责了，并且下一次也会尽量避免犯错。

人为什么会责怪孩子，为什么那么嫌弃孩子犯错，为什么不允许错误发生在孩子身上？我思考了很久。

一是有些错犯了怕无法补救，比如怕把孩子弄丢了，比如一些危险的动作怕孩子受伤害，越在意就越担心，一旦发生了危险情况，或者容易造成危险的情况，大脑设想的坏结果就会把自己吓得半死，所以又气又急，火爆情绪抑制不住地喷发出来，并且要用最严厉的方式让孩子从此断了这种危险行动的念头。

二是总觉得简单事情为什么做不好，强调多次，提醒多次的问题为什么再犯？完全是没把父母的叮嘱当回事儿，完全是我行我素，所以不能忍。

三是孩子弄得一些插曲让我们很麻烦，让我们受不了，为什么要生出事端？为什么就不能一切正常地开展？为什么让父母的好时光、好心情就不多延续一会儿呢？

而孩子不怕大人走丢，因为大人有能力保护自己，孩子不怕大人犯错，因为他们也总犯错，所以他觉得犯错是一件正常的事情，孩子不觉得麻烦，他没有那么多的紧迫感。干净衣服弄脏了没太大关系，晚了几步没追上地铁没关系，吃饭把汤洒了没关系，行程早点晚点没关系，想想这些真的都不是大事儿，我们这些做家长的安排好的流程那么怕打乱，要严格地执行各种程序，是否也是生活得太严肃，太死板了。

当地铁即将到站时，我想上厕所，悠悠会让我去，但如果是他想去，我也会让他去，但心里会想怎么不早点去，又要等下一班车了。其实每班地铁相隔的时间也就三两分钟，早到目的地三分钟和晚到三分钟真没多大的差别，可是因为家长的大脑已安排好坐这一班，因为上厕所要改下一班，家长的心里就会觉得这种改变是一种麻烦，是一种不应该改变的改变。

我们真的应该生活得放松些，生活得自然些，要向小朋友学习。

学习他们以人为本，人上厕所是大事儿，什么时候要上都是正确的要求。

学习他们温柔的态度，遇事想到的是帮助而不是责怪。

学习他们的随遇而安，生活本应该自然而轻松，不用去抢三两分钟。

110

我欠妈妈一个女儿

高烧39.5℃的悠悠，一晚被我折腾，量了无数次的体温，凌晨三点从被窝拉起来洗澡降温、喝水、服药，被高烧折磨得无力的他，直呼头晕想好好睡觉。

可是我做每一件事，悠悠都不忘说"谢谢"，三点钟起来洗澡降温，悠悠说："爸爸、妈妈我让你们受累了。"

听到每件事他都说"谢谢"，听到这句"我让你们受累了"，我的心里为自己平日对他的训斥感觉到惭愧，多少次觉得悠悠不听话让我操心而心生怨言，多少次觉得他不乖，我对他说："你老是折磨我，我头发都白了。"

想想这个小人儿高烧都不忘记说谢谢，心里暗暗地佩服他，佩服他的感恩之心，佩服对我们的怜惜之心。

想想我们这些做父母的，天天一副债主的姿态，少有温柔，多是说教，真的是惭愧。如果我发高烧，还被各种的折腾，人难受还不能好好睡觉，我肯定是发脾气，很难想到去说"谢谢"，这种发自内心的"谢谢"和对父母的心疼，在我小时候是没有出现过的，估计我现在生病了也不会出现。

人们天天说要学国学，要学孝道，要教孩子感恩，很多学校会组织活动给父母洗脚，教导孩子们对父母要心存感激，其实我觉得不必如此，虽是父母与孩子的关系，也是人与人的关系，在关系里就是人与人相互的体谅，相互依存，相互的感受，如果在关系之间有爱，不用教也会自然地流露，不用人为地去强化，去教导，更不要觉得孩子就应该要孝心，当我们用到"应该"时，就有种高高在上的姿态，孩子的"孝心"变成了偿还父母养育之债的物体，不是发自内心的情感。

悠悠一直觉得我生了他就是一件很了不起的事，他来自于我的身体，这种降生的方式很神圣，所以他无数次表达，不管妈妈是怎么样的他都喜欢，因为妈妈生了他。

昨晚给悠悠量体温时，我和他躺在床上，我告诉他我想要对外婆更好点，给他讲了我曾经的经历，儿时坐绿皮火车，人非常多，到站了居然会发生打不开门、下不了车的事情，我和妈妈就遇上了，一直坐到下一站才下车，我们深夜到达那个不熟悉的车站，那个简陋的车站候车室只是一间很小的房子，没有座位，我和妈妈坐在站台上，妈妈抱着我，那一刻惶恐的心在妈妈的怀抱里才得以安慰，我觉得有妈妈真好，我觉得我有这样一个妈妈真好，我们坐了一夜，第二天才坐上返程的火车回到了家。

多年过去，那个小站的一夜一直刻在我的脑海里，很多环节都淡忘了，可是我记得我们下不了车时的惊呼，我记得到了陌生小站时的无助，我记得天气很冷，我记得妈妈抱着我，可是我却没有像悠悠那样对妈妈说"谢谢"。

我近来常常想到因为有了孩子对妈妈少有关心，我近来常常想到应该对妈妈再好点，少顶嘴，少说她，她总想和我出去旅行，我却很难抽出与她单独相处的时间，因为我总是惦记着悠悠，想着自己的小家，可是在妈妈的心里，一定也有希望我只是她的女儿的时候，也希望生活中有我们母女单独享受的时光。其实一个周末再请上两天假，就可以陪妈妈玩一个地方，带她去吃些好吃的，享受一下我只是她的女儿的时光，而我却把这个想法一放再放。

　　我们被生活中的琐事捆缚，总觉得自己要照顾孩子，我不能放下悠悠不管去陪自己的妈玩，总想到可以带上爸爸妈妈和我们一起旅游，也是一样在一起玩。其实这是错的，当我们在扮演多种角色时不会专注某一个角色，虽然到过的地方会一样，看到的风景会一样，可是妈妈的心情一定不会一样，她也需要我专注地去做她的女儿，尽管她无比地爱着她的孙子，她一样希望我们有单独的时光，说说话，回忆过去，找找我们爱吃的美食，不用管孙子想去哪儿、吃什么。

　　父母和孩子之间，是最复杂也是最简单的关系，无须刻意经营，没有正确打开方式，却需要常常停下脚步去欣赏对方，感受对方，当你想要爱他时，当你认真地去理解他时，他一定会感受到你的爱，爱就会在你们之间流动，这种流动的力量就是滋养彼此人生的营养。

111

高热"烧"出不一样的质感

悠悠这次高烧来势不一般，一直处在39度以上，两次服用退烧药以后，退烧的效果几乎没有，洗澡、泡脚、夹冰块加上退烧药也勉强将体温控制在39.3℃左右，最高烧到39.8℃，平日喜欢看电视的他已无力支撑自己的身体坐在电视机前，只能在床上躺着，这种状况持续了整整一天一夜。

"这24小时真的好难过呀，我都快受不了了，妈妈你想象不出来有多难受。"虽然我无法感受有多难受，看他说话都没有力气，饭也吃不下去的样子，我知道这一定是一个很大的考验。

悠悠总说头疼头晕，高烧把脑袋折磨得开始出现幻觉，他说有一些变异的东西在他床边，他还做出赶它们走的动作，我没有更好的办法只是陪着他，喂水、喂药、给他做物理降温。

体温越来越高，我们晚上去了医院，那时悠悠的体温不是最高的时候，停留在39℃，他突然两眼一翻白眼，舌头伸出来，把我吓一跳，以为他高烧惊厥了，赶快问他："悠悠，你怎么了？"

"妈妈，我这样可爱吗？"悠悠又断续地做了几下，并且要爸爸也看他。

"烧这么高还做鬼脸呀？"我真的有些不知道悠悠是如何想的。

"越是生病越是要有好的心态。"悠悠对他做鬼脸给出了超乎我想象的答案。

"妈妈，你这两天照顾我好辛苦，为我做了那么多事情，陪着我，我不希望你们因为我难受伤心，希望自己用微笑感谢你们。"

确实在这次高烧的持续过程中，他痛苦的表情有时会突然收起来对我微笑一下，然后又马上恢复到满脸都是难以忍受的状态，开始我怀疑是高烧把他的大脑烧得有点糊涂了，掌控不好自己的表情。毕竟24小时的持续高烧对大脑的影响还是不容忽视的，可是没想到，这个八岁的小朋友，在生病时、在痛苦时，不忘记用微笑来让妈妈放心，不忘记用鬼脸调节大家的心情。

悠悠对爱的反馈总是特别及时，只要感受到他就会告诉你，所以这次生病中我听到他太多的"谢谢"，这让我想起前不久的一件事情。

悠悠在思喻姐姐家玩，思喻姐姐的小妹妹只有两个月大，我们在吃饭中，小宝宝在爸爸怀里睡觉，可能听到我们吃饭聊天的声音，睁开眼睛醒了，悠悠说："快，她要吃奶，要喂她奶吃了。"但宝宝的妈妈觉得还可以再等一下，没有立即抱过来喂，这时小宝宝又做出要哭的表情，或许只是一种睡醒后的面部活动，悠悠站了起来，然后走到宝宝旁边，"她要吃奶了，她这是要哭的前奏，快点喂她吧！"

宝妈仍然觉得小宝宝不是想吃奶还是没有喂，悠悠可着急了，后来我们在谈到这个细节时，小宝宝的妈妈说："悠悠真有意思，当时恨不得自己有奶自己去喂了，不求我们来喂了。"

吃完饭后，悠悠在玩积木，听到小宝宝的哭声，赶快叫："快点呀，小宝宝要吃奶了，快点喂奶呀！"

对小宝宝的动静他总是很快地反馈，对我们的爱他总是很快地反馈，这种及时的反馈和直接的语言表达，让爱在传递中多了力量，所以两夜没睡的我们，并没有感受到特别累，在希望他快点好起来的同时不禁感叹，我们的悠悠真是心中有爱之人！

及时反馈对于我们成年人来说，并不容易，有很多想说的话都没有说出来，放在心里，放久了也没机会再拿出来说了，于是丝丝缕缕爱的连接被搁置、被切断、被淡忘。

不管是否以后还有机会，不管是否说不说感觉都一样，不管是否觉得自己的心意对方应该了解，不要让对方去自己理解和进行信息处理，及时的反馈和直接的语言表达都是非常好的，这不只是让对方了解你此时刻的感受、想法和对他的体验，更重要的是，在表达时你们所经历的事情会变成不一样的质地，会有不同的宽度、厚度和容量。正如这次高烧的经历，时间久了我不会记得那么多细节，但我会记得在生病中我看到了一个全新的悠悠，记得他及时给予我美好的反馈，记得他用自己微弱的语气说出心中深深的感激。

一场高烧可以只是病毒的恶作剧，一场高烧可以只"烧"出对疾病的焦虑，一场高烧也可以"烧"出别样的亲子关系，让人看到磨难和病痛中人与人更加密切的联系，让生活呈现不一样的质感。

112

哲学不是大人的事儿

悠悠躺在我的怀里等待验血的结果，急诊室的夜晚很是忙碌，我们坐在走道边的长椅上，人来人往。

"妈妈，以后我再也不乱淘气了，我要好好学习了。"

悠悠看着验血的窗口，焦虑地等待结果，很怕结果是要打针，我以为他会和我唠叨这方面的内容，没想到却说自己以后要好好学习。

可能在他忍受高烧的折磨时，才知道学习真是一件轻松而快乐的事情吧。

"妈妈，我可能会死，你不知道有多难受，我会死吗？"

"发烧我们及时来看医生，应该没有发生死亡的可能，你说过人有很多辈子，这辈子完了只是换了个空间进行下辈子，死只是结束一段旅程，又开始下段旅行而已。"

"是的，死也没什么好怕的，可是我怕打针，你能保护我不打针吗？"

"我努力。"

"妈妈等我病好了，我给你送本哲学书，你一定会喜欢。"

"你居然知道哲学书，哲学是什么？"当我话出口的时候，我有些后悔，因为此刻似乎我也表达不出来哲学是什么。

"哲学书讲的是做人和生活的智慧，还有我们用什么心态对待所发生的事情。"

我想这是一个很不错的解释。

"你从哪儿听说哲学这个词？"

"不知道，但我知道你一定喜欢这样的书。"

想起前几日没病的时候，他不想读自己的书，要读我看的书，我正在看林清玄的散文集，书上有我很多批注，悠悠所读之处也要写点什么，在作者谈及白色的花多芬芳好闻，彩色的花艳丽却少有香味时，悠悠写下了"无色花有香，有色花无香"，挺好的总结，虽然作者也有类似的总结，但悠悠又用自己的话说了一遍。

他还要我把自己写下的文字念给他听，听完他给我竖起大拇指。

悠悠时常不用心记生字，不专心写作业，总是一个小迷糊的样子，没想到小小的心里居然存下了"哲学"这个词语，而且对哲学还有自己的理解，大人都不能低估孩子们的内心丰富程度，千万不要说："你是小孩，你懂什么？"我们时常把他们想得太简单。

"哲学"这个词在日常生活中，我们做大人的又有多少人会提到，又有多少成人去想哲学是什么？

哲学是什么本身就是一个哲学问题，我回答不出来，我看过一些书谈到过这个问题，但其中的解释我也忘记了。

哲学是什么不重要，重要的是在孩子心里，哲学是生活的智慧，是做人的心态，是一个人对事、对人、对世界的看法和态度，能这么理解就很好了，因为他明白生活需要智慧，心态十分重要这个道理。

我不知道悠悠病好了后会不会记得这个愿望，也不知道他会给我选择一本怎样的哲学书，可是他的表达已让我欣喜地看到他的成长，看到了孩子眼中的世界不是纯物质的，还有很多的思想、精神的领域，这本身就是一份特别的大礼。

113

每个男生都值得温暖相待

悠爸和悠悠两人都被感冒病毒折磨，纷纷发烧，我暂时幸免，这会儿都不敢直接说"幸免"，还要加个"暂时"，生怕感冒病毒不服气，把我也"收了"。

悠爸不到39℃的温度已是浑身疼痛，支撑不住了，照顾高烧的悠悠，几天都没有休息好，自己也被传染上了。

平时最讨厌他在我忙着炒菜时跑过来做卫生，这会儿他躺在床上，不会穿梭在厨房影响我做饭，心里却很是空空的，还略带自责。

有了孩子，孩子成了生活的重心，吃、喝、拉、撒、睡都围着他转，对悠爸的关心越来越少，不但是少，还不断从他那儿索取，他任劳任怨地做家务，悠悠的脏衣服都是他一件件手洗搓出本色来的。平时我的烦恼，悠悠的脾气也都没少让他受气，还总从他那里要爱，要他服务好大家，似乎爸爸这个角色是万能的，是坚不可摧的，是不需要营养不需要灌溉，直接拿来就用的。他理所当然强壮，理所当然百般包容，理所当然随叫随到，理所当然在我们需要时立即投入使用。

可是他也有被关心、被爱护、被关注的需要，悠悠发烧了，他也觉得不舒服，我让他吃点药，便没过问此事，直到他发烧了，才详细问他用药情况，他居然喝了五种药，而且有些是相似的药，我一边说他笨，一边有些自责没有给他把关，没有细心对他，只是盼着悠悠烧快点退，在他身上真没花什么心思。

他已50岁了，外人看起来每每会把他认成悠悠的爷爷，他不再是我认识的那个二十几岁的小伙子，虽然在我心中没觉得他都这个年龄了，可是岁月的流逝一定会带走青春，一定会让衰老慢慢呈现。

他曾经也是妈妈的孩子，曾经也是依偎在怀抱里的婴儿，在长大的过程中，慢慢失去可依靠的人，慢慢要独立生活，还要撑起一个家。他为大家遮风挡雨，我们却忘记看看他有没有被淋湿，我们享受他营造的避风港，却不曾去想风都吹到了他的身上，他也需要被温暖。

我的悠悠，也会是这样，以后也会成为他妻子、孩子的依靠和港湾，时间会从他的身边带走可以为他护航的人，也会像悠爸一样去做另一个孩子的爸爸，也会经历从被呵护到呵护他人的角色转换，男生都是这样的辛苦，做一个男人真的是不容易。

所以，如果是男孩的父母就该在他小的时候、在他想要拥抱的时候尽情地抱抱他，在他想哭、在他愿意哭的年龄让他自由的哭泣，当他想要在父母面前撒娇的时候给他这样的机会。因为慢慢长大，时间和世俗会带走这些他本该有又不能有的权利，他便是裸露自己在生活中拼搏。

所以在男生小的时候多给他们存些爱的"干粮"，让他们在长大后不至于干涸。

所以在他们变老的时候再给他们补充点温情的营养，让他们在生命的奔跑中可以坚持得更久。

每个男生都值得被温暖相待，不管他多大，你都可以用母亲一般的目光去看待他。

114

随缘起落　亲疏自然

这两天悠悠强烈要求在外婆家睡觉，不是为了亲近外婆，而是想要和爷爷"斗智斗勇"，想在爷爷早上起床前恶作剧一把，让爷爷起床后处处遭到伏击，今早爷爷起床时，拖鞋里掏出了榛子、一次性塑料勺子、积木、小毛绒玩具……

因为要住外婆家，这两天吃饭也是全天在外婆家解决，今晚吃饭时对婆婆包的饺子很是满意，我借机发问："如果要在我和婆婆两人中间选一个做妈妈，你怎么选？"

"都可以。"悠悠边吃边说，听起来没有倾向性意见，其实表达了他对我和外婆两人都很认可的意思，而且也反映出我没有能够胜算的资本。

"如果只能选一个呢？"

"我不选。"

"如果等着转世，不选不行呢？"

"那我不投胎了。"

这是什么选择呢？宁愿不投胎也不做出选择，足以证明在悠的心里我和外婆难分高下呀。

"不过，最好是你们两个人组合起来，我要婆婆会做饭的优点，但是不要她的焦虑。"

"我没焦虑呀！"婆婆赶紧解释道。

"你焦虑了，经常焦虑。"悠悠丝毫没有想给婆婆面子，坚持自己的说法。

"要婆婆就要婆婆的优点和缺点，不能只要优点不要缺点，而且要了婆婆当妈妈，爷爷就会做你的爸爸，所以都要'全套'的接收，"我想如果加上爷爷，估计悠悠要考虑一下是否可以还是选我当妈。

"那不行，我不要爷爷当我爸爸，他是暴君，我还是要你当妈妈，我的爸爸当我爸爸。"

我终于胜出，胜在有一个悠爸这样的丈夫，不是因为我在悠悠心里独一无二，无人可替代的地位。当妈的我似乎还是有点失败，天天和悠悠相处，居然连偶尔带他的外婆也没有"击败"。

我并没想找我"失败"的原因，也没想为什么我这个妈在悠悠的心里没有那么特别，我反而有些高兴。

今晚悠悠又留在婆婆家睡觉了，他很害怕我带他回家洗澡后不会送他去婆婆家，我说话算数，洗好后把他又送回婆婆家，送到后我没进屋，只站在门口和婆婆进行了交接，悠悠让我快点回家，因为天黑了他怕我路上会害怕，他一边催我快走，一边自己拿牙刷准备刷牙，很独立的样子。

走在回家的路上，下着小雨，我的心里却是暖暖的，今天悠爸值班，外婆劝悠悠陪我，我拒绝了，还是让悠悠如愿在外婆家住下。

不论是悠悠想要完成明早与爷爷的"斗争的计划"，不愿陪伴独自一人在家的我，还是愿意选婆婆当妈妈，没有一口咬定还选我，都说明悠悠的内心独立起来，我不是他唯一信赖、唯一可依靠的人。在他心里他收藏了很多爱，那些爱的来源不只是我，这些爱不管来自哪里他都一样的珍惜，在他心里都很重要，他都会被温暖，他都有接收到。这是一种生存的良好状态，不管是风、是雨、还是泥土都在滋养他，他和妈妈的关系不是共生的关系，是独立存在的两个个体，妈妈不是爱的唯一供给者，他的体内有很多的营养可以来自他处，也就是说有一天妈妈离开了他，一样会生长得很好。

妈妈之于孩子就像他自行车后面的两个辅助车轮，小时候不会骑车时，辅助轮必不可少，保护他不会摔跤，长大了学会了骑车，如果两个辅助轮没有及时卸掉有时还是种阻碍，终有一日只有去掉辅助轮才会骑得飞快。

辅助轮有保护的功能却没有助力前行的功能，保护陪伴的时段会很短，看见他快乐地骑向远方便是存在的意义。

此刻我一人坐在电脑旁边记录边思考发生的这一切，从喜悦变成了一种轻松之感。

悠悠这会儿一定高兴地睡着了，心里怀着对明早计划实现的期待，不会想妈妈，不会因为妈妈不在身边而孤独，不会因为没有妈妈的陪伴而觉得失落，他不再是那个随时要有妈妈在场才能安心玩耍的小孩儿。

从这一天起，我可以慢慢地放下心来，不必担心自己的外出学习会让他不适应，不必担心自己偶尔缺席影响他的情绪。他很好地完成了和妈妈的分离，这种分离是思想的独立，是心理的独立，是对于自己这个个体全新的觉察和意识。

有一天，他会离我更远，甚至会在忙碌自己的生活时忘记了我，会很久不见面，很久不聊天，我只是一个远在记忆中的妈妈，是一个概念，是一种感觉，从依恋走向独立，也是从深情走向淡漠。

我们自己不也正是这样一步步地和父母分离，有了自己的爱人，有了自己的宝宝，有了自己的生活。父母从我们生活的中心慢慢移开，终有一日会在我们生命中消失，这渐行渐远的分离，这独立和淡漠加剧，正是在为最终的别离做准备，让我们在失去时不至于被击垮。如果我们一直如儿童时对父母的依恋，突然到来的阴阳隔离一定会是毁灭性的，所以人在生命历程中用了很长的时间去做准备，让我们在那时能够理解生老病死的自然规律，理解父母和我们各有命运，理解"你就是你，我就是我"，这话对于身为父母的人有些残酷，却是不能不面对的事实。

这是新年，想祝愿悠悠成为他想成为的自己，祝愿我成为我想成为的我。

母子一场，在亲近时好好地去爱护，在淡漠时好好去理解，在失去时坦然去面对。

母子一场，随缘起落，亲疏自然。

鄂新登字（04）号

图书在版编目（CIP）数据

我的老师叫悠悠 / 贾俊著 . —武汉：长江少年儿童出版社，2019.5

ISBN 978 - 7 - 5560 - 9546 - 9

Ⅰ . ①我…　Ⅱ . ①贾…　Ⅲ . ①儿童教育—家庭教育

Ⅳ . ① G782

中国版本图书馆 CIP 数据核字 (2019) 第 097108 号

我的老师叫悠悠

出版发行：长江少年儿童出版社（集团）有限公司

业务电话：（027）87679190

网　　址：http://www.cjcpg.com

电子邮箱：cjcpg_cp@163.com

承 印 厂：武汉远浩彩色包装印务有限公司

经　　销：新华书店湖北发行所

印　　张：20

印　　次：2019 年 6 月第 1 版，2019 年 6 月第 1 次印刷

规　　格：680 毫米 ×980 毫米

开　　本：16 开

书　　号：ISBN 978 - 7 - 5560 - 9546 - 9

定　　价：49.8 元

本书如有印装质量问题 可向承印厂调换